# 일본문화와 지역사정

일본문화연구회 지음

지식공간

# 일본문화와 지역사정

| | |
|---|---|
| 초판 2쇄 인쇄 | 2023년 3월 1일 | 펴 낸 이 | 김진영 |
| 지 은 이 | 일본문화연구회 집필진 | 편집 기획 | 김민지 |

    고영란 전북대학교 일본학과 교수
    김미옥 고려사이버대학교 실용외국어학과 외래교수
    김준배 해군사관학교 제2외국어학과 교수
    김진영 고려사이버대학교 실용외국어학과 외래교수
    김학순 충남대학교 일어일문학과 교수
    류정훈 고려대학교 글로벌일본연구원 연구교수
    박희영 한밭대학교 일본어과 교수
    이충호 부산외국어대학교 일본어융합학부 교수
    편용우 전주대학교 일본언어문화학과 교수

편 집 | 조수연
디 자 인 | 조수연
펴 낸 곳 | 지식공간
등 록 | 112-94-71641
주 소 | 02813) 서울시 성북구 아리랑로 19길 60 (130-1205)
전 화 | 02)6015-1799
홈페이지 | knowspace77@gmail.com

I S B N | 979-11-977475-3-3 93000

＊ 무단 전제와 복제를 금합니다.

# 일본문화와 지역사정

일본문화연구회 지음

# 머리말

본 교재는 일본과 일본 사회, 일본 문화를 학습하고 연구하고자 하는 학생 및 일반인들을 위한 기초 학습서이다. 일본의 자연적, 문화적 특징은 물론, 현대 일본 사회의 다양한 현상들을 알기 쉽게 해설하여 일본을 연구하고자 하는 학습자들에게 가장 도움이 되는 입문서로서의 역할을 할 수 있을 것이다. 무엇보다 기존의 일본지역사정을 주제로 한 교재들이 학습자들에게 천편일률적인 내용만을 제공해 왔다면, 본 교재는 일본문화를 학습하는 대학생들을 위한 특화된 내용들이 새로이 추가되고, 기존의 내용들도 보다 알기 쉽게 새롭게 구성하고 있다는 점에서 대학의 교재로서 앞으로 학생들의 학습능력 향상에 기여할 수 있을 것이라 판단된다.

본서를 집필하게 된 계기로 대략 다음 3가지를 들 수 있다.

첫째, 시중에 시판되고 있는 기존의 일본문화에 관한 교재들은 이미 간행 연도가 오래되어 시대의 변화와 흐름을 반영하고 있지 못하고 있으며, 학생들이 오래전의 일본 정보를 배우게 되는 문제점이 있다는 것을 알게 되어 본 교재의 집필에 착수하게 되었다.

둘째, 기존의 교재는 불특정 다수를 대상으로 일본에 관한 일반적인 내용만을 전달하는 교재가 대부분이었다. 이에 대학생들을 위한 교재 개발의 필요성을 절감하게 되었다.

셋째, 새롭게 개발되고 있는 다양한 교수법에 대응할 수 있는 교재를 개발할 필요성이 있었다. 내용의 전달뿐만 아니라, 워크북을 활용하고 있는 본 교재는 학습자의 학습능력 향상 및 교수자의 교수능력 향상에 기여하여 대학교육의 질적 향상으로 이어질 것으로 기대된다.

　본 교재의 가장 큰 특징 중 하나는 일본학을 전공하거나 일본문화에 관심을 가지고 있는 대학생들을 위한 내용으로 특화되어 있다는 점이다. 이는 무엇보다 집필 목적이 대학생들에게 최적화된 새로운 교재를 활용하여 최신의 내용으로 일본 경제와 사회, 문화에 대해서 전달하기 위한 것이었기 때문이다.

　따라서 목차에서도 제시하였듯이 일본 경제와 사회, 문화에 대한 최신의 내용을 '일본인의 직장 생활'과 '외국인이 바라본 일본에서의 직장 생활' 등 실질적으로 일본 취업을 희망하는 학생들에게 도움이 될 만한 내용들을 수록하고 있다.

　본 교재는 '일본지역사정' 및 '일본문화의 이해'등을 수강할 대학교 재학생들을 주요 독자 대상으로 설정하여 집필하였다. 본서의 집필 의도와 목적이 교육현장에서 활용도가 높은 교재 개발에 따른 학습 성취도 향상에 있기 때문에, 전공교과목 교재 및 교양교과목 교재를 학생들이 학습하기 적합한 내용으로 학생들의 학습능력 향상에 도움이 될 것으로 기대한다.

　이 책이 나오기까지 공동 집필을 맡아주신 저자분들과 힘써 주신 모든 분들께 감사드린다. 특히 편집을 담당해 주신 김진영 선생님, 조수연 선생님, 한아름, 김소희님 에게도 감사의 말씀을 전하고 싶다.

일본문화연구회 대표저자 이충호

# CONTENTS

## I 일본의 지리와 자연

| | |
|---|---|
| 1. 지형과 기후 | 10 |
| 2. 행정구역 | 15 |
| 3. 일본의 세계자연유산 | 40 |
| 4. 일본의 자연재해와 대책 | 55 |
| * 칼럼 - 일본의 영토문제 | 60 |
| * 연습문제 | 64 |

## II 일본인의 생활

| | |
|---|---|
| 1. '일본'이라는 나라 | 66 |
| 2. 연중행사 | 74 |
| 3. 주거 및 의복 | 93 |
| 4. 음식 및 식사예절 | 102 |
| 5. 교통 | 114 |
| 6. 직장생활 | 119 |
| * 칼럼 - 일본인의 선물문화 | 126 |
| * 연습문제 | 128 |

## III 일본문화와 일본인의 정신세계

| | |
|---|---|
| 1. 일본인의 정신구조 | 130 |
| 2. 전통예능 | 144 |
| 3. 축제 | 166 |
| 3. 예도 | 173 |
| 4. 일본의 세계문화유산 | 177 |
| 5. 일본의 대중문화 | 200 |
| * 칼럼 - 일본인의 노렌문화 | 221 |
| * 칼럼 - 쿨재팬Cool-Japan 전략 | 222 |
| * 연습문제 | 224 |

## IV 일본의 사회와 제도

| | |
|---|---|
| 1. 가족 | 226 |
| 2. 종교 | 233 |
| 3. 교육 | 245 |
| 4. 일본의 정치·경제 | 251 |
| 5. 일본의 기업 | 261 |
| * 칼럼 - 재일한국인 문제 | 270 |
| * 연습문제 | 272 |

| | |
|---|---|
| ❈ 참고문헌 및 사이트 | 273 |
| ❈ 편리한 일본 관련 홈페이지 | 275 |

# I.
# 일본의 지리와 자연

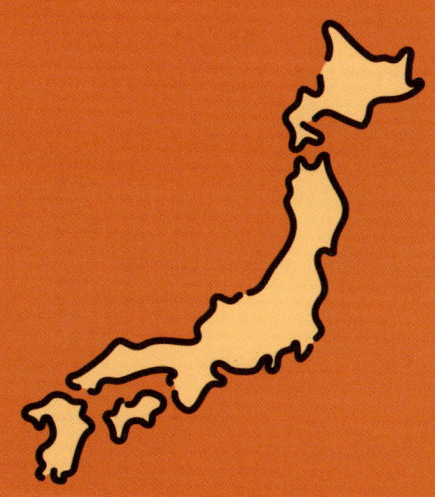

# 1. 지형과 기후

## 1) 위치와 영토

일본의 위치와 그 주변국

일본은 유라시아 대륙의 동쪽 면을 따라 약 3천 킬로미터에 걸쳐 활 모양으로 늘어서 있는 섬나라로, 일본열도日本列島라고 부르기도 한다.

혼슈本州, 시코쿠四国, 규슈九州, 홋카이도北海道등, 4개의 거대한 섬과 6천 9백여 개의 작은 섬으로 이루어져 있다.

국토의 면적은 약 37만 8천㎢로 한반도의 대략 1.7배이다. 일본의 영토가 오늘날과 같은 형태로 된 것은 근대에 들어서이다. 메이지明治정부에 들어 홋카이도北海道, 1868년와 류큐琉球, 1879년를 새로이 일본의 영토로 편입시켰다.

일본 열도는 북쪽으로는 오호츠크해, 서쪽으로는 동해, 동쪽으로는 태평양, 서남쪽으로는 동중국해에 둘러싸여 있으며, 각 바다와 접한 주변 국가들과의 영토분쟁 및 명칭에 대한 논란이 끊이지 않고 있다. 한국과는 동해東海, 일본명 일본해(日本海), 중국과는 센카쿠 열도尖閣列島, 중국명 댜오위다오(釣魚島), 러시아와는 지시마 열도千島列島, 러시아명 쿠릴 열도와 관련하여 영토문제가 제기되고 있다.

## 2) 지형

일본은 국토의 약 70%가 산지로 이루어져 있으며, 삼림의 면적이 국토의 약 66%를 차지한다. 동일본과 서일본을 나누는 지질학적 경계인 포사마그나Fossa Magna 지구대를 기준으로 산맥의 늘어진 방향이 다르다. 동일본의 산지는 험준한 산맥이 남북 방향으로 뻗어있고, 서일본의 산지는 동서 방향으로 뻗어있다. 혼슈本州의 중앙부에는 히다飛驒, 기소木曽, 아카이시赤石라는 해발 3천 미터 급의 3개의 산맥이 모여 있으며, 이를 가리켜 '일본 알프스日本アルプス' 혹은 '일본의 지붕日本の屋根'이라고 부르기도 한다.

일본은 환태평양조산대에 위치하고 있어 세계에서도 지진이 빈번한 지대에 속한다. 해안선은 대륙이 바다로 침강하여 형성된 복잡한 리아스식 해안이 주를 이루며, 길이가 긴 것이 특징이다. 대부분의 산지가 화산활동에 의해 형성되어 대개 경사가 급하고 해안 가까이 이어져 있어, 강은 길이가 짧고 급류인 경우가 많다. 활발한 침식·운반 작용으로 하천을 따라 토사가 퇴적되어 형성된 삼각주 평야강에서 바다로 흘러가며 점점 넓어지는 지형나 선상지산기슭에서 평지로 흘러가며 형성된 부채꼴 지형가 많으나 면적은 좁다.

또한 세계 화산의 10%가 일본열도에 있으며 현재 분화 활동을 하고 있는 활화산은 111개에 이른다. 활발한 화산활동에 따라 발생한 용암, 가스, 화산재 등으로 가옥, 가축, 농지 등이 피해를 입는 경우가 종종 발생하기 때문에, 일본 기상청은 꾸준히 화산 관측, 분석을 실시하고 있다. 분화경계레벨은 평상시레벨1→화구주변규제레벨2→입산규제레벨3→피난준비레벨4→피난레벨5으로 구성되며 일반적으로 분화경보는 레벨 4~5, 화구주변 경보는 레벨 2~3인 상황에 내려진다. 2022년 2월 기상청 기준으로 화구주변 경보가 내

*) 포사마그나는 라틴어로 큰 균열이라는 뜻으로, 니가타현新潟県의 이토이가와糸魚川강에서 나가노현長野県의 스와시諏訪市, 시즈오카현静岡県의 시즈오카시静岡市를 잇는 선과 거의 일치한다.

려진 화산은 3곳, 입산규제가 내려진 화산은 5곳에 해당한다.

　일본은 이러한 자연환경을 적극적으로 수용하여 온천을 이용한 관광산업개발 등과 같이 자연과 더불어 살아가기 위한 노력에 힘쓰고 있으며, 화산이 많은 만큼 일본 전역에서 다양한 온천을 즐길 수 있다는 이점으로 승화시켜 많은 가치를 창출하고 있다.

일본 주요 산지·산맥과 화산 위치

## 3)기후

　　일본은 북반구의 중간 위도에 위치하여, 사계절이 있는 온대기후에 속한다. 국토가 남북으로 길게 늘어서 있어 지역에 따라 기후 차이가 크다. 계절풍의 영향을 받아 여름에는 남동풍이 불어 태평양 연안 지역에 비가 많이 내리고, 겨울에는 북서풍이 불어 동해 연안 지역에 눈이 많이 내린다. 초여름에는 홋카이도北海道를 제외한 각 지역이 장마에 들어간다. 여름의 막바지부터 가을에 걸쳐 적도 부근의 열대저기압이 일본을 향해 이동·발달하여 태풍이 발생하고, 그 영향으로 폭우 피해가 일어나기도 한다.

### ❖ 냉대아한대기후

- 홋카이도北海道 기후: 장마의 영향을 받지 않아 여름과 겨울의 강수량 차가 적다. 여름에는 30도를 넘는 일이 드물며, 기온이 약간 높더라도 습도가 낮아 쾌적하다. 태풍이 홋카이도까지 상륙하는 경우도 드물다. 연간 평균 기온이 낮고, 겨울에는 4개월간 대체적으로 영하기온이 지속된다.

### ❖ 온대기후

- 동해 연안 기후: 겨울 북서계절풍의 영향으로 온도에 비해 눈에 의한 강수량이 많다. 특히 북쪽지방은 세계 유수의 폭설지대이다.
- 태평양 연안 기후: 여름에는 남동계절풍의 영향으로 강수량이 많고 습하며, 겨울에는 차가운 북서계절풍의 영향으로 건조하다.
- 내륙지방 기후(중앙고지기후): 산간분지와 비슷한 기후로써 높은 산으로 둘러싸여 있어 연간 강수량이 적다. 바다와 떨어져 있어 여름과 겨울의 기온 차가 크며 여름에는 폭염, 겨울에는 영하권인 날이 많다.
- 세토우치 지방 기후: 여름은 시코쿠 산지四国山地, 겨울은 주고쿠 산지中国山地에 계절풍이 막혀 연간 강수량이 적으며 가뭄이 일어나기 쉽다. 봄에서 여름에 걸쳐 안개가 잦다.

### ❖ 아열대성 기후

- 남서제도 기후: 겨울에도 평균 14도 정도를 유지할 정도로 연평균기온이 높고 여름과 겨울의 기온 차가 적다. 연간 강수량이 많고 여름철 태풍의 직접영향권에 속하여 피해를 입는 일이 잦다.

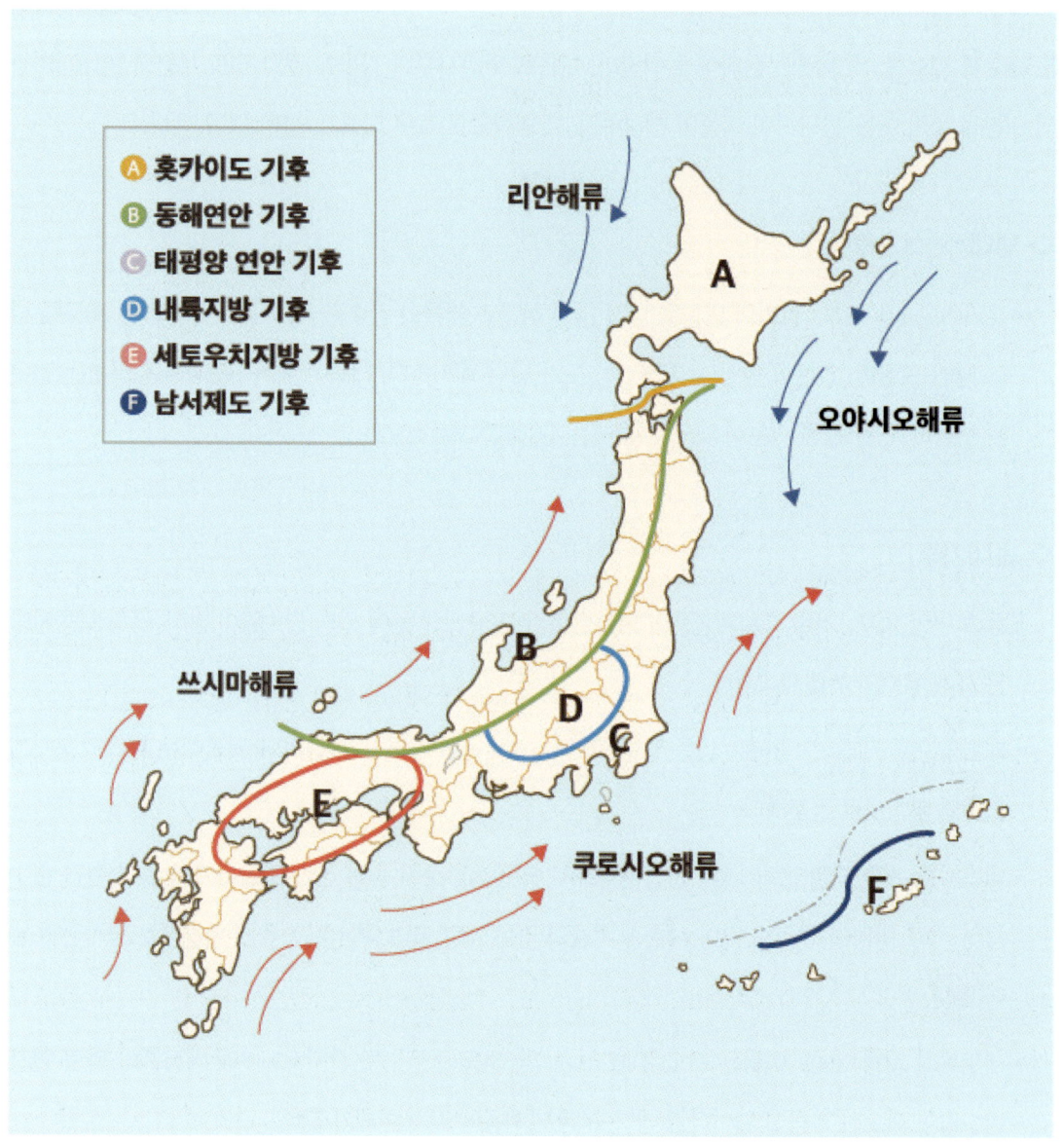

일본의 기후구분

# 2. 행정구역

## 1) 행정체계

일본의 행정구역은 메이지시대明治時代에 기본 체제가 마련되었다. 봉건적 지방 분권체제를 폐지하고 국가기반의 행정체제를 갖추기 위한 메이지정부의 폐번치현廢藩置縣에 의해 부府·현縣이 설치되었고, 현의 경계가 구분되었다. 그 후 여러 차례에 걸친 부현의 통폐합을 통하여 현재 일본의 행정구역은 1도都(도쿄도東京都), 1도道(홋카이도北海道), 2부府(오사카부大阪府·교토부京都府), 43현縣으로 구성되어 있다. 그 아래에 도쿄도의 23개 특별구特別区와 약 시정촌市町村을 두고 있다.

도도부현은 시정촌의 구역을 아우르는 광역적인 지방정부로서 많은 일을 하며, 시정촌은 주민에게 가장 가까운 지방정부의 역할을 담당한다. 도도부현은 고등학교를 설치·운영하고 그밖에 시정촌이 설치하는 초등학교와 중학교에 대해서도 교원들의 급여비를 부담한다. 또한 상공업이나 농림 수산업 등을 교육·발전시키기 위한 사업과 도로 건설, 하천 관리, 대규모 도시계획 등의 공공사업과 경찰행정을 주관한다. 시정촌은 소규모 도로 건설, 노인복지, 아동복지, 생활보호, 쓰레기 수거·처리와 같은 공공사업과 소방행정을 주관한다. 이처럼 도도부현은 광역적인 지방정부로서 시정촌에서 제공하기 어려운 행정서비스를 제공하고, 한편 시정촌은 주민생활에 밀접한 행정서비스를 중심으로 폭넓은 사업을 시행하고 있다.

최근에는 지역사회의 고령화 문제에 따른 과소過疎 문제에 따라 지역공동체로서의 기능을 하지 못하는 시정촌의 통합이 활발히 이루어지고 있는 실정이다. 행정의 효율성을 위한 조치로 이는 병합 자치체의 중심지역에만 공공시설이 집중되어 주변 지역의 과소화를 더욱 촉진시키기도 하며, 각 지역의 역사와 문화, 전통이 사라지는 폐해도 안고 있다.

### ❖ 도도부현의 여러 랭킹

| 인구밀도 랭킹 (단위:人/㎢) | | | |
|---|---|---|---|
| 도도부현 | 밀도가 높은 순 | 도도부현 | 밀도가 낮은 순 |
| 도쿄도 | 6,402.35 | 홋카이도 | 66.62 |
| 오사카부 | 4,638.43 | 이와테현 | 79.25 |
| 가나가와현 | 3,823.21 | 아키타현 | 82.45 |
| 사이타마현 | 1,933.96 | 고치현 | 97.35 |
| 아이치현 | 1,458.56 | 시마네현 | 100.05 |

* 도쿄도는 가장 인구밀도가 낮은 홋카이도의 약 100배

| 인구 랭킹 | | | |
|---|---|---|---|
| 도도부현 | 큰 면적 순 | 도도부현 | 밀도가 낮은 순 |
| 도쿄도 | 14,047,594 | 돗토리현 | 553,407 |
| 가나가와현 | 9,237,337 | 시마네현 | 671,126 |
| 오사카부 | 8,837,685 | 고치현 | 691,527 |
| 아이치현 | 7,542,415 | 도쿠시마현 | 719,559 |
| 사이타마현 | 7,344,765 | 후쿠이현 | 766,863 |

* 도쿄도는 가장 인구가 적은 돗토리현의 약 25배

| 면적 랭킹 (단위:㎢) | | | |
|---|---|---|---|
| 도도부현 | 큰 면적 순 | 도도부현 | 밀도가 낮은 순 |
| 홋카이도 | 78,421.26 | 가가와현 | 1,876.72 |
| 이와테현 | 15,275.01 | 오사카부 | 1,905.14 |
| 후쿠시마현 | 13,783.74 | 도쿄도 | 2,190.93 |
| 나가노현 | 13,561.56 | 오키나와현 | 2,281.12 |
| 니가타현 | 12,584.10 | 가나가와현 | 2,415.83 |

* 홋카이도는 가장 면적이 좁은 가가와현의 약 42배

## 2) 행정구분

현의 경계는 매립지 등의 평탄한 장소에 인위적으로 구분한 경우도 있으나, 대부분은 강이나 산과 같이 예부터 사람들이 왕래하기 힘들었던 장소를 경계로 하고 있다.

도도부현의 관청 소재지는 도도부현청이 설치되어 있는 도시이며, 각 도도부현의 정치적 중심지이다. 과거 성을 중심으로 발달하였고, 각 도도부현에서 인구가 가장 많은 도시인 경우가 많다.

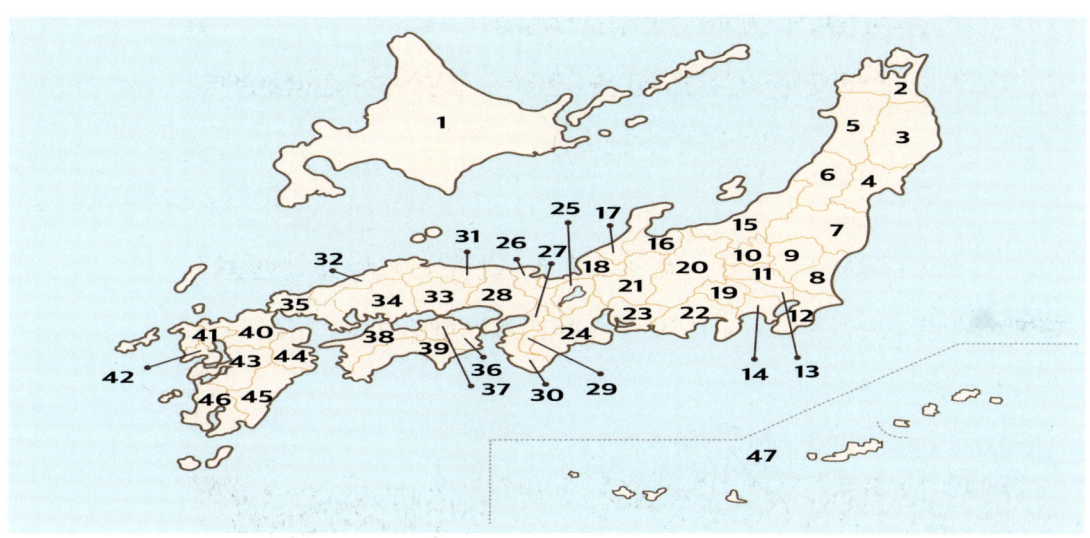

①홋카이도 北海道　②아오모리현 青森道　③이와테현 岩手県　④미야기현 宮城県
⑤아키타현 秋田県　⑥야마가타현 山形県　⑦후쿠시마현 福島県　⑧이바라키현 茨城県
⑨도치기현 栃木県　⑩군마현 群馬県　⑪사이타마현 埼玉県　⑫지바현 千葉県
⑬도쿄도 東京都　⑭가나가와현 神奈川県　⑮니가타현 新潟県　⑯도야마현 富山県
⑰이시카와현 石川県　⑱후쿠이현 福井県　⑲야마나시현 山梨県　⑳나가노현 長野県
㉑기후현 岐阜県　㉒시즈오카현 静岡県　㉓아이치현 愛知県　㉔미에현 三重県
㉕시가현 滋賀県　㉖교토부 京都府　㉗오사카부 大阪府　㉘효고현 兵庫県
㉙나라현 奈良県　㉚와카야마현 和歌山県　㉛돗토리현 鳥取県　㉜시마네현 島根県
㉝오카야마현 岡山県　㉞히로시마현 広島県　㉟야마구치현 山口県　㊱도쿠시마현 徳島県
㊲가가와현 香川県　㊳에히메현 愛媛県　㊴고치현 高知県　㊵후쿠오카현 福岡県
㊶사가현 佐賀県　㊷나가사키현 長崎県　㊸구마모토현 熊本県　㊹오이타현 大分県
㊺미야자키현 宮崎県　㊻가고시마현 鹿児島県　㊼오키나와현 沖縄県

## 3) 지역구분

여러 섬들로 이루어진 일본열도는 역사, 자연, 기후, 문화, 교통 통신망 등에 따라 다양하게 구분할 수 있다. 일본은 크게 포사 마그나 지구대를 경계로 하여 크게 동일본東日本과 서일본西日本으로 나눌 수 있으며, 지리와 역사적 근접성에 따라 홋카이도北海道·도호쿠東北·간토関東·주부中部·긴키近畿·주고쿠中国·시코쿠四国·규슈九州의 8개 지방으로 구분하는 방법이 널리 통용되고 있다.

일본지역 2구분과 3구분

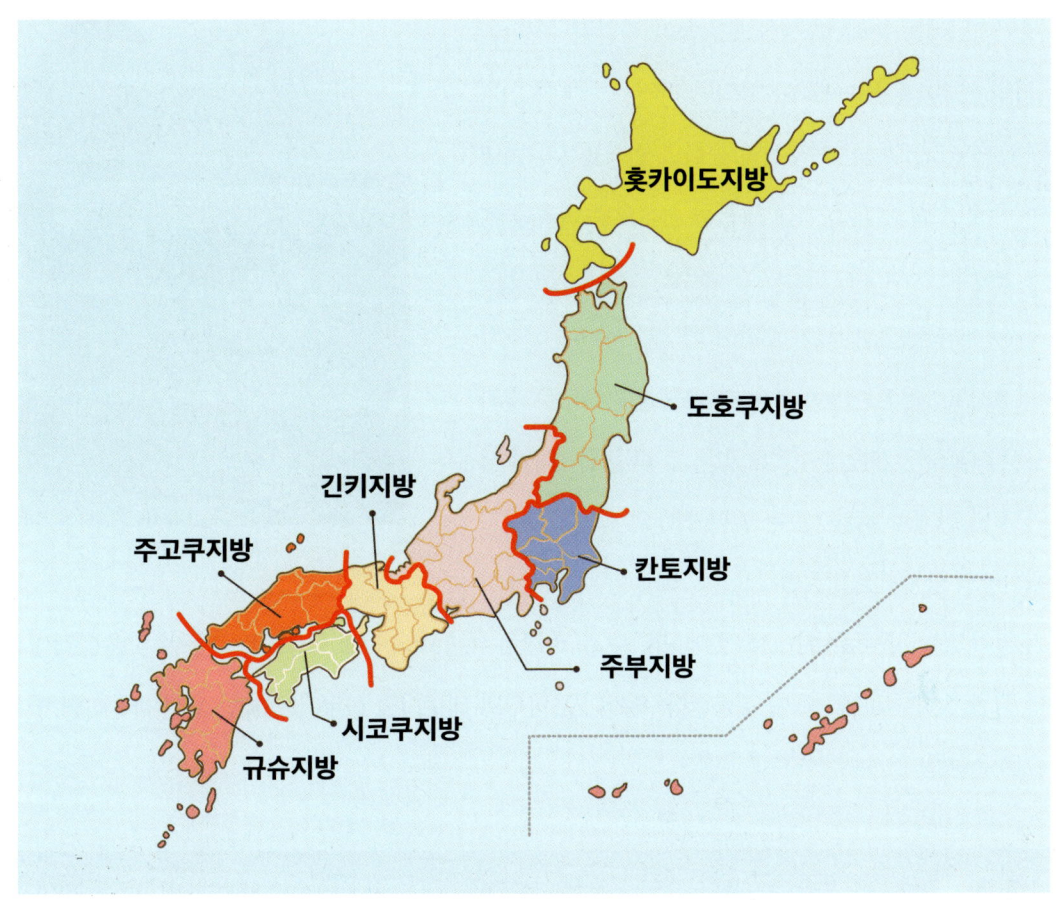

일본지역 8구분

## ❖ 홋카이도 지방 北海道地方

　일본 최북단에 위치한 홋카이도 지방은 네 개의 주요 섬 중에서 두 번째로 크다. 이 섬은 쓰가루해협 津輕海峽을 사이에 두고 남쪽의 혼슈 本州와 분리되어 있으나, 해저의 세이칸 터널 青函トンネル을 통해 열차로 이동이 가능하다.

　기후는 일부 지역을 제외하고, 냉대기후에 속하여 여름에는 시원하고 겨울에는 매우 춥다.

　10월부터 3월까지 약 반 년 동안 겨울과 같은 추운 날씨가 이어지며, 특히 12월부터 2월에 걸쳐 전역에 많은 눈이 내린다. 이러한 기후 특성을 활용한 영화 『러브레터』는 새하얀 눈으로 뒤덮인 삿포로시 札幌市와 오타루시 小樽市의 풍경을 아름답게 담아낸 것으로 유명하다.

2. 행정구역　19

홋카이도에는 본래 이 섬을 포함하여 사할린, 쿠릴 열도 등의 선주先主 종족이라고 불리던 아이누アイヌ족이 거주하고 있었다. 그들은 독자적인 문화와 언어를 사용하였으며, 주로 수렵·채집을 하며 하천을 중심으로 마을을 이루며 살았다. 16세기에 처음으로 교역을 통하여 일본인이 정착하기 시작했고, 19세기 후반에 메이지 정부는 에조치蝦夷地, 일본인들이 아이누 족들의 지역을 부르던 명칭를 일방적으로 홋카이도로 개칭하고 개발을 시작하였다. 그 후 불과 1세기 정도가 지난 현재의 홋카이도는 일본 최대의 식량기지이자 관광산업의 중심지로 발전했다.

아이누족의 모습

도청이 있는 삿포로札幌는 2월 초에 열리는 눈 축제로 유명하다. 눈과 얼음으로 만든 수많은 조각이 화려한 장관을 이루며 볼거리를 제공한다. 홋카이도 남부의 대도시인 하코다테函館는 일본 3대 야경 중 한 곳으로 손꼽힌다.

오타루小樽의 아오노운하青の運河

Ⅰ.일본의 지리와 자연

홋카이도는 여러 산지와 야생 숲 지대, 활화산 및 큰 강 등의 아름다운 자연경관도 자랑한다. 동쪽 지역의 약 2만 ha에 달하는 구시로 습지釧路湿地는 철새들의 낙원으로 불리며, 천연기념물인 일본 두루미 서식지로 널리 알려져 있다. 또한 북동지역의 시레토코 반도知床半島의 일부 지방은 2005년에 세계 자연유산으로 지정되었다.

하코다테函館의 야경

### ❖ 도호쿠 지방東北地方

혼슈의 동북쪽 지방 모두를 포괄하고 있으며 아오모리青森, 이와테岩手, 미야기宮城, 아키타秋田, 야마가타山形, 후쿠시마福島의 6개의 현으로 구성되어 혼슈 면적의 약 3분의 1을 차지하는 광대한 지역이다.

메이지 시대 이전에는 무쓰국陸奥国과 데와국出羽国을 아우르는 총칭으로서 오우 지방奥羽地方이라 불리었고 이 명칭은 현재에도 통용된다. 또한 옛 수도였던 교토京都에서 보면 오지라는 의미의 미치노쿠みちのく, 무쓰陸奥 등으로도 불리었다.

도호쿠 지방의 기후는 여름이 짧고 겨울이 길며, 계절풍의 영향으로 태평양 연안 지역과 동해 연안 지역에 차이를 보인다. 미야기현, 후쿠시마현의 태평양 연안을 제외한 대부분의 지역이 호설 지대에 해당한다.

태평양 연안 지역은 화산대에 속해 있지 않아 온천이 적으나, 종유동굴 등의 석탄암 지형이나 산리쿠 해안三陸海岸 등 리아스식 해안의 아름다운 풍경을 볼 수 있다. 260개 이상의 섬으로 이루어진 미야기현의 마쓰시마松島는 일본에서 가장 아름다운 3대 절경의 하나로 꼽힌다. 이 지방 고유의 지역적 특성 덕분에 마쓰시마의 주변지역은 2011년 동일본 대지진으로 발생한 쓰나미의 영향과 피해가 덜했다. 동해 연안 지역인 아오모리현과 아키타현에 위치한 시라카미 산지白神山地에는 대규모의 너도밤나무 원시림이 있으며, 1993년 세계 자연유산으로 등록되었다.

마쓰시마松島 섬

도호쿠 지방은 농업이 주산업으로, 일본 전체 농지의 4분의 1을 차지하며 경작지의 65%가 논으로 이루어져 있을 만큼 일본 내 유수의 곡창지대이다. 이와 더불어 아오모리현의 사과, 아키타현의 히나이도리比内鶏, 야마가타현의 앵두桜桃와 요네자와규米沢牛, 이와테현의 마에사와규前沢牛, 미야기현의 규탄牛タン, 후쿠시마현의 기타카타라멘喜多方ラーメン 등이 유명하다. 이처럼 고장의 농산물이나 축산물이 유명하다는 점도 도호쿠 지방의 특색 중 하나이다.

도호쿠 지방의 각지에서는 여러 가지 전통문화나 연중행사를 볼 수 있으며, 문화를 보존, 전승하기 위한 활동이 이루어지고 있다. 예를 들면 농작물의 풍작을 기원하거나 불교나 신도 등의 신앙에서 비롯한 전통 축제가 다양하며, 그중에서 아오모리현의 네부타마쓰리ねぶた祭り, 아키타현의 간토마쓰리竿灯祭り, 센다이시의 다나바타마쓰리七夕祭り, 야마가타현의 하나가사마쓰리花笠祭り는 도호쿠 4대 축제로 불리며 널리 알려져 있다.

아오모리현의 네부타마쓰리ねぶた祭り,

아키타현의 간토마쓰리竿灯祭り

센다이시의 다나바타마쓰리七夕祭り,

야마가타현의 하나가사마쓰리花笠祭り

### ❖ 간토 지방 関東地方

혼슈의 남동쪽 지역으로, 이바라키茨城, 도치기栃木, 군마群馬, 사이타마埼玉, 지바千葉, 가나가와神奈川의 6개의 현과 수도 도쿄도東京都로 구성되어 있다. 면적은 전국의 약 9% 정도이지만 일본 인구의 3분의 1이 집중되어 있는 인구 밀집지대이다.

간토 지방은 도네가와利根川강과 그 지류가 형성한 일본 최대 면적의 간토평야를 중심으로 하며, 주위를 관동 산지와 에치고 산맥越後山脈이 둘러싸고 있다.

간토 지방의 기후는 여름에 기온이 높고 찌는 듯한 날이 이어지는 한편, 겨울에는 지역에 따라 추운 정도가 다르며, 내륙부에서는 보다 낮은 기온을 보인다. 또한 겨울에 건조한 북서계절풍이 불고, 산간 지방에서는 이러한 바람을 막기 위해 방풍림을 형성한 곳도 볼 수 있다.

일기예보 등에서는 간토 고신에쓰関東甲信越라는 표현이 사용되는데, 이는 관동 지방과 함께 야마나시현山梨県, 나가노현長野県, 니가타현新潟県을 포함한 지역 구분이다.

일본의 중심이기도 한 도쿄는 1,300만 명 이상의 인구가 모이는 세계 유수의 대도시로서 발전해 왔다. 메이지유신明治維新에 의해 에도성江戸城이 폐성되고, 그와 더불어 도쿄 천도가 이루어져 일본의 수도가 되었다. 도쿄에는 나가타초永田町의 국회의사당과 가스미가세키霞ヶ関의 중앙관청 등과 같이 여러 정치·행정 기관이 집결되어 있다.

일본 덴노天皇가 거주하는 고쿄皇居의 후시미망루富士見櫓

스카이트리와 후지산

또한 대기업의 본사나 은행, 언론사가 많아 정치·경제·외교의 주요 무대가 되고 있다. 또한 도쿄는 교육의 중심지이기도 하고, 문화와 연예계의 중심지이기도 하다. 박물관과 화랑 등에서 다양한 현대 및 전통 예술을 접할 수 있고, 많은 콘서트홀에서 클래식 음악과 대중가요의 공연이 이루어진다.

이처럼 도쿄는 여러 면에서 중심 역할을 하고 있기 때문에, 철도, 도로, 항공로 등의 교통망도 도쿄를 중심으로 하여 발달해 있다.

도쿄를 중심으로 하는 70km 권내는 도쿄 대도시권이라고 불리며, 주변 시가지는 가나가와현, 사이타마현, 지바현 등에 분포되어 있다. 1960년대부터 만성적인 주택 부족을 해결하기 위해 도쿄 근교에 뉴타운 건설이 진행되었다. 그 결과 많은 산림과 농지가 주택지화 되었고, 교외의 주택지에서 도심부에 있는 회사나 학교에 철도를 이용하여 통근·통학을 하는 사람이 증가하였다. 이로 인해 아침 저녁때에는 철도의 극심한 혼잡 현상이 일어나며, 이 중 도쿄 메트로의 신주쿠新宿역이 가장 복잡한 역으로 꼽힌다. 승객들을 꾹꾹 열차 안으로 밀어 넣는 지하철 도우미푸시맨도 이곳이 원조이다.

도쿄 신주쿠新宿 야경

이처럼 수도권 초일극 집중 현상에 따라 이른바 도넛 현상인구 공동화이 심각해졌다. 이에 동반한 여러 가지 폐해로는 교외의 막대한 쓰레기 문제와 도심부와 뉴타운에서는 주택의 노후화, 고령화 문제가 있다.

도쿄·요코하마橫浜는 일본 상업과 산업의 심장부이다. 도쿄 만東京湾의 해안을 따라 뻗어 있는 게이힌 공업지대京浜工業地帯는 과거 일본 최대의 생산액을 자랑하는 공업지대였으나, 최근에는 저렴한 임금의 노동력을 찾아 해외에 공장을 옮기는 기업이 많아짐에 따라 지위가 저하되고 있는 실정이다. 무역 면에서는 일본 최대의 나리타成田 국제공항과 일본의 해상수송의 요충지인 도쿄항, 요코하마항이 중심이 되어 세계 각지와 강한 결속을 맺고 있다.

### ❖ 주부 지방中部地方

혼슈의 남부에 위치하며, 아이치愛知, 기후岐阜, 시즈오카靜岡, 도야마富山, 이시카와石川, 후쿠이福井, 나가노長野, 야마나시山梨, 니가타新潟의 9개 현으로 구성되어 있다. 여기에 미에현三重県을 포함하기도 한다. 그런데 이 지역 구분은 학교 교육에서만 사용되는 경향이 있다.

실제로는 간토 지방과 연결되는 고신에쓰 지방甲信越地方, 간사이 지방關西地方과 연결되는 호쿠리쿠 지방北陸地方, 나고야名古屋를 경제권으로 하는 도카이 지방東海地方으로 구분하는 경우가 많다. 이 지역에는 일본 알프스라고 불리는 히다飛驒, 기소木曽, 아카이시赤石의 3개의 산맥이 늘어서 있다. 이들 산지에 내린 눈과 비는 하천으로 이어져 동해와 태평양을 따라 중앙 고지의 분지, 호쿠리쿠 지방과 도카이 지방의 평야를 윤택하게 적신다. 각 지역마다 다른 기후와 일본의 경제나 문화의 중심지인 도쿄와 오사카의 사이에 위치한 것으로 인해 주부 지방은 동서로 많은 차이를 보인다.

주부 지방

각 지방은 위치, 기후 등의 특징을 살려 농업과 공업을 발전시켜 왔다. 도카이 지방에서는 도요타 자동차의 주요 시설이 위치한 주쿄공업지대 中京工業地帶와 야마하가 있는 도카이공업지대, 대소비 지역 판매 중심의 원예농업, 야이즈항 焼津港 등의 수산물 가공에 따른 식품공업이 발달했다. 중앙 고지에서는 기후를 이용한 고랭지 채소의 생산과 아름다운 자연환경을 살린 관광업이 발달했다. 호쿠리쿠 지방에서는 단작 벼농사와 전통적인 지방 고유 산업 등이 발달하였다.

주부지방에서 생산되는 농수산물은 고속도로와 철도를 통해 일본 전국으로 판매되고 있다. 또한 자동차로 대표되는 공업제품은 일본의 중요한 수출품목이다. 최근에는 도시 사람들이 농업을 체험하는 그린투어리즘 GreenTourism이 새로운 관광 요소이자 도시와 농촌의 교류 방식으로서 주목받고 있다.

후쿠이현의 도진보 東尋坊

주부 지방의 가장 유명한 명소는 후지산이다. 해발 3,700미터가 넘는 후지산은 일본에서 가장 높은 산이며, 일본의 상징으로 널리 알려져 있다. 2013년에 신앙의 대상이자 예술의 원천으로서 세계문화유산으로 등록되었다. 7월 1일부터 8월 31일까지의 등반 기간 동안에는 많은 등산객들로 붐빈다. 주부 지방의 또 다른 관광지로는 아열대기후와 여러 아름다운 해안, 그리고 수많은 온천으로 유명한 시즈오카현의 이즈반도 伊豆半島와 일본의 3대 사찰 중 한 곳인 나가노현의 젠코지 善光寺가 있다.

후지산 富士山

나가노현의 젠코지 善光寺

2. 행정구역

## ❖ 긴키 지방 近畿地方

혼슈의 서남부에 위치하며 시가滋賀, 나라奈良, 미에三重, 와카야마和歌山, 효고兵庫의 5개 현縣과 오사카大阪, 교토京都의 2부府로 구성되어 있다. 아스카飛鳥, 헤이안쿄平安京와 같이 오랜 기간 일본의 도읍이 있었던 곳으로서 깊은 역사와 문화를 갖고 있는 지방이다. 현재에도 일본 제2의 수도권이며, 서일본의 중심이라 할 수 있다. 역사적·문화적 측면에서 간사이 지방関西地方이라고도 불리는데, 간토 지방에 대치하는 말로서 에도시대 이후 도쿄 중심적인 시야에서 비롯된 것이다.

오사카를 중심으로 밀집한 게이한신 대도시권

긴키 지방의 기후는 크게 3가지로 구분되고 단바 고지丹波高地와 주고쿠 산지中国山地보다 위쪽은 동해 연안 기후, 기이 산지紀伊山地보다 아래쪽은 태평양 연안 기후, 그 가운데에 끼어있는 지역은 세토우치 지방 기후에 속한다.

와카야마의 석유공업지대

긴키 지방의 중앙부에는 교토, 오사카, 고베, 사카이 등이 늘어선 게이한신京阪神대도시권이 있다. 이 지역은 세토나이카이瀨戶内海나 비와고琵琶湖호수와 접해있어 예로부터 수상교통이 발달했고, 일본 각지와 더불어 아시아 국가들과 연결되어 한신공업지대阪神工業地帯의 발전을 이루었다.

주요 분야는 철강과 기계, 섬유 공업이며 제1차 세계대전 때 오키나와나 한국에서 많은 노동자가 동원되었다. 그러한 역사적 배경의 영향으로 오사카에는 현재에도 오키나와 출신자나 재일한국인, 조선족이 많이 거주하는 지역이 존재한다.

긴키지방에는 수많은 전통예능과 문화재가 살아 숨 쉬고 있다. 일본의 국보, 중요문화재의 약 60%, 인간문화재의 약 30%, 세계문화유산의 약 5%가 긴키지방에 집중되어 있다.

특히 교토는 문화재뿐만 아니라 전통적인 경관을 보존하기 위해 건물을 건축할 때에 높이나 디자인, 야외광고를 제한하거나 역사적 풍토 보존지구를 지정하는 등 제도적으로 많은 노력을 기울이고 있다.

긴키 지방은 예부터 교토와 오사카를 중심으로 경제의 선진지역으로서 번영한 곳이었다. 교토는 천년 이상의 기나긴 세월 동안 일본의 수도였고, 화려한 문화를 꽃피웠다. 그 바로 옆에 위치하는 오사카는 운하의 도시였기 때문에 조정에 바치기 위한 헌상품이 집결되던 곳이었다.

도요토미 히데요시豊臣秀吉가 전국 통일을 이루고 오사카성을 쌓으면서 오사카는 경제 상업의 중심지로서 더욱 번영하게 되었으며 전국의 특산품을 비롯한 금은보화까지 천하의 물류가 모인다는 의미에서 '천하의 부엌'이라고 불리게 되었다. 이러한 배경에서 '교토에서는 입다 죽고 오사카에서는 먹다 죽는다.京の着倒れ大阪の食い倒れ'라는 속담도 생겨났다.

**오사카성**

교토의 기요미즈데라清水寺절 　　　　　교토의 상점가

옷치장에 많은 돈을 들이는 우아한 교토의 기풍과 음식의 질을 중시하는 상인의 도시인 오사카의 기질을 드러낸 말이다. 실제로 교토에는 화려한 유카타를 입고 머리부터 발끝까지 치장하여 거리를 거닐어 볼 수 있는 유카타 체험 가게가 상당수 있으며, 관광객들로부터 많은 인기를 얻고 있다.

### ❖ 주고쿠 지방 中国地方

주고쿠 지방은 혼슈의 서부에 위치하며 돗토리鳥取, 시마네島根, 오카야마岡山, 히로시마広島, 야마구치山口의 5개의 현県으로 구성되어 있다. 관광업을 중심으로 중화인민공화국과 구별하기 위하여 동해 연안의 옛 명칭인 산인 지방山陰地方과 세토나이카이해 쪽의 옛 명칭인 산요 지방山陽地方을 합쳐 산인·산요 지방이라고 부르는 경우도 있다. 또한 광역적인 시코쿠 지방四国地方과도 합쳐서 주고쿠·시코쿠 지방이라고 부르기도 한다.

주고쿠 지방

I. 일본의 지리와 자연

산인 지방은 동해 연안 기후로서 겨울에 눈이 자주 내리며, 돗토리현의 전역과 시마네현, 오카야마현, 히로시마현의 일부 지역은 호설 지대에 해당한다. 한편 산요 지방은 세토우치 지방 기후로서 연간 강수량이 적은 지역이다. 오카야마 평야岡山平野와 동해 연안의 평야들을 따라 대규모의 쌀 생산지가 집중되어 있다. 또한 산요 지방의 따뜻하고 건조한 기후는 오렌지를 재배하는데 최적의 조건을 가지고 있다.

주고쿠 지방은 고대부터 대륙의 문화를 적극적으로 수용해온 기타규슈北九州와 야마토 조정大和朝廷, 황실이 야마토에 있었던 고대 율령 국시대의 조정의 중심지였던 교토 부근에 위치하고 있어 문화, 정치, 경제의 중간다리 역할을 하던 지역이었다. 특히 세토나이카이 연안과 산요 지방은 간사이 지방으로 뻗는 중요한 교통요지였다.

세토나이카이해를 둘러싸는 지역은 주조업과 더불어 철강과 석유화학, 자동차 등의 공업이 발달하여, 세토우치 공업지역瀨戶內工業地域이라 불리며 비교적 인구가 많이 분포해 있다. 반면 주고쿠 산지 주변과 산인 지방은 인구가 적다. 고속 경제성장기에 많은 인구가 도시부로 이동했고 특히 농업, 임업, 수산업의 제1차 산업이 쇠퇴하였다. 현재에도 도시를 향한 노동인구의 이동이 계속되어 과소지역이 확대되고 있다.

오카야마의 미즈시마 콤비네이트水島コンビナート

히로시마현은 메이지 시대에 들어서부터 주고쿠 지방의 중심으로서 더욱 발전을 이룬 곳으로, 연안부의 매립이나 항구의 건설이 진행되었다. 그리고 청일전쟁, 러일전쟁을 위해 육상과 해상의 교통이 정비되고 점차 군사도시로서의 성격을 갖게 되었다. 1945년 8월 6일, 미군에 의해 원자폭탄이 투하되어 시가지가 파괴되어 많은 사상자를 낳았다. 그럼에도 불구하고 전후 눈부신 부흥을 이루었고 시정촌의 합병과 자동차 공업의 발달로 인해 전쟁 전보다 인구가 많은 대도시로 발전했다. 또한 신칸센新幹線이나 항공기의 교통수단이 발달하여 도쿄나 오사카의 기업이 지사를 진출시키는 등 주고쿠와 시코쿠 지방의 중추도시로서 발전을 계속하였다. 히로시마현은 국제 평화도시로서 국내외로 평화의 메시지를 발신하고 있으며, 당시의 참상을 목격했던 원자폭탄 돔은 핵무기 폐기와 평화를 향한 희망의 상징으로서 1996년에 세계 문화유산으로 등재되었다.

주고쿠 지방에는 아름다운 관광명소도 많다. 히로시마현의 이쓰쿠시마신사厳島神社와 시마네현의 이와미긴잔石見銀山 등은 세계문화유산으로 등록되었고, 이 밖에도 시마네현의 이즈모타이샤出雲大社신사, 돗토리현의 돗토리사구鳥取砂丘, 야마구치현의 아키요시도秋芳洞동굴 등은 웅장한 자연환경을 감상할 수 있는 곳으로 유명하다.

히로시마현의 이쓰쿠시마신사厳島神社

야마구치현의 아키요시도 동굴秋芳洞

### ❖ 시코쿠 지방四国地方

시코쿠 지방은 일본열도를 구성하는 큰 섬 4개 중 가장 작은 섬이다. 도쿠시마徳島, 가가와香川, 에히메愛媛, 고치高知의 4개의 현県으로 구성되는 시코쿠 본토와 함께 쇼도시마小豆島, 오미시마大三島, 오시마大島,

나카지마 中島, 하카타지마 伯方島 등의 부속 섬을 포함하여 시코쿠 지방이라고 부른다.

시코쿠 지방의 명칭은 아와 阿波(도쿠시마현), 사누키 讃岐(가가와현), 이요 伊予(에히메현), 도사 土佐(고치현)의 4개국이 있었던 것에서 비롯되었다. 이러한 옛 명칭은 현재에도 남아 아와오도리 阿波踊り 축제, 사누키우동, 이요귤, 도사견 등과 같이 여러 특산물이나, 도산선 土讃線, 요산선 予讃線처럼 철도명으로 사용되고 있다.

시코쿠 지방

기후는 동서로 늘어선 시코쿠 산지를 경계로 크게 차이를 보인다. 세토나이카이 瀬戸内海해에 접한 지역은 세토우치 지방 기후에 속하며, 태풍의 피해가 적어 올리브나 귤 재배가 활발하다. 태평양을 접하는 지역은 태평양 연안 기후에 속하며, 온난한 기후와 구로시오해류의 영향으로 중앙부는 봄이 빨리 찾아온다는 특징이 있다. 또한 고치현 등에서는 그러한 기후를 살려 작물의 수확 시기를 앞당겨서 재배하는 촉성 재배가 활발히 이루어지고 있다. 그러나 태풍의 직격을 받거나 잦은 집중호우로 인해 홍수 등의 피해를 입기도 한다.

시코쿠 지방은 높고 가파른 산으로 인해 일부 지역에서만 농사와 거주가 가능하며 대규모 산업은 미미한 편이다. 인구도 세토나이카이해 측의 에히메현, 가가와현의 도시부에 몰려있으며, 고치현과 도쿠시마현은 전국에서 인구수와 밀도가 가장 낮은 도도부현 순위의 5위 안에 해당할 정도로 그 수가 적다. 이는 시코쿠 교통 편의 정비와도 관련이 있다.

(단위 ; 천명)

|  | 2005년 총인구 | 2016년 총인구 | 인구증감률 (05년~10년) | 인구증감률 (15년~16년) |
|---|---|---|---|---|
| 전국 | 127,768 | 127,083 | 0.2 | -1.7 |
| 도쿠시마 | 810 | 764 | -3.0 | -7.6 |
| 카가와 | 1,012 | 981 | -1.6 | -4.5 |
| 에히메 | 1,468 | 1,395 | -2.5 | -6.9 |
| 고치 | 796 | 738 | -4.0 | -9.6 |

시코쿠의 인구와 인구증감률
2016년 일본 총무성통계국 「국세조사결과」 「인구추계」 자료 기준

시코쿠의 가가와현과 혼슈의 오카야마현 사이의 6개의 섬을 잇는 세토대교瀨戶大橋가 건설되면서 지역 주민들의 삶에 여러 변화가 일어났다. 통근이나 통학, 쇼핑 등 시코쿠에서 혼슈로 이동하는 사람들이 증가하였고, 그 결과 지역의 상업이 큰 영향을 받아 상점가가 쇠퇴하거나, 해상 교통 선로의 폐지, 항공 운항 편수의 축소 등이 일어났다. 이와 더불어 진학과 취직으로 인한 청년층의 도시부 유출 및 고령화가 진행됨에 따라 극단적인 과소 상태가 되어 사회 공동체로 존재하기 어려운 한계 취락限界集落이 증가하고 있는 실정이다.

철도, 도로 병용 다리 중 가장 긴 교량 세토대교瀨戶大橋

시코쿠 지방의 특색으로는 구카이空海대사가 개척한 시코쿠 순례四国巡礼를 들 수 있다. 산과 바다의 사이로 고즈넉이 자리한 88개의 사찰을 돌아보는 것으로, 종교적 수행의 의미와 더불어 아름다운 자연경관을 감상하는 관광코스로 유명하다. 또한 시코쿠 3대 축제인 아와오도리阿波踊, 요사코이마쓰리よさこい祭り, 니하마타이코마쓰리新居浜太鼓祭り는 전국에서 관광객이 몰려드는 화려한 축제로 유명하다. 역사적으로는 일본 근대화의 선구자인 사카모토 료마坂本龍馬의 출생지가 고치현으로, 그를 테마로 한 관광상품과 특산품 개발이 이루어지고 있다.

사카모토 료마坂本龍馬

간편한 오헨로お遍路복장의 모습

아와오도리阿波踊

요사코이마쓰리よさこい祭り

니하마타이코마쓰리新居浜太鼓祭り

## ❖ 규슈·오키나와 지방 九州·沖縄地方

규슈 지방은 일본의 남서부에 위치하며 후쿠오카福岡, 사가佐賀, 나가사키長崎, 구마모토熊本, 오이타大分, 미야자키宮崎, 가고시마鹿児島 등 7개의 현県과 오키나와沖縄를 포함한 남서제도로 구성된 지역이다.

남서제도의 양단 거리만 1,000km에 달할 정도로 규슈 지방의 범위는 방대하다. 따라서 규슈 지방은 지역의 위치에 따라 자연환경에 큰 차이가 있다. 규슈 섬은 위도상 남쪽에 위치해 있을 뿐만 아니라 따뜻한 구로시오해류와 쓰시마해류에 끼어있기 때문에 대체적으로 온난한 기후로 여름에는 태풍과 장마의 영향을 받는다. 또한 활발한 활화산이 많아 화산 피해가 발생하는 한편, 동시에 유명한 온천 휴양지로 널리 알려져 있다. 대표적으로는 오이타현의 벳푸別府, 구마모토현의 아소산阿蘇山 및 가고시마현의 사쿠라지마桜島섬이 있다. 남서제도에서는 아열대성 기후를 보이며 산호초나 홍수림이 발달하여 이국적인 풍경을 자아낸다.

규슈·오키나와 지방

자라우동과 나가사키 짬뽕

규슈 지방은 대륙에 가장 가까이 위치하여 예로부터 외국과의 교류에서 관문 역할을 했다. 그중 나가사키현은 에도시대江戸時代에 유일하게 외국과의 무역이 허가되었던 곳으로 총이나 그리스도교의 전래나 유럽으로 도자기를 수출하는 창구였다. 이러한 배경과 함께 규슈 지방 가운데에서도 독자적인 식문화를 형성했는데 유명한 음식으로는 카스텔라, 짬뽕, 자라우동皿うどん이 있다.

규슈 지방의 중심인 후쿠오카현은 특히 아시아 지역과 교류가 활발한 도시이다. 후쿠오카 공항에는 많은 국제선들의 발착이 이루어지고 그밖에 하카타항博多港은 부산항과 연계하여 일본 내 가장 많은 외국 항로를 편성하고 있다.

규슈 지방은 반도체나 집적회로IC 등의 전자공업과 자동차 산업이 발달하여 '실리콘 아일랜드', '카 아일랜드'라고 불리기도 한다. 특히 후쿠오카현과 구마모토현의 생산실적은 전국에서 손꼽힌다. 또한 기타규슈시北九州市나 오무타시大牟田市, 미나마타시水俣市 등에서는 산업폐기물을 다른 산업의 원료로 활용하여, 최종적인 폐기물을 제로로 하는 에코타운 사업을 진행 중에 있다. 규슈 지방은 향후 재활용 사업, 바이오, 로봇 산업 등을 이 지역의 차세대 산업으로 육성하기 위한 노력을 아끼지 않고 있다.

여러 부속 섬으로 이루어진 오키나와현은 독특한 자연환경 외에도 과거 류큐 왕국琉球王国 시대에서 비롯한 독자적인 전통문화가 많이 남아있다. 전통 염색인 빈가타紅型와 류큐 유리 등의 전통공예, 시마우타島唄 민요나 에이사오도리エイサー踊り 축제 등의 문화는 이색적인 관광요소로서 큰 주목을 받고 있다. 그리고 연중 따뜻한 기후 덕분에 해양 스포츠가 발달하고 산호초로 유명한 이시가키지마石垣島와 미야코지마宮古島 같은 아름다운 섬들이 많다.

오키나와 슈리죠공원首里城公園

류큐 무용琉球舞踊 전통복장

오키나와현의 중심적인 산업은 관광업으로 산업별 인구 비율에서도 관광업을 포함한 제3차 산업이 85%를 차지할 정도로 그 비중이 높다2015년 기준. 최근 공항 정비에 따른 접근성 향상과 노선의 확대, 중국인 관광객 대상 복수비자 발급 등의 배경과 더불어, 엔저円低 영향에 따라 일본인 관광객이 해외보다 자국 내 여행을 선호하는 경향이 생겨났고, 그중 해외 리조트 지향의 관광객이 오키나와현을 선택하는 경우가 늘어나 일본의 관광업은 호황기를 맞고 있다.

이처럼 오키나와현은 밝고 활기찬 남국의 이미지가 강한 지역이지만 역사적 이면에는 전쟁에 얽힌 많은 상처가 있는 곳이기도 하다. 오키나와현은 태평양 전쟁 당시 미군에게 점거되었으며 1972년 반환 전까지 미군의 통치하에 있었다.

현재에도 많은 미군 기지가 존재하며 민감한 정치적 문제로 이어지고 있다.

오키나와 하테노하마ハテの浜해변

| 참 조 | 일본의 옛 지역구분 |

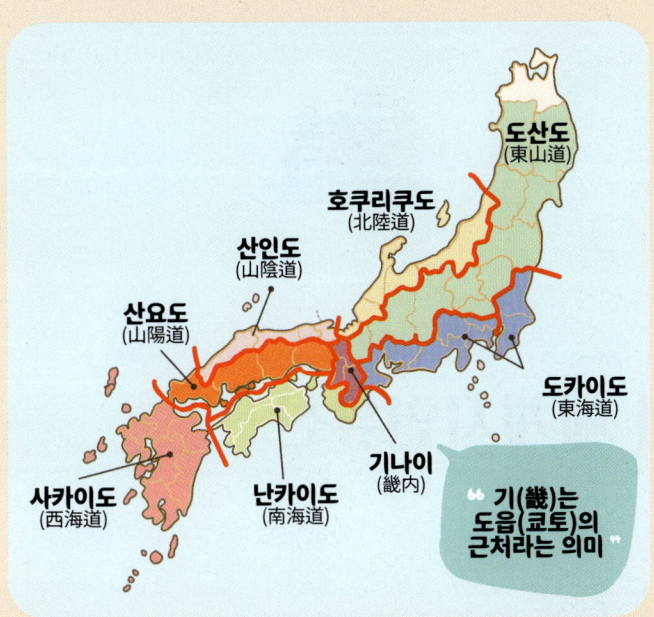

고키시치도五畿七道는 기나이의 다섯 구니国와 일곱 도道라는 뜻으로 아스카 시대부터 사용된 일본의 옛 광역 행정 구역이다. 무로마치 시대 이후에는 행정 구역으로 사용되지는 않았으나 지역 이름으로는 계속 사용되어 현재까지도 영향이 남아있다.

- 고키-다섯 구니는 수도(나라의 헤이조쿄平城京, 교토의 헤이안쿄平安京) 주위에 설치되었다.
- 야마시로구니山城国 - 현재의 교토 시를 포함한 교토 부 남부
- 야마토구니大和国 - 현재의 나라 현
- 가와치구니河内国 - 현재의 오사카 부 남동부
- 이즈미구니和泉国 - 현재의 오사카 부 남부
- 셋쓰구니摂津国 - 현재의 오사카 시를 포함한 오사카 부 북부와 효고 현 일부
- 시치도- 긴키 지방을 중심으로 일곱 도道로 구분하였다.

# 3. 일본의 세계자연유산

## 1) 시레토코 반도 知床半島

시레토코는 홋카이도의 북동부에 위치하며 화산활동 등으로 인해 형성된 해발 1,500m급의 험준한 산지, 깎아지른 듯한 해안 단애, 다습한 초원, 늪과 호수 등으로 이루어져 있다. 시레토코는 선주민들의 아이누 말로 '땅이 끝나는 곳'이라는 뜻이다. 자연과 생태계가 잘 보존되어 있고 경관이 아름다워 2005년 유네스코 자연문화유산으로 지정되었다. 유네스코에 지정된 자연문화유산 지역은 시레토코 반도의 중앙부에서 가장 끝부분인 시레토코 곶에 걸친 육지와 그 주변의 바다를 포함하여 약 71,100ha에 달한다.

시레토코 위치

### ❖ 다양한 생명을 지탱하는 해빙

오호츠크해가 흐르는 시레토코 연안 지역은 해빙이 형성되는 해양 가운데 세계에서 가장 저위도에 위치한다. 해빙이 형성되면 표층의 해수가 냉각되어 해수의 상하 순환이 촉진되고 바다의 아래층에 축적되어 있던 영양염류가 표층까지 부상한다. 그리고 봄이 되면 표층은 따사로운 태양광을 받아 활발한 광합성이 이루어지고, 하층에서 올라온 영양염류를 이용하여 식물 플랑크톤이 폭발적으로 증식한다. 이와 같이 해빙에 의해 발생한 대량의 플랑크톤은 먹이사슬의 출발점이 되어 바다, 강, 숲으로 이어지며 시레토코의 풍부한 생태계를 구성한다.

시레토코知床 겨울 　　　　시레토코知床 해양생물

### ❖ 바다와 강과 숲으로 이어지는 숲

시레토코의 비옥한 바다에는 플랑크톤을 비롯한 어류나 해조류, 고래 등의 해양생물이 서식하고 있다. 백연어, 곱사연어 등의 연어류는 바다에서 강으로 거슬러 올라가 큰 곰과 맹금류의 중요한 먹이가 된다. 먹다 남겨진 생선은 여우와 같은 작은 동물의 먹이가 된다. 이처럼 시레토코에서는 바다-강-육지에 걸친 역동적인 먹이사슬이 형성되어 있다. 또한 북방계와 남방계의 동식물 종이 어우러져있어 서로 밀접한 영향 관계를 맺으며 풍부한 생태계를 형성한다. 국제적 희소종인 일본 섬올빼미, 참수리, 흰꼬리수리 등 멸종 위기종들의 존속을 위한 주요한 장소이기도 하다.

시레토코 반도의 북동쪽은 국립공원으로 지정되어 있다. 뜨거운 온천 폭포인 가무이왓카유노타키カム

イワッカ湯の滝폭포를 비롯하여, 소녀의 눈물이라 불리는 후레페노타키 フレペの滝폭포, 우토로 온천마을 ウトロ温泉, 시레토코고코 知床五湖호수 등이 포함되어 있다.

후레페노타키 폭포 フレペの滝

가무이왓카유노타키 폭포 カムイワッカ湯の滝

### ❖ 시레토코고코 知床五湖 호수

시레토코 반도를 가로지르는 시레토코렌잔 知床連山산의 산기슭에 위치한 5개의 호수로 시레토코를 가까이서 체험해 볼 수 있는 곳이다. 구름다리와 지상보도길 중 한 코스를 선택하여 이용할 수 있다.

구름다리 길은 상시 무료이며 약 800m 코스로 1호 湖의 반 정도를 둘러볼 수 있다. 호수에 비치는 시레토코의 산들과 아득히 퍼지는 오호츠크해 등 시레토코고코 호수의 웅대한 매력을 가볍게 체험해 보는 산책로이다. 휠체어나 유모차도 이용 가능하며 다리 주변에는 전기가 흐르고 있어 큰 곰이 출몰해도 안전하게 설계되어 있다.

시레토코고코 知床五湖 호수 구름다리

지상보도길은 야생 원시림을 산책하는 방식으로 세계 자연유산인 시레토코에 걸맞은 수많은 동식물을 가까이서 볼 수 있다. 흩어진 호수를 순회하고 구름다리를 거쳐 돌아오는 루트로 3km와 1.69km의 두 가지 코스가 있다. 큰곰 활동기 5/10~7/31, 식생 보호기 개원~5/9, 8/1~10/20, 자유 이용기 10/21~폐원의 3가지 기간이 있고 각 시기별로 체험이 나뉜다.

## 2) 시라카미 산지 白神山地

시라카미 산지는 아오모리현青森県 남서부와 아키타현秋田県의 경계에 걸친 해발 약 200m에서 1,250m 이상에 달하는 산악지대의 총칭이다. 이 중 중심부에 위치한 약 17,000ha의 지역은 동아시아 최대의 너도밤나무 원시림이 잘 보존되어 있어 1993년 유네스코 자연유산으로 등록되었다. 깎아지른 듯한 봉우리가 미로처럼 얽혀 있으며, 이 지역의 50% 이상이 가파른 산기슭과 골짜기로 구성되어 있다. 또한 많은 개울들의 발원지로서 중요한 집수 지역이라 할 수 있다.

시라카미 산지 위치

### ❖ 살아남은 원시의 숲

지금까지 인위적인 개발이 이루어지지 않은 시라카미 산지에는 동아시아 최대의 너도밤나무 원시림이 펼쳐져 있다. 이곳의 수령은 8000년에서 1만 2000년에 달한다.

너도밤나무 숲은 과거 지구가 현재보다 온난했던 시대에는 북극 주변에 분포하였고, 현재 빙하기의 잔류 종이

시라카미 산지

라 불리는 아오모리만테마, 세잎돌나물 등 너도밤나무 이외에도 다양한 식물이 자라고 있었다.

너도밤나무 숲은 빙하기가 되자 낮은 기온에 대응하여 남쪽으로 점차 이동하였는데, 이때 유럽 등 세계의 대다수 지역에서는 너도밤나무 이외의 식물은 동서로 분포한 산악에 막혀 남하가 불가능했다. 따

---

*) 학명-Silene aomorensis Mizushima, 패랭이과

시라카미白神 원시식물

라서 너도밤나무 숲의 생물 구성은 단순화되어 갔다. 반면 일본에서는 분포를 막는 산악이 없었기 때문에 북극 주변의 식물군 종들은 고유성을 유지하며 남하했다.

이러한 배경으로 시라카미 산지는 약 3,000만 년 전 북극 주변에 분포하던 당시와 가까운 특징을 유지하고 있다.

시라카미 산지는 겨울엔 동해의 습한 바람의 영향을 받기 때문에 세계적으로도 엄청난 강설량을 자랑하며, 따라서 숲의 지면에는 다설 환경多雪環境에서 서식하는 섬조릿대와 같은 식물군이 분포한다. 또한 아오모리만테마 등 지역 고유의 식물을 비롯한 500종 이상의 식물이 확인되었다. 많은 강설량으로 생존이 제한된 2종을 제외하고 혼슈 북부 지방에서 발견되는 모든 포유류가 이 지역에 살고 있다. 멸종 위기종인 검독수리나 까막딱따구리와 같은 희귀종과 더불어 일본 산양과 반달가슴곰을 비롯한 14종의 중대형 포유류, 94종의 조류, 약 2,000종의 곤충류 등이 서식하고 있다.

철저한 관리와 보호에 따라 다양한 생물군이 자연 그대로 보존되는 시라카미 산지의 너도밤나무 숲은 일본 고유종인 너도밤나무를 중심으로 한 삼림 생태계의 박물관이라고 할 수 있다.

시라카미 산지白神山地

---

**) 학명 Sasa kurilensis

### ❖ 안몬노타키暗門滝 폭포

풍부한 자연을 관찰할 수 있는 시라카미 산지의 핵심지역에는 트레킹을 위한 27개의 지정 루트가 있다. 이 중 가장 관광객이 많이 찾는 곳이 안몬노타키 폭포이다. 험한 암벽에 둘러싸인 3개의 폭포로 이루어진 명승지이다.

폭포의 각 높이는 26m, 37m, 42m에 달하며 마치 폭풍우처럼 물보라가 튀며 장관을 연출한다. 길을 따라 걸으며 하류에서 제3의 폭포, 제2의 폭포, 제1의 폭포를 거치는 코스로 구성되어 있다. 폭포의 주변에는 울창한 너도밤나무 숲이 있어 삼림욕을 즐기기에도 좋다. 보통 시라카미 산지의 핵심지역은 자연보호를 위해 인공적으로 길을 정비하지 않지만 이곳은 인기 관광코스인 만큼 구름다리가 설치되어 있다. 그러나 도중에 강을 건너야 하는 등 위험한 곳도 있기 때문에 주의가 필요하다.

안몬노타키暗門滝 폭포

## 3) 오가사와라 제도 小笠原諸島

오가사와라 제도는 도쿄에서 남쪽으로 약 1,000km 떨어진 곳에 위치하며, 푸른 바다와 깎아지른 단애 절벽에 둘러싸인 크고 작은 30여 개의 섬들로 이루어져 있다. 1830년까지 거주자가 없어 무인도라는 뜻의 부닌지마 無人島 (The Bonin Islands)라고 부르던 것에서 유래하여 섬들을 감싸는 감청색의 바다를 보닌블루라고 부른다. 대륙과 관계없이 독립적으로 대륙붕 위에 떠 있는 해양도의 환경에 따라 생물 고유종의 비율이 매우 높고 생물 진화가 활발히 일어나는 등 중요한 생태학적 연구 가치가 있는 곳이다. 2011년 유네스코 자연유산으로 등록되었으며, 해당 구역은 무코지마열도 聟島列島, 지치지마열도 父島列島, 하하지마열도 母島列島, 기타이오지마 北硫黃島 섬, 이오지마 硫黃島 섬, 미나미이오지마 西之島 섬으로 총면적은 약 7,900ha이다. 이 중 지치지마 섬과 하하지마 섬에서만 사람이 거주하고 있다.

오가사와라 제도

### ❖ 고유종의 보고

지금까지 대륙과 이어진 적이 없는 독립된 섬이기 때문에 오가사와라 제도의 생물은 새, 바람, 해류, 유목 등에 의해 옮겨져서 섬에 우연히 정착하게 되었고, 섬의 환경에 적응하여 살아남은 것들의 자손이다. 섬에 정착할 수 있었던 종은 그 후 격리된 환경에서 오랜 기간 독자적인 진화를 거쳤고, 그 결과 다른 곳에서는 볼 수 없는 고유의 동식물이 많이 생겨났다. 오가사와라에 자생하는 관다발식물의 약 40%, 곤충의 약 25%, 달팽이류의 약 90% 이상이 고유종이며 그 수는

고유종 하하지마메구로
ハハジマメグロ

고유종 오가사와라슈란
オガサワラシコウラン

100여 종에 달한다. 좁은 면적에 비해 매우 높은 수준의 비율에 해당하는 만큼 고유종의 보고라 할 수 있으며 동양의 갈라파고스라고 불리기도 한다.

### ❖ 현재진행형의 생물진화

오가사와라 제도의 생물진화는 현재에도 계속 진행 중에 있다. 특히 오가사와라의 여러 섬에 살고 있는 달팽이나 식물은 환경에 맞춰 형태를 변화시키며 종의 분화를 반복하고 있다. 이러한 진화의 프로세스를 '적응방산'이라고 한다.

또한 바다에서 섬으로 상륙한 생물이 진화해가는 과정을 시사하는 중요한 사례도 발견되고 있다. 예를 들면 고유종인 오가사와라 카와이나는 생식 환경을 연안지역에서 민물이 섞인 기수汽水 지역, 순수 담수지역으로 점차 생활 터전을 넓혀온 것으로 여겨진다.

이처럼 오가사와라 제도는 높은 고 유도와 큰 규모의 적응방산을 모두 보여주고 있어서 진화와 관련한 여느 유산들 중에서도 월등한 가치를 지닌 곳으로 꼽힌다.

### ❖ 지치지마父島 섬

싱그러운 오가사와라 제도의 현관문이기도 한 지치지마섬은 편도 약 26시간의 배편을 타고 가야 한다. 주에 한 번 왕복하는 오가사와라 마루 おがさわら丸 페리는 도쿄와 이어져 있다. 이곳은 그야말로 섬 전체가 관광명소이다. 아름다운 바다에서의 다이빙, 고유종의 동식물에 대한 안내를 들으며 걷는 트레킹, 밤에만 볼 수 있는 신비한 광경을 둘러보는 나이트 투어 등 이색적인 체험이 가능하다.

고미나토 해안 小港海岸

***) 학명 Stenomelania boninensis, 다슬기과

여러 관광코스 중 고미나토 해안小港海岸은 야경이 아름다운 것으로 유명하다. 주위에는 야쓰세가와八ツ瀬川강이 흐르고 있을 뿐 민가가 없어 마치 프라이빗 비치 같은 기분을 만끽할 수 있는 곳이다. 지치지마 섬 어느 곳에서도 별은 잘 보이지만 특히 고미나토 해안에서는 더욱 광활한 은하수를 볼 수 있어 천연 플라네타륨이라고 불린다.

## 4) 야쿠시마屋久島 섬

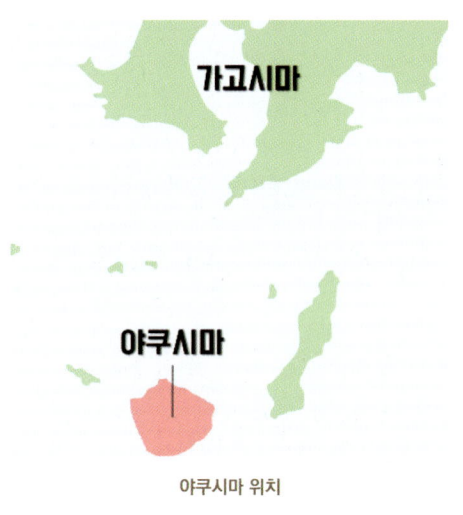

야쿠시마 위치

야쿠시마 섬은 규슈九州 본섬의 최남단에서 남쪽으로 약 60km 떨어져 있으며 동중국해와 태평양 사이에 위치하고 있다. 섬의 중앙부에는 규슈 최고봉의 미야노우라다케宮之浦岳, 1,936m를 중심으로 높은 산악들이 늘어서 있고, 그 산비탈에는 여러 하천이 깊은 골짜기를 형성하며 흐르고 있다. 고도 약 2,000m에 걸쳐서 연결된 숲은 일본의 군도들 중 최고로 손꼽힐 뿐만 아니라 동아시아에 현존하는 최고의 것으로 평가된다. 매우 오래된 삼나무 숲과 독특한 수직 식생 분포를 보이는 섬 생태계의 가치를 인정받아 1993년 유네스코 자연유산으로 등록되었다. 유산 지역은 야쿠시마 섬의 중심부에서 서쪽의 해안부에 걸친 약 10,700ha이다.

### ❖ 아열대에서 아고산대까지

야쿠시마 섬은 아열대 지역에 위치하고 있으나 해발 약 2,000m의 산악이 뻗어있기 때문에 아열대에서 아고산대에 이르는 다양한 자연식생을 하나의 섬 안에서 관찰할 수 있다. 야쿠시마 섬의 고유종과 남방한계 식물, 북방한계 식물이 함께 분포한다는 점이 큰 특징이다.

해안선의 아열대 식물에서 시작하여, 고도가 높아질수록 난온대성 종인 조엽수림대, 온대성 종인 상록수림대가 나타난다. 그리고 산정 부근에서는 냉온대생의 조릿대 초원이나 고층 습원, 아고산대의 저목림이 차례로 수직분포하고 있어 마치 일본 전체의 자연식생을 응축해 놓은 듯한 풍부한 대자연을 자랑한다.

야쿠시마屋久 서식 동물

### ❖ 비가 내리는 섬

야쿠시마 섬은 '한 달에 35일 비가 내린다'라고 불릴 만큼 비가 잦은 곳이다. 연간 강수량은 8,000㎜를 넘는데 이는 일본의 연평균 강수량의 5배, 세계 연평균 강수량의 10배에 해당한다.

조몬스기縄文杉

야쿠시마 섬은 높은 강수량으로 토양은 습하고 영양분이 적다. 이 때문에 습하고 온도가 높은 지역에서도 잘 자라는 삼나무すぎ가 많다. 일반적으로 삼나무의 수령은 최대 800년 정도이나, 야쿠시마 섬에는 수령이 2,000~3,000년이나 되는 오래된 삼나무가 많다. 삼나무는 썩지 않고, 매우 느리게 성장하므로 나이테가 치밀하고 재질이 좋으며, 특유의 향기를 가지고 있다. 수령이 1000년 미만인 삼나무는 고스기小杉, 최대 3000년까지 자랄 수 있는 오래된 삼나무는 야쿠스기屋久杉라 부르며, 해발고도 600m와 1,800m 사이에서 발견된다. 아주 오래된 야쿠스기는 섬에서 가장 중요한 보존 가치를 지닌다. 또한 높은 습도의 환경에 적응한 계류연안식물이나 착생식물 등 세계에서도 유례를 볼 수 없는 특이한 삼림 환경을 갖추고 있다.

### ❖ 시라타니운스이쿄白谷雲水峽 협곡

울창한 야쿠시마 섬을 즐기는 최고의 방법은 역시 트레킹이다. 야쿠시마 섬에는 장엄한 숲을 만끽하는 야쿠스기 랜드ヤクスギランド, 폭포수가 직접 바다로 흘러들어가는 절경을 볼 수 있는 도로키노타키トローキの滝폭포 등 여러 가지 트래킹 코스가 마련되어 있다.

그중 시라타니운스이쿄 협곡은 지브리 스튜디오의 애니메이션 《원령공주》의 배경이 된 곳으로 유명한 숲이다. 조엽수림과 위엄 있는 야쿠스기의 원생림을 감상할 수 있는 자연휴양림으로 산책 코스가 마련되어 있어 비교적 어렵지 않게 트래킹이 가능하다.

고사리와 이끼가 무성한 바위 사이로 아름다운 계곡물이 흐르고, 안개 스미는 짙은 녹색의 숲속 풍경은 마치 정령이라도 나올듯한 신비로운 장관을 연출한다.

야쿠스기 랜드ヤクスギランド

도로키노타키トローキの滝폭포

시라타니운스이쿄 협곡에 있는 관리동을 기점으로 야요이스기弥生杉 코스, 부교스기奉行杉 코스, 다이코이와太鼓岩 코스의 3가지 루트가 있고, 야요이스기, 부교스기, 니다이오스기二代大杉, 구구리스기くぐり杉라고 하는 훌륭한 나무들도 주요 볼거리 중 하나이다.

원령 숲이라고도 불리우는 고케무스모리苔むす森를 지나 다이코이와암까지 가는 코스에서는 에도시대에 만들어졌다는 화강암 길 구스가와보도楠川歩道를 거닐게 된다. 고도 1050m의 절경을 자랑하는 다이코이와암과 거대한 암석 두 개가 가로누운 쓰지노이와야辻の岩屋 암굴은 애니메이션 『원령공주』의 모로 일가가 사는 곳의 모델이 된 곳으로 많은 관광객들이 찾는 명소이다.

고케무스모리苔むす森

쓰지노이와야辻の岩屋

## 5) 아마미오시마奄美大島, 도쿠노시마德之島, 오키나와 본섬 북부沖縄島北部 및 이리오모테 섬西表島

일본 가고시마현의 아마미오시마奄美大島와 도쿠노시마德之島, 오키나와현의 오키나와 본섬 북부沖縄島北部와 이리오모테섬西表島, 총 2개 현 4개 섬이 함께 2021년 7월 26일에 유네스코 세계 자연 유산으로 등재되었다. 세계 자연유산 등록의 평가 기준 중 〈생물 다양성〉을 만족했다는 것이었다.

이 지역은 아마미오시마, 토쿠노시마, 오키나와섬 북부와 이리오모테섬의 4지역으로 구성되어 면적이 42,698ha이다. 일본열도의 남단부에 위치한 류큐 열도의 일부 섬으로 구로시오와 아열대성 고기압의 영향을 받아 온난하고 다습한 아열대성 기후를 보이며 주로 상록활엽수 다우림으로 덮여 있다. 이곳은 일본 내 생물 다양성이 두드러지게 높은 지역으로 상호 관련된 여러 종이 서식하고 있으며, 특히 분단과 고립의 오랜 역사를 반영하여 멸종 위기종이나 고유종들의 비율이 높고, 독특한 진화를 이룬 종이 많이 존재하는 중요한 서식지를 포함한 지역이다.

### ❖ 아마미오시마 奄美大島 섬

아마미오시마에는 생물이 다양하고, 특히 고유종이 많은데, 이는 아마미오시마가 위치한 곳이 기상조건에서 생물 지리구 경계선인 '와타세라인 渡瀬ライン'에 위치하고 있어 생물 서식 구역의 북쪽 한계와 남쪽 한계 모두 경계선에 해당하기 때문이다. 이로 인해 다양한 생물이 공존하는 희귀한 섬으로 국토 면적의 0.2%에 불과한 아마미오시마에서 일본 국내 전체 생물종의 약 13%가 확인되고 있다. 특히 아마미오시마는 다른 도서와 분리된 역사가 길고, 섬에서 개별적으로 진화한 생물이, 현재는 고유종·고유아종으로 볼 수 있다.

아마미오시마 奄美大島 섬

### ❖ 도쿠노시마 徳之島 섬

도쿠노시마는 아마미오시마의 남서부에 위치한, 아마미군도 奄美群島에서 두 번째로 큰 섬으로 아마미오시마의 남서쪽에 위치한다. 소싸움과 장수로 유명하고, 카나미사키소테쓰터널 金見崎ソテツトンネル과 전망대, 개문 뚜껑, 논두렁 프린스 해변 등 해안의 아름다운 경치를 볼 수 있다.

카나미사키소테쓰터널은 약 300년~350년의 소철로 이루어진 자연의 터널로, 원래는 밭의 경계선과 방풍을 위해 심었던 것이다. 약 200미터의 소철 터널을 지나면 가나미사키 전망대가 있고, 태평양과 동중국해를 한 번에 조망할 수 있는 웅장한 파노라마가 펼쳐진다. 장마가 끝난 뒤에는 인근 해안에서 소라게의 산란이 이루어지고, 겨울 1월~3월에는 혹등고래가 찾는 자연이 풍부한 지역이다.

카나미사키소테쓰터널 金見崎ソテツトンネル

### ❖ 오키나와 본섬 북부 沖縄島北部

오키나와섬 북부는 '얀바루 국립공원 やんばる国立公園'의 권역으로, '얀바루 山原'라는 이름 그대로 아열대 조엽수림의 숲이 펼쳐진다.

다이세키린잔 大石林山, 히지대폭포 比地大滝, 히루키숲 ヒルギ林 등 웅대한 자연을 볼 수 있는 관광지가 곳곳에 자리하고 있고, 구니가미마을 国頭村의 '구이나의 숲 クイナの森'에서는 얀바루쿠이나 ヤンバルクイナ를 가까이서 볼 수 있다.

얀바루쿠이나 ヤンバルクイナ

히루키숲 ヒルギ林

### ❖ 이리오모테 섬西表島

이리오모테 섬은 섬 대부분이 아열대 조엽수림으로 구성되어 있어 이리오모테 이시가키 국립공원西表石垣国立公園으로 지정되어 있다. 일본의 맹그로브숲의 25%를 차지하고 있으며, 멸종 위기종인 이리오모테야마네코イリオモテヤマネコ나 간무리와시カンムリワシ, 오오하나사키가에루オオハナサキガエル 등도 서식하고 있다. 희귀생물이 많이 서식해 동양의 갈라파고스라고 불리는 비경의 섬으로, 카누·트레킹·스노클링 등의 액티비티와 물소 차水牛車로 건너는 유부지마由布島 관광도 즐길 수 있다.

간무리와시カンムリワシ

이리오모테야마네코イリオモテヤマネコ

오오하나사키가에루オオハナサキガエル

유부지마由布島

# 4. 일본의 자연재해와 대책

## 1) 지진

일본은 지진, 화산활동이 활발한 환태평양 변동대에 위치하여 세계의 0.25%라는 적은 국토 면적에 비해 지진 발생 횟수의 비율은 전 세계의 18.5%로 매우 높다.

일본에서는 옛날부터 지진이 많이 일어났으며, '일본서기 日本書紀'에도 기록이 남아 있다. 현재에도 일본 열도에는 전국적으로 많은 지진이 발생하고 있는데, 2019년 6월부터 2020년 5월까지 1년간 발생한 '진도 4 이상'의 지진만 46회, '진도 3 이상'일 경우 188회 발생하고 있다. 몸으로 느끼지 못하는

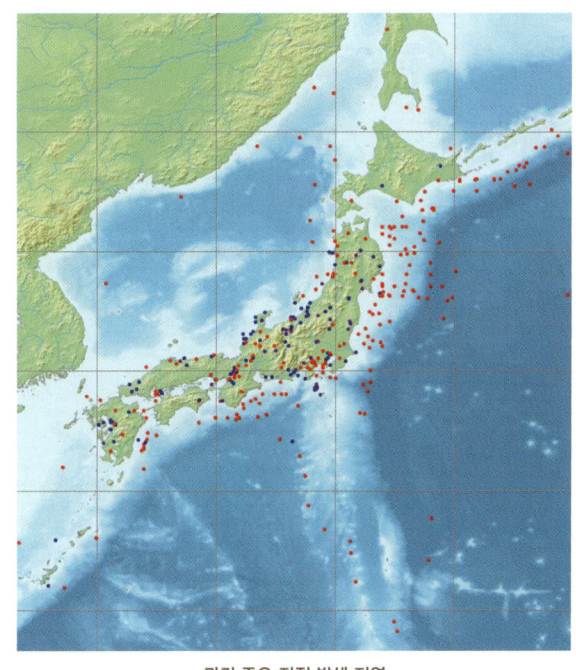

과거 주요 지진 발생 지역

'진도 1무감지진'까지 포함하면 무려 1년 사이에 1,688회나 되는 지진이 발생한 것이다.

이처럼 일본에서 지진 발생 횟수가 많은 이유는, 일본의 태평양 연안 해저에 해양판이 육지판 아래로 가라앉아 있으며 이들 판 경계에서 판 끝이 튀어 오르면서 리히터 규모 8급의 해구형 지진이 발생할 수 있기 때문이다.

또한 일본 정부의 지진조사연구 추진본부의 발표에서는, 수도직하지진이나 난카이 트로프 지진南海トラフ地震이 30년 이내에 발생할 확률은 70% 정도라고 한다.

이처럼 가까운 장래에 발생할 가능성이 높은 것으로 지적되고 있는 대규모 지진으로서, 난카이 트로프 지진, 수도직하지진首都直下地震 등이 있다고 할 수 있는데, 이러한 대규모 지진 이외에도 지진은 전국 어디서나 일어날 가능성이 있어 일본 정부는 지진에 대한 대책을 세우고 있다.

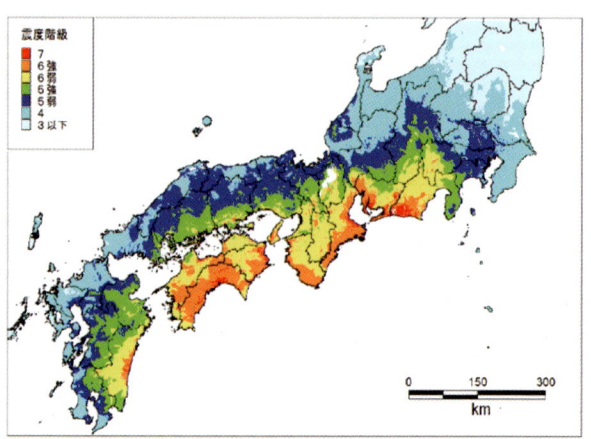

난카이 트로프 지진南海トラフ地震의 진도 분포
출처 : 일본 中央防災会議, 2013

일본에서의 지진대책은 지진을 전형적인 자연재해로 분류하여 이에 대한 대책을 통해 피해를 경감하기 위한 노력이 예로부터 이루어져 왔다. 공업화, 생활양식의 변화, 과학의 발전 등 다양한 변화로 지진 피해와 그에 대한 대책은 크게 달라졌다고 할 수 있는데, 지진에 강하고 부흥이 빠른 인프라의 정비가 요구되고, 건물의 내진 성능이 법적으로 의무화되어 지진 피해가 많은 지역에서는 내진화 등의 대책이 진행되는 한편, 인구·정치 경제가 집중된 도시에서의 지진 대책이 중요한 과제가 되었다.

한편 대규모 지진 피해가 발생할 때마다 행정 대응, 대피자의 생활, 복구 지원 등 차례차례로 과제가 생겨나고 있다.

---

*) 매그니튜드와 진도 - 지진의 에너지의 크기를 나타내는 것이 매그니튜드다. 매그니튜드가 1이 늘어나면 지진파의 에너지는 약 30배, 2가 늘어나면 약 1000배가 된다. 진도는 특정 지점의 지진 강도 정도를 나타내는 것으로, 동리히터 규모 지진에서도 진원으로부터의 거리 차이나 지반의 차이 등에 따라 진도는 다르다.

## 2) 태풍

일본에서는 7월부터 10월에 걸쳐 접근·상륙하는 태풍이 많아져, 호우, 홍수, 폭풍, 해일 등을 가져온다. 또한 강의 범람이나 토석류, 산사태 등이 발생하기 쉽고, 사람들의 생활과 생명에 위협을 주는 자연재해가 종종 발생하고 있다.

최근에는 단시간에 좁은 범위에서 매우 격렬하게 내리는 비가 빈발하고, 특히 택지 등의 개발이 진행된 도시지역에서는 강의 급격한 증수가 발생하거나 도로나 주택의 침수, 도로의 언더패스 등 지하 공간 수몰 등의 피해도 발생하고 있다. 또한 비로 불어난 강과 논을 보러 갔다가 떠내려가거나 침수된 도로에서 도랑의 경계가 잘 보이지 않기 때문에 추락하는 사고도 발생하고 있다.

태풍의 피해를 방지하기 위해서는 국가나 광역자치단체가 실시하는 치수공사 등의 대책뿐만 아니라 개개인의 자주적인 행동이 중요하다. 폭우와 태풍은 지진 재해처럼 갑자기 덮쳐 오는 것이 아니라 언제, 어디서, 어느 정도의 규모가 발생할 것인지 등 어느 정도 예측할 수 있다. 따라서 이에 도움을 주기 위해 기상청에서는 '방재기상정보'를 발표하고 있는데, 시민들이 빠른 방재대책을 수립할 수 있도록 기상청은 폭우와 태풍 등에 관한 방재기상정보를 수시로 제공하고 있다. 또한 기상청은 일반적인 경보 및 주의보에 앞서 '호우에 관한 기상 정보'와 '태풍에 관한 기상 정보' 등을 발표하고 있다.

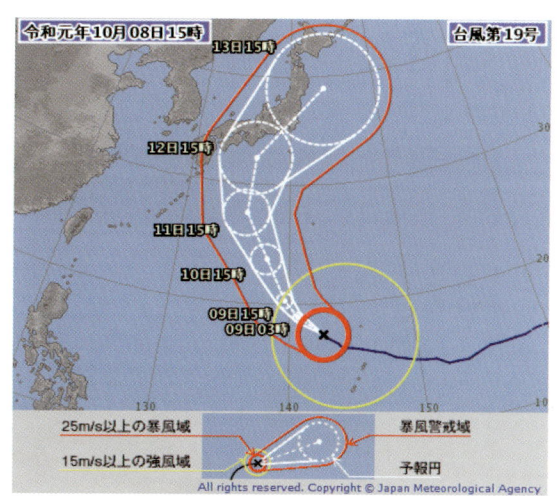

태풍경로 자료 출처 : 일본 기상청

## 3) 화산

일본에는 현재 111개의 활화산이 있다. 화산 분화예지연락회 火山噴火予知連絡会는 활화산을 '대략 과거 1만 년 이내에 분화한 화산 및 현재 활발한 분기 활동을 하고 있는 화산'으로 정의한다. 활화산은 기상청이나 관계 기관에서 감시, 관측이 이루어지고 있다. 화산 분화예지연락회는 화산 방재의 감시 및 관측 체제를 충실히 할 필요가 있는 50개의 화산을 선정하고, '상시관측 화산'이라는 이름을 붙였다. 이 중 48개 화산에서는 분화 경계 레벨이라는 지표를 설정하여 운영하고 있다. 선정한 전국 50개의 활화산을 선정하여 기상청에서 24시간 상시 관측 및 감시를 실시하고 있다. 화산 재해에 대한 방재 체제는 다른 재해와 마찬가지로 '재해 대책 기본법'에 따라 정비되어 있다. 특히 화산 주변의 도도부현, 시정촌에서는 각각의 지역 방재 계획에서 화산 대책을 중심으로 한 방재 계획의 책정을 진행하고 있다. 화산 분화가 발생한 경우에는 도도부현, 시정촌에서 재해대책 본부를 설치하고, 미리 수립한 방재 계획에 따라 응급 대책을 실시한다. 국가에서는 내각부 内閣府를 중심으로 필요에 따라 비상재해대책본부 또는 긴급 재해대책본부를 설치하여 종합적인 응급대책을 추진하고 있다.

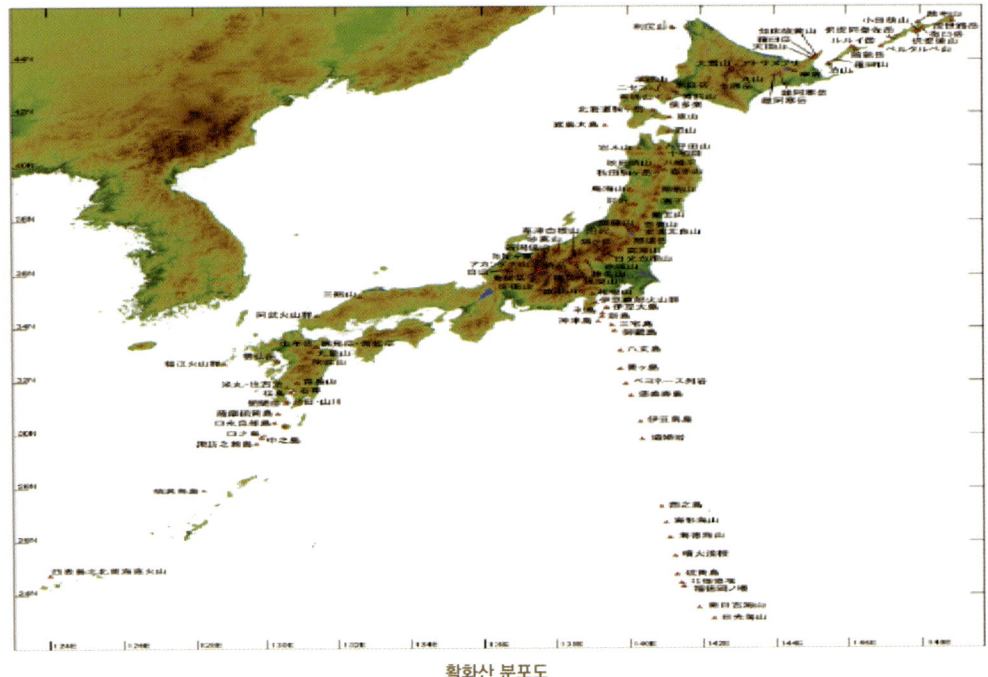

활화산 분포도

## 과거에 발생한 화산재해

★18세기 이후, 우리나라에서 10명 이상의 사망자·행방불명자가 나온 화산 활동

| 분화 연월일 | 화산명 | 희생자(사람) | 비고 |
|---|---|---|---|
| 1721년 6월 22일 | 아사마산 | 15 | 기상청 분석에 의함 |
| 1741년 8월 29일 | 도지마 오시마 | 1,467 | 이와 쓰레기 나쓰레·쓰나미 |
| 1764년 7월 | 혜산 | - | 기상청 분석에 의함 |
| 1779년 11월 8일 | 사쿠라지마 | 150 여명 | 분석·용암류 등에 의한 「안영대 분화」 |
| 1781년 4월 11일 | 사쿠라지마 | - | 고면 앞바다 섬에서 분화, 쓰나미 |
| 1783년 8월 5일 | 아사마산 | 1,151 | 화쇄류, 토석 나다레, 아즈마가와·토네가와의 홍수 |
| 1785년 4월 18일 | 아오가시마 | 130~140 여명 | 당시 327명의 거주자 중 130~140명이 사망으로 추정되며 나머지는 하치조지마로 피난 |
| 1792년 5월 21일 | 운젠다케 | 15,000 여명 | 지진 및 낙석 피해 |
| 1822년 3월 23일 | 아리주야마 | 103 | 화쇄류에 의함 |
| 1841년 5월 23일 | 구에이라부 섬 | - | 분화로 인한 마을 낙소 |
| 1856년 9월 25일 | 홋카이도 고마가다케 | 19~27 여명 | 분석, 화쇄류에 의함 |
| 1888년 7월 15일 | 반다이산 | 477 여명 | 암석, 낙매 |
| 1900년 7월 17일 | 아다치 타라야마 | 72 | 화구의 황 채굴소 전괴 |
| 1902년 8월 초순 | 이즈토리지마 | 125 | 전도민 사망 |
| 1914년 1월 12일 | 사쿠라지마 | 58~59 명 | 분화·지진에 의한 「다이쇼대 분화」 |
| 1926년 5월 24일 | 도카치다케 | 144 여명 | 융설형 화산 진흙 흐름에 의한 「다이쇼 진류」 |
| 1940년 7월 12일 | 미야케지마 | 11 | 화산탄·용암류 등에 의함 |
| 1952년 9월 24일 | 베이요네스 열암 | 31 | 해저분화 메이진초, 관측선 제5해양환 조난에 의해 전원 순직 |
| 1958년 6월 24일 | 아소산 | 12 | 기상청 분석에 의함 |
| 1991년 6월 3일 | 운젠다케 | 43 여명 | 화쇄류에 의함 「1991년 운젠다케 분화」 |
| 2014년 9월 27일 | 오타야마 | 63 여명 | 기상청 분석에 의함 |

「일본활화산 총람(제4판)」(기상청편 2015년)에 가필

* 참고 : <주요 화산 재해 연표> https://www.data.jma.go.jp/svd/vois/data/tokyo/STOCK/souran/main/disaster_table.pdf

4. 일본의 자연재해와 대책

| 칼 럼 | 일본의 영토문제 |

### 1) 독도 문제

원래부터 우리나라 고유의 영토였던 독도는 1952년 1월 8일 한국 정부가 '이승만라인'(인접해양의 주권에 관한 대통령 선언)을 선언한 이후, 우리나라가 실효지배하고 있다. 이에 대해 일본 정부는 1월 24일 국제법을 이유로 내세워 울릉도의 부속도서인 독도의 영유권을 주장하게 된 결과, 한·일 양국 사이에 독도 영유권 문제가 발생하였다. 그러나 독도가 우리나라 영토임은 엄연한 사실이다.

- 역사적 사실 – 독도는 울릉도와 함께 우산국을 이루었던 화산섬으로, 『삼국사기』에 의하면, 삼국시대 이전부터 한반도의 동해상에 우산국于山國이라 불리는 소규모의 왕국이 존재하다가 이사부異斯夫에 의해 512년 정벌되어 신라에 복속되었다고 한다. 독도는 이후 우산도于山島 또는 삼봉도三峰島·가지도可支島 등의 이름으로 불렸다. 『고려사』와 『세종실록지리지』·『동국여지승람』·『성종실록』 등 각종 고문헌과 지도 등 역사적 기록에서도 일찍이 독도를 울릉도와 함께 강원도 울진군에 포함시키고 있다.
- 일본의 주장 – 일본은 한국이 독도의 존재를 알지 못하였던 17세기에 자신들이 독도를 처음 발견하였고, 자국민들이 울릉도 근처에서 어업을 하다가 먼저 독도를 발견했다고 주장한다. 일본은 1905년 2월에 시마네현 고시 제40호를 통하여 독도를 다케시마竹島로 명명하고, 이듬해 4월 울릉도 군수 심흥택沈興澤에게 이 사실을 통보한 후, 정식으로 영토편입 조처를 취했다고 주장하고 있다. 이때 이미 한국 정부는 실질적인 주권을 일본에 빼앗긴 후였으므로 아무런 항의도 제기하지 못했다. 따라서 독도의 영토편입은 1905년에 완성된 것이며, 1910년에 합방된 한반도와는 무관한 별개의 대상이라고 주장하고 있다.

- 서양의 기록 및 독도의 위치 – 서양에서는 독도가 리앙쿠르Liancourt라고 알려져 있으나, 이는 1849년 프랑스 선박 리앙쿠르호가 독도를 발견하고 배의 이름을 따서 리앙쿠르 혹은 리앙쿠르 록스Liancourt Rocks로 불리게 된 것에 연유한다. 19세기 말 작성된 서양인의 각종 지도에서도 독도가 우리나라의 영토로 표시되어 있는 것을 볼 수 있을 뿐만 아니라 지리적 위치에서만 보더라도 독도는 울릉도에서 약 50마일 떨어져 있으나, 일본의 영토인 오키 섬에서 독도까지는 약 90마일이나 떨어져 있어 우리나라의 영토에 보다 가까이 있음을 알 수 있다.

- 경과

| 연 도 | 내 용 |
|---|---|
| 1947년 8월 | 한국산악회 주최로 울릉도와 독도에 대한 1차 학술조사 실시 |
| 1948년 8월 | 대한민국 정부가 수립되면서 독도는 경상북도 울릉군 울릉읍 도동리 산 42-76번지로 행정구역이 정해짐 |
| 1951년 9월 | 샌프란시스코 강화조약에서 일본이 권리를 포기해야 할 한반도 소속의 섬으로 제주도, 거문도, 울릉도를 명시하고 있었으나, 독도는 다른 3167개의 도서와 함께 언급되지 않음 |
| 1952년 1월 | 대한민국 정부는 '인접 해양 주권에 관한 대통령 선언'을 발표하면서 독도를 평화선 안에 포함시켜 보호 |
| 1953년 1월 | 한국 정부는 평화선 안의 외국 어선에 대한 나포를 지시<br>일본 정부는 한일 관계 정상화 이전까지 총 328척의 배가 포격 당하여 사상자 44명, 억류자 3929명이라고 주장 |
| 1953년 4월 | 울릉도 주민을 중심으로 독도 의용 수비대 결성 |
| 1956년 12월 | 대한민국 경찰이 경비 임무를 맡음<br>독도에 대한 일반인의 출입이 금지 |
| 1954년 9월 | 일본 정부는 국제사법재판소에 영유권 분쟁의 최종 결정을 위임하자고 대한민국 정부에 제안<br>대한민국 정부는 국제사법재판소에 위임하는 것은 현명치 못하다고 판단하여 일본 정부의 제안을 거부 |
| 1965년 6월 | 대한민국 정부는 한일 국교 정상화와 동시에 평화선에서 규정한 어업 경계선을 대신하는 한일어업협정을 체결<br>독도의 영유권 문제에 대하여는 한일 양국이 자신의 영토라고 서로 주장하여 이에 포함시키지 않음 |
| 1998년 11월 | 대한민국과 일본이 체결한 어업협정에서는 독도가 한일 배타적 경제수역 안에 위치 |
| 2000년 3월 20일 | 경상북도 울릉군 의회는 독도의 행정구역을 변경하는 조례를 통과시켜, 경상북도 울릉군 울릉읍 독도리 산 1-37번지로 변경 |
| 2005년 1월 14일 | 일본 시마네현 의회는 100년 전 독도를 일본 영토로 편입시키는 것을 고시했던 2월 22일을 '다케시마의 날'로 정하는 조례안을 상정<br>대한민국 정부는 이에 항의하였고, 2005년 6월 9일 경상북도 의회는 10월을 '독도의 달'로 하는 조례안을 가결 |
| | 독도의 날: 매년 10월 25일(고종황제가 1900년 10월 25일 대한 제국 칙령 제41호에 독도를 울릉도의 부속 섬으로 명시한 것을 기념하기 위하여 제정) |

## 2) 센카쿠 열도문제

일본은 센카쿠 열도중국명:댜오위다오를 둘러싸고 영유권을 주장하는 중국과의 사이에 대립이 계속되고 있다.

센카쿠 열도일본명:尖閣列島/댜오위다오중국명:釣魚島는 동중국해상에 위치한 8개 무인도로 구성되어 있는데, 현재는 일본이 실효지배하고 있으며, 일본, 중국과 대만이 각각 영유권을 주장하고 있다. 센카쿠 열도는 인근 해역의 석유 매장 가능성, 배타적 경제수역 및 대륙붕 경계선의 미확정, 중동과 동북아를 잇는 해상 교통로이자 전략 요충지 등의 쟁점으로 인해 일본과 중국은 각각 역사적·국제법적으로 자국의 고유 영토라는 주장을 하고 있다.

중국은 1403년 명나라 영락제 시기의 문헌을 근거로 계속해서 중국이 관할권을 행사했고, 여러 고지도들도 댜오위다오를 중국 영토로 표기하고 있다고 주장한다. 또한 1895년 청일전쟁의 패배로 시모노세키 조약에 따라 일본에 대만 및 그 부속도서, 팽호제도를 할양하였으나, 제2차 세계대전 이후의 카이로 선언과 포츠담 회담에 따라 일본이 부당하게 강점한 영토를 중국(중화민국)에 반환하게 된 점도 증거로 들고 있다. 즉 중국은 댜오위다오가 대만의 일부로서, 시모노세키 조약 및 카이로선언, 포츠담 선언에 따라 귀속이 변천되어 왔다는 것이다.

이에 대해 일본은 1879년 류큐 왕국을 오키나와현으로서 일본에 종속시키고, 이어서 인근의 센카쿠 열도가 무인도임을 확인한 후에 오키나와현으로 편입시켰다고 주장한다. 즉 청일전쟁과 무관하게 일본이 개척·발견한 영토라는 것이다. 따라서 시모노세키 조약 체결 당시에 오키나와는 물론 센카쿠 또한 중국의 할양 대상이 아니었고, 동 도서에 대해서는 카이로선언 및 포츠담 선언의 결정이 적용될 수 없다는 입장을 취하며, 마찬가지 이유로 샌프란시스코 조약에 의해 일본이 포기해야 하는 영토도 아니라는 입장이다.

2013년 4월 중국은 처음으로 댜오위다오가 자국의 핵심이익임을 공식화했지만, 2013년 말에 발족한 아베 정권은 센카쿠 열도를 포함하는 남서제도의 방위를 강화하고, 2014년에는 센카쿠 열도에 속하는 무인도에 명칭을 부여하는 등 실효지배를 강화하려는 정책을 전개하고 있으며, 중국은 이를 무력화하려는 동시에 동 도서에 대한 영유권 주장을 강화하고 있다. 2015년 현재 중국 선박이 일본이 주장하는 영해로 진입하는 일이 상시적으로 발생하고 있으며, 이에 대해 일본 역시 전투기를 발진하는 등 센카쿠 열도 주변에서 양국의 군사 충돌 가능성 역시 배제할 수 없는 상황이다.

## 3) 북방영토 문제

쿠릴열도 남단과 홋카이도 북단의 3개 섬과 1개 군도를 둘러싸고 러시아와 일본 간의 영유권 분쟁이 진행 중이다. 동 지역은 1945년 이후 러시아가 실효 지배하고 있다. 일본에서는 쿠릴 열도를 지시마 열도千島列島라고 하는 한편, 분쟁 대상의 4개 도서 및 군도와 쿠릴열도를 구분하고 있다.

- 러시아 측 명칭 – 이투루프 섬, 쿠나시르 섬, 시코탄 섬, 하보마이 제도
- 일본 측 명칭 – 에토로후 섬, 쿠나시리 섬, 시코탄 섬, 하보마이 군도

동 지역을 둘러싼 러일 간의 최초의 합의는 1855년 2월의 러일 통상우호조약 체결 당시의 일이다. 양측은 당시 양국의 국경이 현재의 이투루프/에토로후 섬과 이루프 섬 사이에 있음을 확인했으며, 사할린과 관련해서는 국경을 설정하지 않고 공동 관리하기로 합의했다. 이후 1875년 러일 간의 쿠릴 및 사할린Sakhalin 교환 조약상트페테르부르크 조약으로 당시 양국이 공동 관리하던 사할린이 러시아에 양도되고, 그 대신 일본은 이투루프/에토로후 북단의 쿠릴열도 전체를 차지하게 되었다. 일본은 1904~1905년간의 러일 전쟁에서 승리하면서 사할린까지 양도받았으나, 1945년 세계 제2차 대전을 계기로 소련이 사할린과 이투루프/에토로후 이북의 쿠릴열도를 비롯하여 북방 4도를 전부 점유하게 되었다얄타협정.

일본은 1951년 샌프란시스코 조약을 수용했는데, 동 조약에는 구체적으로 치시마 열도 및 포츠머스 조약으로 취득한 사할린에 대한 권리를 포기할 것을 명기되어 있다. 그러나 일본 정부는 에토로후択捉, 구나시리国後, 시코탄色丹, 하보마이 군도歯舞群島에 대해서는 쿠릴열도와 구분되는 것으로서 샌프란시스코 조약에 의해 일본이 포기한 영토가 아니라고 주장하는데, 이에 얄타협정에 의해 동 지역을 취득했다고 주장하는 러시아와 입장이 대립하고 있다.

한편, 미소 간의 대립으로 인해 소련은 일본 전후 처리와 관련된 샌프란시스코 조약에 참여하지 않았는데, 이후 러일 평화조약 협상에는 영토 문제 협상이 핵심적인 위치를 차지하게 되었다.

**워크북  연습문제**

❋ **내용 체크**

1. 일본열도를 이루고 있는 4개의 큰 섬은?

2. 일본의 행정단위에서 도都와 도道와 부府를 적어 보시오.

3. 일본의 지역을 크게 8개로 구분해 보시오.

4. 고신에쓰甲信越 지방을 이루고 있는 3개의 현은?

5. 일본에서 시정촌市町村의 합병이 활발하게 이루어지고 있는 이유를 서술하시오.

6. 일본의 세계 자연유산을 열거해 보시오.

❋ **실습 문제**

1. 일본의 8개 지역 구분 중 하나를 선택하여 특징을 설명해 보시오.

2. 일본의 세계 자연유산 중에서 하나를 선택하여 '자연체험 관광투어'를 만들어 보시오.

# Ⅱ. 일본인의 생활

# 1. '일본'이라는 나라

## 1) 일본의 상징

해 뜨는 곳을 의미하는 일본日本이라는 국호는 7세기 말에 만들어졌으며, 그 이전에 일본을 부르던 명칭은 왜倭나 화和였다. 현재와 달리 초기에는 일본이라는 한자만을 채용하고 그 발음은 야마토라고 부르기도 했다. 왜나 화라는 명칭 대신에 일본이라는 국호를 적극적으로 채용한 것은 중국을 강하게 의식한 결과로 해석된다.

일본의 국기 히노마루日の丸는 흰 바탕에 붉은 동그라미를 그려 넣은 것으로 태양을 상징한다. 붉은색 비단에 금색으로 태양을 그리거나 수놓은 니시키노미하타錦の御旗가 기원으로 거론되기도 하지만 히노마루가 일본이라는 국가와 연결된 하나의 상징으로 활용된 것은 에도시대에 연공미를 운반하는 배에 히노마루를 내걸면서 시작되었다. 니시키노미하타는 덴노天皇의 편에

니시키노미하타錦の御旗

선 무장들이 자신의 정당성을 나타내기 위한 깃발이었지만, 에도시대에 이르러서는 히노마루가 관의 깃발로 적극 활용되었다. 에도 말기에는 막부가 일본의 모든 배는 흰 바탕에 붉은 히노마루의 깃발을 표식으로 사용하라는 포고를 내리기도 했다. 메이지 유신 이후에 히노마루는 국기의 위상을 갖추어 나갔으며 이와 유사한 육군 국기와 해군 국기도 만들어졌다. 하지만 이는 정부나 군대에서 히노마루를 국기로 규정한 것이며 법적으로 일본에서 히노마루를 국기로 규정한 적은 없다.

기미가요는 와카和歌의 가사에 곡을 붙여 만들어진 노래로 덴노를 찬미하는 내용으로 이루어져 있다. 와카의 원래 가사는 '그대여, 작은 돌이 큰 돌이 되어 이끼가 낄 때까지 오래 사십시오我が君は千代に八千代にさざれ石の巌となりて苔の生すまで'로 장수長壽를 축하하는 노래였으나, 현재는 '그대여我が君は' 부분을 '덴노의 치세는君が代は'으로 가사를 바꾸어 부른다. '기미가요'라는 제목은 이 첫머리 가사에서 유래한다. 처음 곡을 붙인 사람은 영국인인데 평이 좋지 않아 해군성의 의뢰로 궁내성 아악과에서 다시 작곡을 했으며, 여기에 해군의 외국인 교사였던 독일인이 서양음악풍의 화성을 붙여 완성시켰다. 1880년 10월에 '덴노를 찬미하는 의례의 곡'으로 발표되어, 같은 해 11월 3일 천장절에 궁중에서 처음으로 연주되었다. 기미가요 발표 2년 후인 1882년, 문부성은 국가를 선정하기 위해 새롭게 작사·작곡된 6편의 후보곡을 받았지만, 국가 선정 작업은 중지되었다. 육군과 해군에서 덴노 의례용으로 연주되어 왔던 기미가요는 점차 학교에서 불리게 되었고, 1893년 문부성이 이를 소학교의 '축일대제일창가祝日大祭日唱歌'로 지정함에 따라 이후 소학교의 기념식전에서는 반드시 기미가요를 제창하게 되었다. 그러나 어디까지나 의례용의 곡이었을 뿐 국가로 규정된 것은 아니었다.

일본을 상징하는 꽃은 국화와 벚꽃이다. 일반에서는 벚꽃이 일본을 상징하는 것으로 통용되며 동전이나 우표 등에도 일본의 상징으로 사용되는 경우가 많다. 하지만 여권을 비롯해 일본국을 나타내는 표식으로 국화가 사용되기도 한다. 국화는 일반 국민보다는 황실의 상징으로 활용되던 꽃이다.

일본의 국조는 꿩이다. 일본의 대표적인 텃새로 민화나 동요에 자주 등장하며 수컷은 용감하고 암컷은 모성애의 상징으로 표현되기도 한다. 1947년 일본 조류 학회가 꿩을 국조로 선택했다고 한다.

## 2) 일본어

일본의 문자는 중국에서 만들어져 5세기 경에 전래된 한자漢字, 그리고 한자에서 파생된 히라가나ひらがな, 가타카나カタカナ로 구성된다. 현재의 일본어에는 표음문자로 히라가나와 가타카나, 표의문자로 한자가 동시에 사용되고 있다. 히라가나는 한자의 초서체를 간략화하여 만들어졌으며 가타카나는 한자의 일부분이나 편 등을 토대로 만들어졌다. 일반적으로는 한자와 히라가나를 주로 사용하며, 외래어나 의성어·의태어 등을 표기할 때는 가타카나를 사용하는 경우가 많다. 역사적으로 에도시대까지는 문자를 표기할 때 세로 쓰기가 중심이었으나 현재는 세로쓰기와 가로쓰기를 병용한다.

### 히라가나

| | 50 음도 | | | | | 요음 | | |
|---|---|---|---|---|---|---|---|---|
| | あ단 | い단 | う단 | え단 | お단 | ゃ | ゅ | ょ |
| あ행 | あ a 아 | い i 이 | う u 우 | え e 에 | お o 오 | | | |
| か행 | か ka 카 | き ki 키 | く ku 쿠 | け ke 케 | こ ko 코 | きゃ kya 캬 | きゅ kyu 큐 | きょ kyo 쿄 |
| さ행 | さ sa 사 | し shi 시 | す su 스 | せ se 세 | そ so 소 | しゃ sha 샤 | しゅ shu 슈 | しょ sho 쇼 |
| た행 | た ta 타 | ち chi 치 | つ tsu 츠 | て te 테 | と to 토 | ちゃ cha 차 | ちゅ chu 추 | ちょ cho 초 |
| な행 | な na 나 | に ni 니 | ぬ nu 누 | ね ne 네 | の no 노 | にゃ nya 냐 | にゅ nyu 뉴 | にょ nyo 뇨 |
| は행 | は ha 하 | ひ hi 히 | ふ fu 후 | へ he 헤 | ほ ho 호 | ひゃ hya 햐 | ひゅ hyu 휴 | ひょ hyo 효 |
| ま행 | ま ma 마 | み mi 미 | む mu 무 | め me 메 | も mo 모 | みゃ mya 먀 | みゅ myu 뮤 | みょ myo 묘 |
| や행 | や ya 야 | | ゆ yu 유 | | よ yo 요 | | | |
| ら행 | ら ra 라 | り ri 리 | る ru 루 | れ re 레 | ろ ro 로 | りゃ rya 랴 | りゅ ryu 류 | りょ ryo 료 |
| わ행 | わ wa 와 | ゐ wa 와 | | ゑ we 에 | を wo 오 | | | |
| | | | | | ん n -ㄴ | | | |

### 가타카나

| | 50 음도 | | | | | 요음 | | |
|---|---|---|---|---|---|---|---|---|
| | ア단 | イ단 | ウ단 | エ단 | オ단 | ャ | ュ | ョ |
| ア행 | ア a 아 | イ i 이 | ウ u 우 | エ e 에 | オ o 오 | | | |
| カ행 | カ ka 카 | キ ki 키 | ク ku 쿠 | ケ ke 케 | コ ko 코 | キャ kya 캬 | キュ kyu 큐 | キョ kyo 쿄 |
| サ행 | サ sa 사 | シ shi 시 | ス su 스 | セ se 세 | ソ so 소 | シャ sha 샤 | シュ shu 슈 | ショ sho 쇼 |
| タ행 | タ ta 타 | チ chi 치 | ツ tsu 츠 | テ te 테 | ト to 토 | チャ cha 차 | チュ chu 추 | チョ cho 초 |
| ナ행 | ナ na 나 | ニ ni 니 | ヌ nu 누 | ネ ne 네 | ノ no 노 | ニャ nya 냐 | ニュ nyu 뉴 | ニョ nyo 뇨 |
| ハ행 | ハ ha 하 | ヒ hi 히 | フ fu 후 | ヘ he 헤 | ホ ho 호 | ヒャ hya 햐 | ヒュ hyu 휴 | ヒョ hyo 효 |
| マ행 | マ ma 마 | ミ mi 미 | ム mu 무 | メ me 메 | モ mo 모 | ミャ mya 먀 | ミュ myu 뮤 | ミョ myo 묘 |
| ヤ행 | ヤ ya 야 | | ユ yu 유 | | ヨ yo 요 | | | |
| ラ행 | ラ ra 라 | リ ri 리 | ル ru 루 | レ re 레 | ロ ro 로 | リャ rya 랴 | リュ ryu 류 | リョ ryo 료 |
| ワ행 | ワ wa 와 | ヰ wi 이 | | ヱ we 에 | ヲ wo 오 | | | |
| | | | | | ン n -ㄴ | | | |

### 3) 덴노天皇와 일본인

덴노天皇는 일본의 왕이라는 의미로 한국의 미디어에서는 일왕으로 호칭하기도 한다. 현행 일본국 헌법에서는 실질적인 군주의 권한을 가지지 않은 상징적인 존재로 규정되어 있다. 상징적인 존재로서의 덴노는 주권을 소유한 국민의 총의에 의해 헌법이 정하는 일만을 수행할 수 있다. 헌법으로 규정된 덴노의 업무는 국회의 지명에 의한 총리대신 임명, 내각의 지명에 의한 최고재판소 장관의 임명, 내각의 조언과 승인에 근거한 헌법개정을 비롯해 영전 수여, 외교문서 인증 등이다.

**일본 덴노天皇 즉위식**

덴노라는 칭호는 7세기 말 고대 율령국가의 기틀을 확립하는 과정에서 왕권을 강화하기 위해 사용되었으며, 그 이전에는 군주를 오키미大君라는 칭호로 불렀다. 덴노의 명에 의해 편찬된 역사서 『고사기』, 『일본서기』를 통해 덴노가 신의 자손이라는 신화가 만들어졌다. 고대에는 덴노의 지위가 불안정하여 자주 폐위와 양위가 일어났으며 혈육 간의 권력투쟁도 심각했다. 중세에는 덴노의 정치적 권한마저 크게 약화되어 일본이 귀족 중심 사회에서 무사 중심 사회로 변모해가는 계기로 작용했다. 12세기 말의 가마쿠라 막부, 14세기 중반의 무로막치 막부 등, 막부가 정치적 실권을 장악하면서 덴노는 점점 정치적 권한을 잃은 채 종교적 권위에만 의지하는 형국이 되었다. 에도 막부에 이르러서는 막부가 덴노의 정치적 행동을 철저히 통제하고 문학이나 예능 방면 이외에는 활동을 금지하기도 했다. 하지만 메이지 유신 이후 덴노는 절대적인 권력을 지닌 신성불가침 한 존재로 격상되었다. 메이지 정부는 헌법을 통해 덴노에게 절대적인 권력을 부여했으며 덴노를 신격화하기 위해 군인칙유나 교육 칙어와 같은 지침을 만들었고 국가신도를 통해 덴노에 대한 신격화를 체계화했다. 패전 이후 미군을 통해 덴노의 절대 권력은 해체되었으며 덴노는 자신이 인간임을 선언하고 스스로 신격을 부정했다. 이후 덴노와 황실은 인간적이고 민주적인 이미지를 만들어 국민 통합과 평화의 상징으로 인식되기 위해 노력하고 있다.

## 4) 일본의 민족구성

고대 야마토 민족의 후예라는 측면에서 일본을 단일민족 체제의 국가로 상상하는 경우가 있으나, 실제 일본의 민족 구성은 류큐 민족, 아이누 민족을 포함한 다민족 체제라 할 수 있다. 이외에도 재일 조선·한국인이나 외국인 노동자들도 일본 사회의 중요한 소수 집단이다.

야마토 민족은 혼슈, 규슈, 시코쿠 등 일본열도의 넓은 지역에 거주하여 본토인이라고도 불리며 현대 일본인의 다수 집단이다. 일본에서 최초로 만들어진 통일 정권을 야마토 왕권이라고 부르는데, 여기서 야마토 민족이라는 발상이 유래했다.

류큐 민족은 주로 류큐 열도오키나와에 거주하며 독자적인 류큐 문화를 이루어 왔다. 15세기에 통일왕국을 이루어 일본, 중국과 활발히 교류했으나 1879년 무력으로 일본에 복속된 이후에는 야마토 민족이 아니라는 이유로 차별을 받으며 일본 문화에 동화될 것을 강요받았다.

아이누 민족은 주로 홋카이도에 거주하며 아이누 문화를 공유해 왔다. 별도의 국가를 건설하지 못한 아이누 민족은 1868년 메이지 정부가 홋카이도를 식민지로 병합하면서 구토인旧土人이라 불리었다. 이윽고 메이지 정부는 홋카이도구토인보호법北海道旧土人保護法을 제정하여 아이누 민족의 풍습과 문화를 금지하고 차별했으며, 이 법은 아이누 민족의 토지를 빼앗는 방편으로 활용되기도 했다. 현대에 이르러 자신들의 고유한 문화를 되찾기 시작한 아이누 민족은 일본 정부에 자신들의 선주권을 인정할 것을 요구하고 있다.

### 5) 일본의 신화 및 원호

　일본의 신화는 역사서 『고사기古事記』와 『일본서기日本書紀』의 기술에서 비롯된다. 혼돈의 바다와 하늘을 바라보던 세 신령이 세상을 창조하기로 결정하고 남신 이자나기イザナギ와 여신 이자나미イザナミ를 비롯해 여러 신들을 만들었다. 이자나기가 바다에 창을 넣어 휘저은 뒤에 꺼내었더니 창 끝에 묻은 바닷물 몇 방울이 떨어져 지금의 일본 열도가 되었다. 이자나기와 이자나미는 결혼하여 아이 대신 혼슈本州, 시코쿠四国, 규슈九州 등을 낳았고, 이자나미는 불의 신을 낳다가 죽었다. 죽은 이자나미를 찾아 황천국よみのくに으로 간 이자나기는 이자나미의 썩어버린 모습을 보고 도망쳐 나와 부정한 몸을 씻어 내는데, 왼쪽 눈을 씻자 아마테라스 오미카미あまてらすおおみかみ・天照大神라는 태양의 여신이 태어났다. 신화에서는 이 태양의 여신이 일본 덴노天皇가의 선조에 해당한다. 또한 이자나기가 오른쪽 눈을 씻을 때는 쓰쿠요미노미코토つくよみのみこと・月読命라는 달의 여신이 태어났으며, 코를 씻을 때는 스사노오노미코토라すさのおのみこと・須佐之男命는 바다의 남신이 태어났다.

고사기 『古事記』

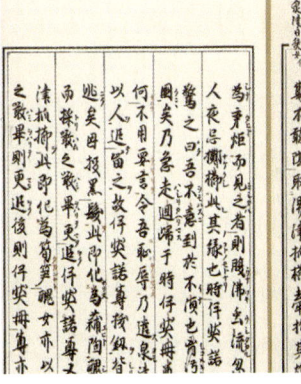
일본서기 『日本書紀』

　일본에서는 덴노의 재위를 기준으로 시간을 계산하는 원호元号를 사용한다. 상서로운 일이나 천재지변이 일어났을 때 이를 기준으로 해를 세는 방식인 원호는 과거 중국이나 한국에도 존재했으나 현재는 사용되지 않는다. 하지만 일본에서는 근대국가가 탄생한 메이지 이후는 물론 패전 이후에도 계속 원호를 사용하고 있다. 1960년대 후반부터 보수세력을 중심으로 원호 법제화 운동이 일기 시작해 1979년에 원호 법이 성립되었으며, 현재는 이 법률에 의거해 원호를 제정한다. 원호는 덴노 중심의 시간 체계이므로 국민이 주권을 지닌 민주주의국가에는 어울리지 않는다는 비판이 있으나 현재까지도 원호가 사용되는 사실을 통해, 덴노의 존재가 여전히 일본 사회에서 중요한 위치를 차지하고 있음을 추정해 볼 수 있다.

| 원호 | 시작 날짜 |
|---|---|
| 메이지 明治 | 1868-01-25 |
| 다이쇼 大正 | 1912-07-30 |
| 쇼와 昭和 | 1926-12-25 |
| 헤이세이 平成 | 1989-01-08 |
| 레이와 令和 | 2019-05-01 |

근대 이후의 연호

## 6) 일본인의 성씨와 이름

일본인은 성씨와 이름의 순으로 자신을 나타내며, 이는 한국을 비롯한 동아시아 한자 문화권의 국가에서는 공통적으로 나타나는 현상이다. 성씨는 일본어로 묘지 名字, 苗字라 부르며 성과 이름을 모두 나타낼 때는 시메이 氏名라고 표현한다.

일본인의 성씨와 이름을 읽는 방법은 매우 복잡하다. 일본은 다른 한자문화권의 국가와 달리 한자를 음독과 훈독이라는 두 가지 방법으로 읽으며, 음독 내에서도 당음과 한음 등 다양한 읽기가 존재한다. 훈독의 경우에도 이름을 표현할 때는 특수하게 읽는 경우가 존재한다. 따라서 성씨와 이름을 한자만으로 추정하여 읽었을 때는 원래의 음과 달리 읽을 수 있기 때문에 보통은 히라가나 혹은 가타카나로 읽는 법을 병기하는 경우가 많다.

일본에서 가장 많이 쓰이는 성씨 순위를 보면 사토 佐藤, 스즈키 鈴木, 다카하시 高橋, 다나카 田中, 이토 伊藤 순으로 나타난다.

# 2. 연중행사

연중행사는 매년 정해진 날에 행하는 가족이나 집단의 주요 행사나 의례를 뜻한다. 본래는 신을 기리기 위해 노동을 하지 않는 날로 전통적으로는 궁중의 공적인 행사에서 시작되었다. 일본의 연중행사는 사계절의 농경과 관련된 것이 많고 귀족이나 무사, 민간의 연중행사가 각각 존재했다. 귀족과 무사의 생활이 민중 생활에 영향을 주며 생긴 것도 있다. 궁중 행사는 대륙의 영향이 강했고, 민간 행사는 농경의례에서 유래한 것이 많다. 현재는 계절별로 정해진 행사, 불교 등의 종교적인 의미가 강한 기념일, 국가가 정한 공휴일 등으로 나눌 수 있다.

## 1) 오쇼가쓰 お正月

해가 바뀌어 새해를 맞이하는 시기로 매년 1월 1일부터 1월 3일까지의 3일간을 의미한다. 그 해의 풍작과 건강을 가져다주는 도시가미 年神를 맞이하기 위한 날로 여러 행사를 한다. 스스하라이 煤払い와 같은 연말의 대청소를 시작으로 청소가 끝나면 집이나 신사에 장식품을 둔다. 집이나 신사의 현관에는 하얀색

| 순위 | 성씨 | 인원수 | 순위 | 성씨 | 인원수 |
|---|---|---|---|---|---|
| 1 | 사토 佐藤 | 313,079 | 2 | 스즈키 鈴木 | 268,103 |
| 3 | 다카하시 高橋 | 226,090 | 4 | 다나카 田中 | 205,560 |
| 5 | 이토 伊藤 | 171,104 | 6 | 야마모토 山本 | 167,767 |
| 7 | 와타나베 渡辺 | 166,831 | 8 | 나카무라 中村 | 163,789 |
| 9 | 고바야시 小林 | 162,481 | 10 | 가토 加藤 | 133,341 |

**일본 성씨 베스트**

일본에서는 결혼을 하면 아내가 남편의 성씨를 따르는 것이 관례이다. 현행 민법에서 부부 동성제夫婦同姓制를 규정하고 있기 때문인데, 이에 대한 개선 요구는 여성계를 중심으로 활발하게 이루어져 왔다. 여성들은 결혼 이후 98% 정도가 남편의 성을 따르는데, 결혼 이전에 직장 생활을 하던 여성의 경우에는 사회적으로 여러 불편을 겪기도 한다. 재혼 가정의 경우에는 여성 측의 자녀 성이 바뀌는 경우도 존재한다.

*) 출처 - namaeranking.com

종이와 그해에 생산된 볏짚으로 만든 시메카자리注連飾り를 걸어 둔다. 이것은 신성한 장소를 의미하며 악령의 접근을 막는 역할을 한다. 문이나 현관 옆에는 신이 헤매지 않고 잘 찾아오도록 소나무와 대나무로 만든 가도마쓰門松를 세워 놓는다.

시메카자리注連飾り

가도마쓰門松

도시가미에게 음식을 바치며 기리기 위한 도시다나年棚라는 선반을 집 안에 둔다. 선반에는 신에게 바치던 동거울에서 유래한 가가미모치鏡餅라는 둥근 떡을 올린다. 가가모치는 도시가미나 조상에게 받치던 떡으로 신에게 떡을 받쳐 새로운 생명력을 얻으려 했다. 근래에는 가가미모치 모양의 플라스틱 용기 안에 개별 포장된 떡이 들어 있는 상품으로 판매되고 있다. 바로 장식할 수 있다는 편리함과 위생적인 면을 생각해서 널리 이용하고 있다.

도시다나年棚

2. 연중행사

오쇼가쓰 기간에는 특별히 요리를 하지 않고 미리 만든 음식인 오세치요리おせち料理를 먹는다. 이는 도시가미가 방문하는 동안 소음이나 냄새를 풍기지 않고 경건하게 보내고자 하는 것에서 유래된 것이다. 연말에 미리 만들어 오쇼가쓰 기간에 먹기 위해 대부분이 간장, 설탕, 식초 등을 사용하여 만들었기 때문에 여러 날 동안 두고 먹기에 좋다.

오세치요리おせち料理

이날 먹는 음식은 가정이나 지역에 따라 다르긴 하지만 길조를 의미하는 재료들을 사용하여 먹는다. 새우의 기다란 수염과 굽은 허리는 장수를 상징하며 말린 청어알은 풍부한 알이 자손의 번영을 기원한다.

예전에는 가정에서 만드는 경우가 많았지만, 최근에는 백화점이나 식당, 인터넷에서 예약하여 구입하는 것이 일반적이다. 오세치요리와 함께 오조니お雑煮라는 일본식 떡국을 먹으며 어린이에게 오토시다마お年玉라는 세뱃돈을 주기도 한다.

## 2) 하쓰모데初詣

하쓰모데란 새해 첫날에 신사나 사원에 가서 참배하는 것을 말한다. 무탈하게 지나간 해에 감사를 드리고 신년이 좋은 해가 되도록 빌며 가족의 무사와 평안을 기원한다. 하쓰모데는 12월의 마지막 날인 오미소카大晦日의 늦은 밤부터 시작하여 새해의 3일 정도까지 유명하거나 방문하기 편한 신사나 사원을 참배한다.

하쓰모데의 행사로는 신에게 감사하며 작은 나무 판인 에마絵馬에 소원을 써서 신사나 절에 매달아 놓는다. 한 해의 건강과 행복을 기원하는 오마모리お守り라는 부적을 사서 몸에 지니고 다니거나 운세를 점치는 오미쿠지おみくじ를 뽑아 재미 삼아 한 해의 길흉을 점치기도 한다.

오마모리お守り

오미쿠지おみくじ

에마絵馬

하쓰모데初詣 인파

## 3) 가가미비라키鏡開き

가가미모치鏡餅

　연말부터 새해까지 장색해 두었던 가가미모치를 정리하며 떡을 먹는 행사이다. 지역에 따라 다르지만 대체로 1월 11일에 행해진다. 장식에 사용되었던 가가미모치는 수분이 날아가 딱딱함으로 나무망치로 잘게 썰어서 사용한다. 옛 무사 집안에서는 신에게 공양하는 물건에 칼을 사용하는 것은 불길하다고 생각하여 떡을 썰 때도 칼을 사용하지 않았다. 가가미비라키는 신이 머문 가마미모치를 먹게 되면 그 해 무병장수할 수 있는 힘을 나누어 받는다는 것에서 유래하였다.

2. 연중행사　77

특별히 먹는 방법이 엄격히 정해져 있지는 않지만, 수분이 날아가 딱딱하여 주로 오조니 혹은 단팥죽 등, 떡을 끓여 먹는 음식에 사용된다. 예전에는 무사 집안의 남성은 갑옷이나 투구, 여성은 화장대에 떡을 두었다. 현재 가가미모치는 주로 도코노마床の間, 제단이나 거실, 현관 등에 둔다.

## 4) 세쓰분節分

원래는 입춘, 입하, 입추, 입동 전날을 세쓰분節分이라고 하였으나 현재는 입춘 전날을 가리킨다. 음력이기 때문에 해마다 날짜는 다르지만 2월 3일 또는 4일이다. 세쓰분은 입춘 전날 그 해의 액을 쫓는 전통 행사이다. 악귀를 쫓기 위해 콩을 뿌리는데 이를 마메마키豆まき라고 한다. 마메마키를 할 때는 '복은 안으로 악귀는 밖으로鬼は外、福は内'라고 외치며 집 안팎에 콩을 뿌리는데, 일반 가정에서는 아버지가 도깨비 가면을 쓰고 악귀 역할을 해 주고 아이들이 아버지를 향해 콩을 뿌린다. 또한 그 콩을 자신의 나이 수만큼 주워 먹으면 한 해 동안 무병, 무탈하다고 해서 그 콩을 먹는다.

마메마키豆まき 와 에호마키恵方巻き

세쓰분 행사는 전국 각지의 절이나 신사에서도 많이 행해지는데, 연예인이나 스모 선수 등 유명인을 초대해서 참배객과 마메마키를 하기도 한다. 또한 최근에는 세쓰분에 에호마키恵方巻き가 많이 보이게 되었는데, 에호마키는 세쓰분에 먹으면 한 해 동안 운이 좋다는 굵은 김밥을 그 해의 에호恵方, 길한 방향를 향해 소원을 빌면서 통째로 먹는 것을 의미한다. 에호마키를 먹을 때 말을 하면 운이 달아난다고 믿기 때문에 말을 하지 않고 끝까지 다 먹어야 한다. 에호마키를 먹는 풍습은 원래 오사카를 중심으로 한 것이었으나, 식품 관련 업계의 판매촉진 활동에 의해 널리 보급되었다.

## 5) 히나마쓰리 ひな祭り

    3월 3일에 열리는 여자아이를 위한 행사로 모모노셋쿠 桃の節句라고도 한다. 여자아이가 있는 가정에서는 히나 단 ひな壇에 히나 인형 ひな人形을 장식하고 히시모치 菱餅 (분홍색, 흰색, 녹색을 겹쳐놓은 마름모 모양의 떡)를 먹거나 시로 자케 白酒 (쌀, 누룩, 미림으로 만든 탁주)를 마시며 식사를 하기도 한다. 히나 인형은 여자아이가 잘 자라서 좋은 사람을 만나 결혼하여 행복하게 살기를 바라는 마음과 함께 병과 같은 좋지 않은 것들이 인형에 옮겨 가서 아이가 이러한 것들을 피할 수 있게 액막이로 사용하기 위해 장식하는 것이다. 예전에는 5단이나 7단으로 장식하는 가정이 대부분이었으나, 최근에는 집의 여유 공간에 따라 단을 줄이는 추세이다. 히나 인형은 여자아이가 태어나서 처음 맞는 히나마쓰리에 외할아버지, 외할머니가 선물해 주는 경우가 일반적이나 지역에 따라서는 그 집에 대대로 전해 내려오는 히나 인형을 장식하는 경우도 있다.

히나 단 ひな壇

히나마쓰리 ひな祭り 음식

### 6) 하나미 花見

하나미란 꽃구경 중 특히 벚꽃이 만개한 시기에 야외에서 벚꽃을 바라보며 먹고 마시며 즐기는 것을 말한다. 하나미는 봄철 가장 인기 있는 행사 중 하나이다. 지역에 따라서는 음력으로 정해진 날짜에 하나미를 하기도 한다. 이 시기가 되면 벚꽃이 잘 보이는 자리를 차지하기 위해 아침 일찍부터 자리를 잡고 앉아있는 진풍경을 볼 수 있다. 최근에는 TV나 라디오 등에서 벚꽃의 예상 개화시기를 알려준다. 하나미의 명소로는 도쿄의 우에노공원 上野公園과 나라의 요시노야마 吉野山 등이 있다.

우에노공원 上野公園 하나미

요시노야마 吉野山

## 7) 단고노셋쿠 端午の節句

매년 5월 5일은 무사 인형, 갑옷과 투구를 장식하여 남자아이들이 강하고 튼튼하게 성장하기를 기원했다. 이는 액운을 쫓는 목적으로 무사 집 담이나 문 장식을 한 것에 유래한다. 집 밖에는 등용문을 의미하는 잉어 모양의 깃발인 고이노보리 鯉のぼり를 매단다. 고이노보리는 에도시대 무사 집안에서 시작된 행사로 남자아이의 출세와 건강한 성장을 기원한다. 한 살 전후의 아이를 스모 경기장에서 울리던 풍습인 나키즈모 泣き相撲는 어린아이의 건강한 성장과 안산을 기원하며 크게 우는 쪽이 승자이다. 팥이 든 떡갈나무 잎으로 감싼 가시와모치 柏餅를 먹으며 집안의 대가 끊기지 않고 대대손손 번성하기를 기원한다.

고이노보리 鯉のぼり

나키즈모 泣き相撲

## 8) 다나바타 七夕

매년 7월 7일 견우와 직녀가 은하수를 건너 한 번 만나는 날이다. 헤이안平安 시대에는 중국에서 전해진 궁중 행사였으나, 에도시대에 서민에 퍼져 전국적인 행사가 되었다. 단자쿠短冊라는 소원을 적은 가느다란 종이를 조릿대에 다는 풍습이 지금까지 이어져 오고 있다. 센다이시仙台市의 다나바타 축제가 유명하다.

다나바타 축제 七夕まつり

## 9) 도요노우시노히 土用の丑の日

한국의 복날과 같은 날로 7월 20일부터 30일 사이에 있으며 주로 장어를 먹는다. 장어를 먹는 습관에 대해서는 여러 설이 있으나, 에도시대 난학자인 히라가 겐나이平賀源内가 제안했다는 설이 가장 잘 알려져 있다. 장어가 잘 팔리지 않던 장어 요리집에서 '오늘은 장어 먹는 날土用の丑の日'이라고 선전하면서 사람들이 장어를 찾기 시작하자 다른 집에서도 이를 모방하여 하나의 문화로 자리잡게 되었다. 또 우시노히에 우う라는 글자가 들어간 음식을 먹으면 여름을 잘 보낼 수 있다는 풍습이 생겨 우나기鰻, 우리うり, 참외, 우메보시うめぼし, 절인 매실, 우동うどん 등을 먹었다고 한다.

## 10) 쇼추미마이 暑中見舞い

무더운 여름에 지인에게 안부를 묻기 위해 집을 방문하거나 편지를 보내는 것을 말한다. 또는 무더운 여름에 보내는 편지나 선물 자체를 의미하기도 한다. 일 년 중에 가장 더운 시기에 상대의 건강을 살피는 것이 취지이다. 쇼추미마이 기간은 입추 18일 전인 여름 도요土用, 또는 소서小暑로부터 약 한 달 사이에 행해진다. 쇼추미마이를 놓친 경우에는 입추 이후 잔쇼미마이残暑見舞い 기간에 편지나 선물을 보내 안부를 묻는다.

먼 곳에 사는 지인을 직접 방문하는 것은 어려웠기에, 메이지明治 시대 이후에는 우편엽서를 보내기 시작하면서 정착되었다. 쇼추미마이의 선물로는 상품권, 맥주, 커피 등의 음료, 양과자, 제철 과일 등을 보낸다. 무엇보다 신세를 진 분들에게 감사를 표하며 편지나 선물을 보내는 행사이다.

## 11) 오봉 お盆

원래 오봉은 불교에서 선조의 영혼을 공양하기 위해 음력 7월 13일부터 15일까지 행해지는 불교의식인 우라본카이盂蘭盆会, 백중맞이와 선조의 영혼이 집에 오는 것을 맞이하는 일본의 풍습이 합쳐진 행사이다. 현재는 8월 13일부터 나흘간, 대부분의 지역에서 행해지며, 일부 지역에서만 7월 15일 전후로 행해진다. 공식적으로는 휴일이 아니지만 많은 사람이 오봉 휴가お盆休み를 얻어 고향으로 돌아가기 때문에 교통이 매우 혼잡해진다. 관공서나 금융기관은 정식 오봉 휴가가 없으며, 일반 회사도 공휴일이 아니기 때문에 정상 영업을 하는 곳이 많다.

무카에비迎え火

오이말과 가지소

13일 저녁에는 무카에비迎え火로 선조의 영혼을 맞이하고, 16일 저녁에는 오쿠리비送り火를 피워 다시 저승으로 돌려보낸다. 13일 아침에는 본다나盆棚를 준비하여 위패를 모시고, 꽃과 음식을 공양한다. 하지만 불교의 영향으로 생선과 고기는 올리지 않는다. 또 가지와 오이에 나무젓가락 등으로 다리를 만들어 올리는데, 여기서 오이와 가지는 각각 말과 소를 의미하며 선조의 영혼이 올 때는 말을 타고 빨리 오고 돌아갈 때는 소를 타고 천천히 돌아가라는 뜻이다.

　오봉 기간 중에는 한국의 강강술래와 같이 원을 만들어 춤을 추는 본오도리盆踊り가 전국 각지에서 행해지는데, 이는 선조에게 공양하기 위해 춤을 추던 행사에서 현재는 지역의 친목을 다지는 행사로 자리 잡았다. 많은 사람들이 화려한 유카타浴衣를 입고 음악에 맞추어 망대를 돌며 같은 춤을 춘다. 본오도리는 지역별로 춤을 추는 날짜나 그 춤의 특징도 조금씩 다르다.

본오도리 대회盆踊り大会

## 12) 시치고산 七五三

매년 11월 15일에는 어린아이의 건강한 성장을 기원하며 마을의 수호신인 우지가미氏神를 모시는 신사에 참배한다. 시치고산은 3, 5세의 남자아이들과 3, 7세의 여자아이들을 신사에 데리고 가서 수호신에게 아이들을 잘 보살펴준 데 대해 감사를 드리며 장래의 축복을 기원한다.

예전에는 어린이의 사망률이 높았던 연유로 7세까지는 신의 아이神の子로 보고 죽어도 다시 환생해 온다고 믿었다. 수호신에게 보고하는 아이들의 연령이 3세, 5세, 7세인 것은 중국에서는 기수가 운수 좋은 수로 생각하는 것에서 영향을 받았다. 신사에서 액막이를 받는 행사이자 지역사회에서는 하나의 인격체로 인정받는 행사이다. 부모는 남자 어린이에게는 하카마袴를 여자 어린이에게는 후리소데振袖의 전통 의복을 입히고 친척들은 학용품이나 장난감 같은 선물을 준다. 학, 거북이, 송죽매가 그려진 지토세아메千歲飴라는 가늘고 긴 막대의 홍백 사탕을 먹으며 아이들의 장수를 기원한다.

우지가미氏神 신사 참배

지토세아메千歲飴

## 13) 오미소카 大晦日

    1년의 마지막 날인 12월 31일을 오미소카라고 하는데, 이날에는 많은 사람들이 절을 방문하여 제야의 종소리를 듣는다. 또한 도시코시소바 年越しそば를 먹는데, 이는 가족의 행복이 오랫동안 이어지기를 바라는 습관에서 온 것이다. 일본의 각 방송국에서는 특별 편성 프로그램을 방영하며, 일본의 국영방송인 NHK의 홍백가합전 紅白歌合戦은 오미소카를 대표하는 프로그램이다.

NHK의 홍백가합전 紅白歌合戦

## 14) 국민축일

    일본에서는 공휴일을 국민 축일 国民の祝日이라고 하는데, 1948년 제정되고 2003년 개정되어 현재 법으로 정해진 축일은 15일이다. 2007년에는 5월 4일을 녹색의 날 みどりの日로 제정하여 4월 29일부터 5월 5일까지의 긴 연휴가 생겨났는데 이를 골든위크 ゴールデンウィーク라고 한다. 그리고 축일을 월요일로 바꾸어서 토요일에서 월요일까지 3일 연휴를 보낼 수 있도록 만든 해피먼데이 제도 ハッピーマンデー制度가 있다. 이는 경기 침체의 장기화로 일본 정부가 연휴를 늘려 소비를 촉진시키고자 경기부양책으로 내놓은 것이다. 일본은 한국과 달리 석가탄신일과 크리스마스는 공휴일이 아니다. 일본의 축일은 다음의 표와 같다.

| 날짜 | 축일 | 의미 |
|---|---|---|
| 1월 1일 | 설날<br>元日 | 쇼가쓰 正月 라고도 함 |
| 1월 두 번째 월요일 | 성인의 날<br>成人の日 | 만 20살이 된 젊은이들을 축하하는 날 |
| 2월 11일 | 건국기념일<br>建国記念の日 | 초대 덴노 天皇 인 진무덴노 神武天皇 의 즉위를 기념하는 날 |
| 2월 23일 | 덴노탄생일<br>天皇誕生日 | 현 나루히토덴노 德仁天皇 의 탄생을 축하하기 위한 날로 2020년부터 시행 |
| 3월 21일 경 | 세쓰분<br>節分 | 자연을 기리고 생물에게 자비를 베푸는 날 |
| 4월 29일 | 쇼와의 날<br>昭和の日 | 원래 쇼와덴노 昭和天皇 의 탄생일이었으나 1989년 덴노 서거 후 생물학에 관심이 많았던 덴노를 기념하여 녹색의 날 緑の日 로 제정. 그 후 2007년 다시 쇼와의 날로 변경 |
| 5월 3일 | 헌법기념일<br>憲法記念日 | 1947년 일본의 헌법 시행을 기념하는 날 |
| 5월 4일 | 녹색의 날<br>みどりの日 | 자연을 보호하고 감사하며 여유로운 마음을 가지고자 하는 취지에서 제정된 날 |
| 5월 5일 | 어린이날<br>こどもの日 | 어린이의 건강과 행복을 기원하는 날로 예전부터 단고노셋쿠 端午の節句 라고 하여 남자아이의 성장을 축하하는 날 |
| 7월 세 번째 월요일 | 바다의 날<br>海の日 | 바다의 은혜에 감사하고 해양국가인 일본의 번영을 기원하는 날 |
| 8월 11일 | 산의 날<br>山の日 | 산과 가까이할 기회를 가지고 산의 은혜에 감사하는 날로 2016년부터 시행 |
| 9월 세 번째 월요일 | 경로의 날<br>敬老の日 | 노인을 공경하고 장수를 기원하는 날 |
| 9월 23일 (경) | 추분의 날<br>秋分の日 | 춘분과 같이 자연을 기리고 생물에게 자비를 베푸는 날 |
| 10월 두 번째 월요일 | 체육의 날<br>体育の日 | 운동을 가까이하고 국민의 심신 건강의 향상을 위한 날 |
| 11월 3일 | 문화의 날<br>文化の日 | 자유와 평화를 사랑하고 문화 활동을 장려하는 날 |
| 11월 23일 | 근로 감사의 날<br>勤労感謝の日 | 근로자를 존중하고 생산을 촉진시키며 국민이 서로 감사하는 날 |

**일본 국민 축일**

## 15) 그 외의 행사들

### ❖ 성인식

성인식은 매년 1월 두 번째 일요일에 만 20세가 된 남녀를 격려하고 축하하는 행사이다. 전국의 자치단체가 강연회를 열거나 기념품을 주며 성인식 의례를 주관한다.

일본에서 성인이 된다는 것은 사회 구성원으로 인정받는다는 것으로 성인이 된 것을 축하하는 성인식 행사를 한다. 전통적인 성인식 행사로는 남자는 15세경에 머리 모양을 바꾸고 원복을 입거나 관冠이나 에보시烏帽子를 쓰고 훈도시褌를 착용했다. 여자는 13세경에 속치마의 긴 천을 허리에 감는 고시마키腰巻, 철을 술이나 차에 담가 산화시켜 치아를 검게 하는 가네쓰케鉄漿つけ 의례를 했다.

가관의식加冠の儀

가네쓰케鉄漿つけ

성인이 된 젊은이들의 앞날을 기대하고 축하를 하기 위해 공휴일로 지정하며 지속시켰다. 하지만 최근에는 행사에 참여한 젊은이들이 소란을 피우거나 음주를 하여 사회적인 문제가 되고 있다. 또한 지역과의 유대가 약해지면서 참가자가 줄거나, 도덕적인 문제가 빈번히 발행하면서 성인식 행사에 대해 회의적인 의견도 많다. 이날 남성들은 주로 정장을 착용하고 여성들은 화려한 후리소데를 입고 참석한다.

### ❖ 결혼식

과거에는 중매결혼이 일반적으로 오미아이お見合い라는 맞선을 통해 미혼 남녀가 만나 결혼을 했다. 현재에도 옛 풍습의 영향으로 나코도仲人라는 중매인을 세우기도 한다. 나코도는 혼담을 주선하는 소개부터 결혼식 절차를 돕는 역할까지 한다. 적당한 기일과 예식 장소를 정하고 결혼식을 올리기 전에 주고받는 물품인 유이노結納를 교환한다.

유이노結納

일본의 결혼식은 피로연까지를 포함하며 휴일에 교회, 절, 신사나 호텔, 예식장에 신랑 신부 친족과 친한 지인들이 참석한다. 결혼식의 초대는 결혼식 자체보다는 이후 피로연이 중요하다. 청첩장을 받고 나면 일주일 이내에 참석 여부를 알려주어야 하며 초대받은 사람만이 피로연에 참석할 수 있다. 피로연은 2시간 정도로 진행되며 하객은 히키데모노引き出物라는 답례품을 받는다. 축의금은 결혼 당사자와의 관계에 따라 다르지만, 친지나 동료의 경우 3만엔 정도를 한다. 둘로 나뉘는 짝수는 부부를 갈라놓는다고 하여 대개 홀수로 한다.

결혼식의 형태는 신전식神前式, 기독교식キリスト式, 불교식仏教式, 인전식人前式 등이 있으며 종교적 색채가 중시되고 있다. 최근에는 기독교식이 큰 비중을 차지하며 전통적인 신전식은 점차 줄고 있다. 스님이 불전 앞에서 주관하는 불교식과 자유롭게 진행하는 인전식으로 하는 결혼식 비중은 매우 낮다. 기독교식과 신전식이 모두 교회나 성당, 신사에서 진행하는 것은 아니다. 호텔이나 예식장에서 마련한 예배당이나 신전에서 결혼식을 치르는 경우가 많다. 이는 기독교와 신도의 종교적 의미보다는 종교적 엄숙함과 신성함을 빌려 결혼식에 활용한다고 볼 수 있다.

신전식神前式

### ❖ 장례식

일본에서 출생이나 성장과 관련된 의례가 신도 중심으로 이루어진다면, 장례식은 대부분 불교식으로 치러진다. 죽은 사람의 혼이 떠돌다가 산 사람에게 해를 입히는 원혼이 되거나 고인이 후손을 수호하는 조상신이 된다고 믿었기에 격식을 차린 장례식을 중시하였다. 일본인들이 저승길을 왕생으로, 주검을 부처로 부르는 것 역시 불교로부터 영향을 받아서이다. 역사적으로는 에도시대 단가檀家 제도가 불교식 장례식에 큰 영향을 주었다. 단가 제도는 에도시대 기독교 전파와 확산을 막기 위해 생긴 기독교 탄압 정책이었다. 모든 이들에게 반드시 어느 절의 단가, 즉 불교 신자로 등록할 것을 강요한 제도로 기독교 신자가 아님을 입증하는 호적과 같은 증명서 역할을 하였다.

장례식 절차로는 먼저 고인을 화장하기 전 친했던 지인들이 명복을 빌고 헤어짐을 섭섭해하는 의식인 오쓰야お通夜를 행한다. 다음으로는 고인을 이불 위에 눕히고 머리를 북쪽으로 두고 여성은 엷은 화장, 남성은 수염을 깎아 용모를 단정히 한다. 수의로는 깨끗한 유카타浴衣나 고인이 생전에 좋아했던 옷을 사용하며 임시 제단을 만들고 병풍을 세워 놓는다. 오쓰야 다음날 고별식을 하며 승려가 독경을 읊고 조문객이 분향을 하며 고인에게 이별을 고한다.

고별식이 끝나고 화장터까지 이동하는 것을 노베오쿠리野辺送り라 부르며 유족과 친척만 동행한다. 일반 조문객들은 고별 식장에서 합장으로 배웅을 한다. 영구차는 차의 윗부분을 가마 모양으로 개조한 차량을 사용한다. 화장 후에는 유골 항아리에 담아 보관하다가 사십구재 이후에 가족 납골묘로 옮겨 매장한다.

노베오쿠리野辺送り

## ❖ 엔니치 縁日

엔니치는 신불 神仏의 탄생, 강림, 출현, 기원 등, 신불과 인연이 있는 날을 의미한다. 이날에 참배하여 제사를 지내거나 공양을 하면 보통 때보다 훨씬 영험이 있다고 믿었다. 특히 첫해의 엔니치인 첫 천신 初天神, 첫 관음 初観音, 첫 부동 初不動이라 하며 중요시한다. 마지막 엔니치는 그 앞에 오사메 納め, 시마이 終い를 사용하여 끝이 났음을 알려준다. 매월 5일은 수천관 水天宮, 18일은 관세음 観世音, 28일은 부동존 不動尊 등의 엔니치이다. 근대 이후에는 엔니치에 축제 祭り를 열고 본오도리 때처럼 신사에 전통적인 노점상이 많이 열린다.

## ❖ 야쿠도시 厄年

야쿠도시란 특정한 나이를 액운이 많은 액년이라 여겨 그 해를 조심하는 풍습이다. 중국 음양사상에서 유래하였으며, 헤이안 시대부터 존재하여 에도시대 이후 민간에 널리 퍼졌다. 야쿠도시는 일반적으로 남자는 25세, 42세, 61세에, 여자는 19세, 33세, 37세에 해당한다. 그중에서도 남자의 42세와 여자의 33세를 가장 주의해야 한다. 42세는 '죽으러'의 의미인 시니 死に, 33세는 '뿔뿔이 흩어지다' 뜻을 지닌 산잔 散々과 음이 같기 때문으로 여겨진다.

일본인들은 야쿠도시 전후 일 년을 마에야쿠 前厄, 아토야쿠 後厄라고 하며 야쿠도시처럼 주의하고, 야쿠도시에 해당하는 해에는 신사나 절에서 야쿠바라이 厄祓い라는 의식을 하며 신불의 가호를 받아 흉사나 재난을 미리 방지하고자 한다.

**야쿠바라이 厄祓い**

2. 연중행사

### ❖ 도시이와이 年祝

일정한 연령이 된 것을 기념하는 의례로 주로 장수를 축하한다. 일반적으로는 61세의 환갑還曆, 70세의 고희古希, 77세의 희수喜寿, 80세의 산수傘寿, 88세의 미수米寿, 90세의 졸수卒寿, 99세의 백수白寿를 축하하는 풍습이다. 축하의 연령은 지역에 따라서 다르며 야쿠도시에 해당하는 해에 축하하기도 한다.

이 중에서 가장 중요시한 것이 환갑이다. 10간干 12지支가 60년 만에 한 바퀴를 돌아 제자리에 돌아와 갓난아기로 새롭게 생명을 얻는다고 여겼기 때문이다. 그리하여 환갑을 맞이한 사람에게 붉은 상의를 입히고 붉은 두건을 쓰게 하여 붉은 방석에 앉혔다. 그렇지만 지금은 수명이 연장되어 환갑을 맞는 것은 일상적인 일이 되어 예전처럼 성대한 행사를 하지는 않는다. 직계가족들이 모여 식사를 하며 축하 행사를 하거나 가족여행을 가거나 한다.

다치바나 겐지의 고희 축하 立花寛治 古希の祝い

# 3. 주거 및 의복

## 1) 일본 주택의 특징

일본에서는 고온다습한 기후적 특성을 고려하여 창을 많이 만들고, 천정을 높게 하여 통풍이 잘 되도록 만든 개방적인 구조의 주택이 많다. 주택을 지을 때에는 겨울보다 여름의 습도나 온도를 조절하는 것에 중점을 두었다고 할 수 있다.

또한 지진이 자주 일어나기 때문에 높은 건물을 많이 짓지 않고, 목조건축이 많게 되었다. 건물이 낮으면 낮을수록 지진의 영향을 받아 쓰러질 가능성이 낮아진다. 하지만 목조 주택은 지진에는 강하지만 화재에 취약하기 때문에 요즘에는 콘크리트나 철골로 지어진 건물이 늘어나고 있다.

**일본의 자연소재 전통가옥**

## 2) 일본 전통가옥의 특징

일본의 전통 가옥의 대부분은 대나무, 짚, 나무, 흙과 같은 자연의 소재를 활용하여 만들어졌다. 섬나라의 특성상 습도가 높기 때문에 창문이 많고 천정이 높다. 또한 방과 방 사이에는 벽이 아닌 칸막이 형식의 쇼지障子와 후스마襖를 두어 언제든지 여닫아 통풍을 시킬 수 있도록 하였다. 쇼지와 후스마는 통기성은 우수하나 방음이 잘되지 않아 사생활을 보호받을 수는 없다는 단점이 있다. 방바닥에는 다다미畳를 깔아 여름에는 습기를 제거하고, 겨울에는 방 안의 온도를 유지시킨다. 또한 오시이레押入れ라는 벽장이 있어 간단한 수납을 할 수 있게 되어있다.

❖ **고타쓰** こたつ

고타쓰 炬燵

나무로 만든 테이블에 이불이나 담요를 덮은 것이다. 옛날에는 작은 통에 숯을 넣고 그것을 나무로 만든 틀 아래 넣어 그 위에 나무로 된 판을 놓고 이불을 덮어서 사용했는데, 여기에 설치된 나무를 야구라櫓라고 한다. 현재의 고타쓰는 테이블 아래에 전기히터가 설치되어 있다. 겨울이면 고타쓰 밑에 다리를 넣고 책을 읽기도 하고 식사를 하기도 한다.

❖ **다타미** 畳

다타미는 일본의 전통적인 바닥재로, 볏짚이나 왕골이 주재료이다. 일본에서는 일본식 방인 와시쓰和室와 서양식 방인 요시쓰洋室를 구분하는 근거로 흔히 바닥재가 다타미인지 아닌지를 사용한다. 다타미는 헤이안 시대平安時代부터 사

다타미畳

용되었는데, 초기에는 바닥재가 아닌 방석이나 이불로 사용되었다. 그 후 무로마치시대室町時代부터 방 전체에 깔기 시작하였다. 다타미 한 장의 크기는 약 90cm × 180cm로 일본에서는 전통가옥이 아닌 현대식 가옥에서도 방의 크기를 다타미를 기준으로 측정하는 경우가 많다.

### ❖ 도코노마床の間

도코床라고도 한다. 다타미방의 한쪽 바닥을 높게 하여 만든 공간으로, 예전에는 신을 모시는 장소로 사용되었다. 벽에는 그림, 붓글씨 등의 족자를 걸고, 바닥에는 꽃이나 장식물을 장식한다. 주로 객실에 만들어지며, 도코노마의 앞쪽이 상석이기 때문에 손님이 방문하였을 경우, 도코노마의 앞쪽에 앉게 된다.

도코노마床の間

### ❖ 쇼지障子, 후스마襖

쇼지와 후스마는 방과 방 사이를 구분하는 칸막이 역할의 미닫이문이다. 일반적으로 나무로 만들어진 틀에 일본의 전통 종이인 와시和紙를 붙여 만들었는데, 습기를 잘 흡수하고 통기성이 좋으며, 단열성까지 갖추고 있다. 두꺼운 와시를 붙여서 만든 것이 후스마이고, 얇은 와시를 붙여 만든 것이 쇼지이다.

쇼지障子

후스마襖

## 3) 현대 일본의 주택

현대 일본의 주거는 크게 단독주택一戸建て과 공동주택集合住宅으로 나눌 수 있다. 일본에는 단독주택은 목조건물 많으며 2층 또는 단층 건물平屋이 많다. 목조건물은 지진에 강한 장점이 있지만 화재에 취약하기 때문에 일본의 도심에서 목조주택은 거의 볼 수 없고, 최근에는 콘크리트 건물과 경량 철골 건물이 늘어나는 추세이다.

공동주택은 맨션과 아파트로 나눌 수 있는데, 한국의 아파트와 달리 일본의 아파트는 대부분이 2층 또는 3층 연립으로 목조나 경량 철골로 지어진 곳이 많다. 방음 상태가 좋지 않고, 편의 시설이 부족한 대신 집세가 저렴하기 때문에 대학생이나 사회 초년생에게 인기가 많다. 한국의 아파트와 같은 고층건물을 맨션이라고 하는데 평수가 넓고 고급스럽다는 특징이 있다. 최근 도심에 건축되는 초고층의 타워맨션タワーマンション은 한국의 주상복합아파트와 비슷한 특징을 지니고 있다. 아파트나 맨션의 구조는 보통 L living, D dining, K kitchen로 표시하는데, 예를 들어 3LDK인 집은 방이 3개, 거실, 식당, 부엌이 있는 것을 의미한다. 서양식 맨션이라도 여러 개의 방이 있을 경우 그중 한 개는 다타미 방인 경우가 많다.

## 4) 현대 일본의 주거 상황

세계의 주요 도시 가운데서도 도쿄나 오사카 등의 주택 사정은 그 면적과 가격 면에서 악평이 높았지만, 불경기의 장기화로 부동산가격은 계속해서 떨어져 왔다.

1980년대 후반의 버블경제バブル経済로 일본 전체의 부동산가격이 급등하였을 때에는 도심의 고급 맨션은 2LDK가 2~3억 엔을 호가하던 시절도 있었다. 패전 후 장기화된 부동산가격의 상승이 일단락되고 일본의 부동산가격은 내려가지 않는다는 부동산 신화도 옛이야기가 되었다. 하지만 여전히 수도권이나 긴키 지방에서는 주택의 공급이 부족하며, 가격이 높다. 이러한 문제는 토지의 가격만의 문제가 아니라 일본의 높은 건축비와 부동산 관련 세금의 문제 등이 얽혀있기 때문에 일본의 주택 사정이 다른 나라에 비해 좋아지기 위해서는 시간이 걸릴 듯하다.

일본은 도심의 집값이 매우 비싸기 때문에 평범한 회사원이 자가주택을 소유하는 꿈을 이루는 것은 쉬운 일이 아니다. 그래서 일반적으로는 집을 빌리게 되는데, 일본에는 한국의 전세와 같은 임대 계약 형태가 없기 때문에 집을 구입하지 않는 한 임대 계약의 기본은 월세이다. 도쿄의 경우 2DK의 아파트 월세가 약 10만 엔, 맨션의 경우 약 12만 5천 엔이다. 일본에서 집을 빌릴 경우에는 보증금 개념의 시키킨敷金, 사례금인 레이킨礼金, 부동산 중개료, 집세인 야친家賃 등의 돈과 보증인이 필요하다. 시키킨은 임대 계약이 종료되면 돌려받을 수 있는데, 임대기간 중 파손되거나 고장 난 곳이 있으면 그에 준하는 금액을 제하고 나머지 금액을 돌려받게 된다.

## 5) 전통의상

### ❖ 기모노着物

기모노의 어원은 '입다'라는 동사 '기루着る'와 물건을 의미하는 '모노物'가 합쳐진 말이다. 메이지 시대 이후 보급된 서양 옷인 요후쿠洋服와 구별하여 일본 전통 의상을 와후쿠和服라고 했다. 지금은 기모노라는 용어가 일반적이며, 일상복이라기보다 신년이나 입학식, 졸업식, 성년식 등 특별한 행사에 예복으로 착용하고 있다.

### ❖ 기모노의 완성

지금의 기모노의 원형은 에도시대 1603-1867 서민들이 입었던 고소데 小袖가 그 원형이다. 고소데는 본래 무가 武家에서 속옷으로 착용하던 것이 무로마치시대 1338-1573 말기가 되면서 겉옷으로 입기 시작하였다. 에도시대의 고소데는 남녀용 모두 길이가 발목까지 오는 형태였으나, 이후, 여성의 고소데가 점차 길이가 길어지고 화려해지면서 오비의 종류와 묶는 방법도 점차 다양해졌다.

고소데 小袖

### ❖ 기모노의 특징

기모노는 키나 체형과 관계없이 누구나 입을 수 있도록 넉넉하게 만들어져 있으며, 기모노의 몸통과 겨드랑이 부분이 트여 있어서 대대로 물려 입거나 리폼이 가능하다. 특히 기모노는 옷고름이나 단추가 없기 때문에 기모노 위에 허리를 묶는 오비 帯가 반드시 필요하다. 오비의 종류도 다양한데, 여성의 후쿠로오비 袋帯는 예장용으로 가장 많이 사용되고 있으며, 나고야오비 名古屋帯는 직조 방법이나 염색, 자수 등에 따라 약식 예복에서 평상복에 이르기까지 다양하게 활용되고 있다. 남성용으로는 단단한 천으로 만들어진 가쿠오비 角帯와 부드러운 천으로 만들어진 헤코오비 兵児帯 등이 있다.

다양한 오비

### ❖ 기모노의 종류 - 도메소데留め袖와 후리소데振り袖

기모노는 결혼의 여부, 예식과 방문의 정도에 따라 옷 모양이나 종류, 입는 방법 등이 다르다. 여성용 기모노는 여러 종류가 있는데, 그중 도메소데留め袖는 소매 폭이 짧은 기혼 여성들을 위한 정식 예복으로, 결혼식이나 피로연 등, 특별한 자리나 공식적인 자리에서 입는다. 그리고 후리소데振り袖는 소매 폭이 긴 미혼 여성이 입는 정식 예복으로, 염색과 자수로 수를 놓은 화려한 문양이 특징이다. 여성의 경우에는 소매의 길이를 보면 기혼 여성인지 미혼 여성인지를 알 수 있다. 기혼 여성의 경우 결혼식이나 피로연 등, 공식적인 자리에서 도메소데留め袖를 입는데, 이는 소매 폭이 좁고 좌우 옷자락에만 무늬를 넣는 등, 단정한 것이 특징이다. 미혼 여성의 경우에는 성인의 날이나 졸업식, 결혼식 등의 공식적인 행사가 있을 때 후리소데振り袖를 입는데, 이는 소매 폭이 넓고 염색이나 자수로 멋을 낸 화려한 무늬가 특징이다.

후리소데振り袖    도메소데留め袖

### ❖ 나가기長着, 하오리羽織, 하카마袴

남성용은 보통 나가기長着, 하오리羽織, 하카마袴 등으로 구분할 수 있는데, 이 세 가지 옷은 조금씩 형태를 달리하여 여성들도 입게 되었다. 나가기는 길이가 발목까지 오는 기모노를 말하며, 흔히 평상복으로 입는 옷이다. 하오리羽織는 나가기長着 위에 입는 짧은 겉옷인데, 결혼식이나 중요 행사가 있을 때에는 양쪽 가슴에 가문의 문장을 넣은 것을 입기도 한다. 하카마袴는 품이 넓고 긴 하의로, 바지 형태와 치마 형태가 있다. 하오리와 하카마는 공식적인 행사나 격식 있는 자리에서 남성용 예복으로 착용할 수 있으나, 여성의 경우에는 예복이 되지 않는다.

하카마袴

3. 주거 및 의복

### ❖ 호몬기 訪問着

호몬기는 미혼과 기혼 상관없이 여성들이 폭넓게 입는 가벼운 예복으로 파티 등의 각종 모임이나, 윗사람을 방문할 때 착용한다. 도메소데와 후리소데 다음으로 격이 있는 기모노이다.

### ❖ 우치카케 打掛

결혼식에서 신부花嫁가 입는 기모노를 말한다. 우키카케는 기모노와 소품까지 모두 흰 색인 시로무쿠우치커카케白無垢打掛와 금사와 은사로 수놓은 이로무쿠우치카케色無垢打掛 두 종류가 있다. 결혼식에서 흰 색을 입는 것은 시댁의 가풍을 잘 수용하겠다는 의미를 가지고 있다.

시로무쿠우치가케 白無垢打掛　　이로무쿠우치카케 色無垢打掛

### ❖ 유카타 浴衣

유카타는 원래 목욕 후나 잠옷 대용으로 입었던 옷인데, 오늘날은 마쓰리祭り나 하나비다이카이花火大会 등 외출용으로도 입고 있다.

기모노에 비해 저렴하면서도 입기 편한 데다, 색감이 아름답고 재질도 다양해서 하나미花見나 불꽃놀이花火, 마쓰리祭り 등에서도 즐겨 입는다. 요즘에도 료칸旅館이나 호텔에서는 목욕가운으로 유카타를 비치해 두는 곳이 많다.

유카타 浴衣

## ❖ 다비足袋 조리草履 게타下駄

　일본의 버선을 다비라고 한다. 엄지와 다른 발가락이 갈라져 있는 모양을 하고 있다. 조리는 기모노에 신는 일본 전통 신발이다. 소재와 형태, 색 등에 따라 예장용과 약식용, 일반용으로 구분된다. 게타는 일본 나막신을 말한다. 두 개의 굽과 발가락에 거는 끈이 달려 있어 다비를 신지 않고 맨발로 신으며, 주로 여름용 유카타에 신는다.

　　　다비足袋　　　　　　　　조리草履　　　　　　　　게타下駄

# 4. 음식 및 식사예절

　　일본에 쌀 중심의 음식 문화가 자리 잡게 된 것은 약 2천 년 이상 전에 대륙으로부터 수경재배가 전래된 후부터이다. 제철 채소나 생선 등과 함께 자리 잡은 쌀밥의 전통은 에도시대江戶時代에 꽃을 피워 현재 일본요리의 근간을 이루게 되었다. 하지만 150년 전에 서양문물을 받아들이면서 일본 고유의 요리 이외에도 많은 외국 요리가 일본인의 기호에 맞춘 형태나 본래의 모습을 유지한 채로 받아들여져 매우 다양한 음식 문화가 발생하게 되었다.

## 1) 일본요리의 기원

　　6세기에 불교가 전래된 이후 법률이나 덴노天皇의 명령을 알리는 문서인 조칙詔勅에 따라 새나 짐승을 먹는 것이 금지되어 거의 대부분의 육식을 하지 않게 되었다. 일본 사찰 요리인 쇼진요리精進料理는 채식주의 요리로 불교의 융성에 따라 일반에까지 널리 퍼지게 되었다. 간장, 된장, 두부 등의 콩으로 만든 음식 등 현대 일본인이 먹고 있는 많은 식재료와 조미료는 15세기 즈음에 갖춰지게 되었다. 같은 시기 손이 많이 가는 연회요리가 생겨났는데, 이는 조정의 귀족들의 요리에서 유래된 것이다. 정식으로 차린 상이라는 뜻의 혼젠本膳, 연회나 회식 때 먹는 코스 형식의 일본요리인 가이세키会席, 차를 마실 때 내는 간단한 요리인 챠가이세키茶懷石 등이 일본요리의 기본이다.

챠가이세키는 식재료의 신선함과 계절감뿐만 아니라 아름다운 차림새에 중점을 두어 혼젠本膳의 형식에 불교의 정신과 소박함을 연결 지었다. 한편 가이세키 요리는 19세기 초에 현재의 형식이 정립되어 요즘에는 요정料亭이라고 불리우는 일류 일본식 전문점과 전통 일본 료칸旅館 등에서 제공되고 있다.

챠가이세키茶懷石

가이세키 요리는 제철의 신선한 재료와 음식을 그릇에 아름답게 담아낸다는 초기의 전통을 유지하고 있다. 가이세키 요리는 식사 예절이 까다롭지 않으며 다른 요리에 비해 편안한 분위기에서 즐길 수 있다는 특징이 있다. 식사 중에는 술이 제공되는데 일반적으로 일본인은 밥을 먹으면서 술을 마시지 않기 때문에 밥은 마지막에 나온다. 식사는 식전 주로 시작되어 사시미刺身, 국물 요리吸い物, 구운 요리焼き物, 찐 요리蒸し物, 삶은 요리煮物, 무침 요리和え物의 순으로 제공되며 그 후 미소시루味噌汁, 절임 요리漬物, 밥, 화과자和菓子, 과일이 나온 뒤 마지막으로 차가 제공된다. 일본인들도 제대로 된 가이세키 요리를 맛볼 기회가 많지 않지만, 가이세키 요리의 종류나 순서는 현대 일본요리의 기본이 된다.

또한 많은 사람이 즐겨먹는 스시寿司는 19세기 초에 에도江戸, 현재의 도쿄에서 생겨난 것으로 초밥에 생선과 같은 재료를 올리거나 넣어서 만든 요리이다. 그 당시 가볍게 먹을 수 있었던 스시의 노점屋台이 현재 스시집寿司屋의 기원이다.

가이세키会席

### ❖ 일본에 뿌리내린 서양요리

　일본은 16세기 후반 일본에 들어온 유럽의 선교사들로 인해 처음 본격적으로 서양과의 직접적인 접촉을 하게 되었다. 그 당시 스페인, 포르투갈 등에서 고기를 기름으로 튀기는 요리방법과 채소를 기름으로 요리하는 중국의 요리방법을 접목시켜 생선과 여러 가지 채소에 튀김옷을 입혀 튀겨낸 요리가 등장했다. 이것이 인기 있는 일본요리 중 하나인 덴푸라天ぷら로 발전하게 된다.

　19세기 중반 서양 문물을 받아들이게 되자 여러 가지 새로운 요리방법과 식습관이 일본으로 들어왔다. 그중에서도 육식은 가장 획기적인 것이라고 할 수 있다. 소고기, 채소, 두부 등을 간장, 미린味醂, 설탕 등으로 양념하여 테이블 위에서 조리하여 먹는 스키야키すき焼き는 지금은 일본 음식처럼 여겨지나 원래는 서양식 음식점에서 판매되고 있었다. 이 시기에 생겨난 또 다른 인기 음식은 돈카쓰トンカツ로 돼지고기에 빵가루를 입혀서 기름에 튀겨낸 음식이다. 또한 20세기 초 인도의 카레 요리가 영국을 통해서 일본으로 들어와 일본식 카레라이스가 개발되어 상당한 인기를 누렸다.

### ❖ 현대 일본의 식탁

　현재 일본 각지에는 슈퍼마켓이나 식료품점이 있어 다양한 식재료를 손쉽게 구할 수 있다. 가정의 일반적인 식탁에도 여러 나라의 다양한 식재료를 볼 수 있다. 가정식에서는 밥, 미소시루, 절임 요리를 빼놓을 수 없다. 이 세 가지 외에도 채소 요리, 두부, 구운 생선, 사시미刺身 등

**일본 가정식**

이 있다. 요리의 종류는 지역과 계절, 각 가정의 취향에 따라 차이가 많다.

　일본 음식을 대신하는 인기 요리에는 중국식의 고기와 채소볶음, 한국식의 야키니쿠焼肉 등이 있다. 미

국, 프랑스, 이탈리아 외에도 제3세계의 요리에 도전하는 사람도 있다. 아이들에게는 스파게티나 햄버거, 카레 등이 특히 인기가 많다.

최근 수십 년 사이에 일본의 식습관에도 큰 변화가 있었다. 현재도 집에서 저녁을 만들어 먹는 가정이 많다고는 하지만 집 밖에서 조리된 음식을 사 와서 식탁에 놓는 경우도 많아지고 있다. 시가지에서는 예전부터 스시나 중국식, 일본식 면 요리, 일본요리의 배달 도시락 등이 있었지만, 최근에는 피자나 다른 여러 음식도 배달 주문이 가능하다. 또한 슈퍼에서도 스시나 덴푸라, 치킨 등 완성된 요리를 구입할 수 있으며 편의점에서 간편하게 도시락이나 반찬을 구입하여 먹을 수 있다.

### ❖ 일본의 외식문화

스시寿司는 많은 일본요리 가운데서도 세계의 식문화에 가장 크게 공헌한 요리라고 할 수 있다. 손님은 가게의 카운터석에 앉아서 요리사에게 주문을 한다. 또한 회전스시回転寿司 체인점도 매우 인기가 있다. 컨베이어 벨트 위에서 회전하는 작은 접시에는 스시가 2점씩 놓여 있다. 손님은 그 가운데 마음에 드는 것을 골라서 먹으면 된다. 마음에 드는 것이 없을 경우에는 따로 주문 할 수도 있다. 해외의 일본 음식점에서는 한 가게에서 여러 가지 요리를 제공하는 곳도 많지만 일본에서는 일반적으로 각자의 전문 요리점으로 나뉘어있다. 하지만 예외도 있는데, 패밀리레스토랑의 경우 일본식, 양식, 중화요리 등 폭넓은 메뉴를 제공하고 있다.

라멘 가게ラーメン店와 야키니쿠 가게焼肉店는 일본 전체에 매우 많은데 이들도 순수한 일본 전통요리는 아니다. 라멘ラーメン은 중국식 면과 간장, 된장, 소금 등으로 맛을 낸 쓰유つゆ에 간장에 조린 돼지고기인 챠슈チャーシュー나 숙주, 부추와 같은 각종 채소를 큰 그릇에 가득 담은 것이다. 여기에 교자餃子를 곁들여 주문하는 사람도 많다. 한편 야키니쿠는 한국식 바비큐를 기본으로 한 것으로 손님은 테이블에 설치된 숯불이나 가스불 위에 한 입 크기의 고기와 채

**야타이**屋台

소를 구워서 먹는다. 이 외에도 프랑스, 이탈리아, 인도, 중국, 한국 등의 요리를 판매하는 음식점이 번화가에 많이 있어서 도쿄에서는 거의 전 세계의 음식을 맛볼 수 있다.

가격 면에서 비싼 가이세키 요정 会席料亭이나 프렌치 레스토랑과 정반대의 외식이 야타이 屋台라는 노점 음식점이다. 야타이는 길거리나 마쓰리 등 사람이 보이는 야외 이벤트에서 자주 볼 수 있는 광경이다. 가장 인기 있는 야타이는 야키소바 焼きそば, 야키토리 焼き鳥, 오코노미야키 お好み焼き, 감자 버터구이 じゃがバター 등이다.

### ❖ 요리의 문화교류

일본은 100년 이상에 걸쳐 열심히 외국의 요리를 수입해왔지만 수출하는 경우는 거의 없었다. 하지만 최근 2, 30년간 건강 유지를 위한 식생활의 중요성을 인식하기 시작하여 세계 여러나라에서 일본 음식이 유행하게 되었다.

스시 寿司

한국을 포함한 전 세계의 대도시에 일본 음식점의 수가 눈에 띄게 증가하고 있다. 해외의 많은 일본 음식점은 스시를 판매하고 덴푸라 등의 다른 요리도 메뉴에 올리고 있다.

한편 라멘이나 소바 そば와 같은 저가의 면 요리 전문점의 수도 늘어나고 있는데, 2021년 일본 농림수산성의 통계에 따르면 전 세계의 일본 음식점은 16만 곳 가까이 되고, 그 가운데 10만 곳 이상이 아시아에 집중되어 있다고 추정된다. 아시아에 있는 일본 음식점의 총 수는 최근 2년간 50%, 미국에서는 2년간 20% 증가했다고 한다.

해외에서 와쇼쿠 和食로 판매되고 있는 요리의 품질이나 신뢰성에 대한 우려에 대해 2006년 말, 일본 농림수산성은 일본 외의 일본 음식점의 인증 제도에 대한 검토를 시작하였다. 현재 이탈리아나 태국의 경우 자국 요리에 대해 인증 제도를 적용하고 있다. 이와 별도로 일본무역진흥기구 JETRO는 이미 프랑스의 일본 음식점을 조사, 평가하는 단체를 후원하고 있다.

'와쇼쿠<sub>일본의 전통적인 식문화</sub>'는 다양하고 신선한 재료와 소재 그대로의 맛을 잘 활용하고, 균형 잡힌 건강한 식생활과 자연의 아름다움을 잘 표현한 점이 인정받아 2013년 12월 '프랑스의 미식 기술'에 이어 유네스코 무형문화유산에 등록되었다.

### ❖ 일본의 식사예절

국가와 지역에 따라 식사예절에는 여러 차이가 있지만 일본요리에는 다른 나라에서는 볼 수 없는 식사예절이 많다. 이러한 식사예절은 일본의 역사나 일본인의 사고방식, 생활의 지혜 등이 반영된 문화의 일부분이며, 함께 식사를 하는 사람을 포함한 모든 사람이 즐겁게 음식을 즐기는 데 있어서 중요하다.

### ❖ 일본 식사예절의 특징

- 식사는 기본적으로 젓가락만 사용한다.
- 큰 접시 이외의 식기는 손으로 들고 먹는다.
- 국물이 있는 요리는 숟가락을 사용하지 않고 그릇에 직접 입을 대고 마신다.
- 면류, 국물 요리 등을 먹을 때에는 약간 소리를 내서 먹는다.
- 음식을 남기지 않는다. 일본에서는 음식을 남기지 않는 것이 예의가 바른 것이다. 식사를 끝낸 접시도 깨끗하게 보이도록 생선 뼈 등은 한곳에 모아둔다.
- 식사하기 전에 가슴 앞에서 양손을 모으고 가볍게 고개를 숙이면서 '잘 먹겠습니다.<sub>いただきます</sub>', 식사를 마친 후에도 같은 방법으로 '잘 먹었습니다.<sub>ご馳走様でした</sub>'라고

식사 전 손을 모으는 인사

인사하는 것을 잊지 않는다. 음식을 만들어준 사람, 나아가서는 자연의 은혜에 대한 감사의 표시라는 의미가 있다.

### ❖ 젓가락 사용 시 주의점

일본에서는 젓가락만으로 식사를 하는 경우가 대부분이기 때문에 예로부터 함께 식사를 하는 사람에게 불쾌함을 주는 젓가락의 사용법을 기라이바시嫌い箸라고 하여 예의에 어긋나는 행위라 여긴다. 기라이바시란 간단하게 말하면 하지 말아야 할 젓가락 사용법이다.

| 기라이바시 종류 | 내용 |
|---|---|
| 네부리바시 ねぶり箸 | 젓가락에 묻은 음식물을 입으로 핥는 것 |
| 하시와타시 箸渡し | 젓가락과 젓가락으로 음식을 전달하는 것<br>일본에서는 장례 시 화장한 후의 뼈를 젓가락과 젓가락으로 옮기기 때문에 상당히 불쾌하게 생각한다. |
| 소라바시 そら箸 | 음식을 먹으려고 젓가락으로 집었다가 먹지 않고 다시 놓는 것 |
| 니기리바시 にぎり箸 | 젓가락을 주먹 쥐듯 쥐는 것<br>젓가락질이 서툰 어린아이들이 하는 행동으로 인식한다.<br>식사 중에 니기리바시를 하면 공격을 의미하기 때문에 위험하다. |
| 니닌바시 二人箸 | 한 접시의 같은 음식을 둘이 동시에 집는 것으로 하시와타시箸渡し와 같은 의미이다. |
| 사시바시 刺し箸 | 음식을 젓가락으로 찔러서 집는 것. |
| 마요이바시 迷い箸 | 어떤 음식을 먹을까 망설이며 이쪽저쪽으로 젓가락을 움직이는 것. |
| 사시바시 指し箸 | 식사 중에 젓가락으로 사람을 가리키는 것. |
| 다테바시 立て箸 | 밥에 젓가락을 꽂는 것. 불교의 장례식에서 죽은 사람에게 향을 피울 때와 비슷한 모양이기 때문이다. |
| 사구리바시 探り箸 | 국물 요리를 젓가락으로 휘젓거나 자기가 좋아하는 것을 찾는 것. |
| 가사네바시 重ね箸 | 한 가지 반찬만 계속해서 먹는 것. |
| 가미바시 噛み箸 | 젓가락 끝을 무는 것. |
| 우쓰리바시 移り箸 | 음식을 한번 집었다가 다른 음식을 집는 것. |
| 나미다바시 涙箸 | 젓가락 끝에서 음식의 국물이 떨어지는 것. |
| 와타시바시 渡し箸 | 식사 도중에 식기 위에 젓가락을 가로질러 올려두는 것.<br>이 행위는 이제 밥을 먹지 않겠다는 것을 의미. |
| 지가이바시 違い箸 | 짝이 맞지 않는 젓가락을 사용하는 것 |
| 가키바시 かき箸 | 젓가락으로 머리를 긁는 것 |

| 가키코미바시<br>かきこみ箸 | 밥그릇을 입에 대고 젓가락으로 밥을 긁어먹는 것 |
|---|---|
| 요세바시 寄せ箸 | 젓가락으로 그릇을 자기 앞으로 끌어당기는 것 |
| 다타키바시 たたき箸 | 밥을 달라고 할 때 젓가락을 밥그릇을 치는 것 |

## 2) 음주문화

일본인은 고대로부터 술을 즐겼다. 전통주는 일반적으로 니혼슈日本酒라고 하는 청주淸酒이다. 증류주의 일종인 쇼추燒酒는 보리, 고구마, 메밀 등 다양한 재료로 만들어 각 지역의 특산물로 자리 잡고 있다. 근대 이후 서양문화의 수입으로 맥주와 위스키, 와인 등의 서양 주류도 일본에서 제조, 소비가 일반적이다.

### ❖ 니혼슈 日本酒

사케酒는 일반적인 술의 총칭이다. 그중 니혼슈는 청주를 가리키는데, 원료의 종류, 주원료인 쌀의 도정 정도, 제조 방법에 따라 혼조조本釀造, 준마이純米, 긴조吟釀의 술로 분류할 수 있다. 대체로 혼조조 술보다는 준마이 술을, 준마이 술보다는 긴조 술을 더 고급술로 쳐준다. 현미를 기준으로 도정율 70% 이하면 혼조조, 60% 이하면 특별 준마이, 50%이하면 다이긴조大吟釀가 된다. 긴조는 준마이의 술에 향을 더하기 위해 효모나 원료, 발효 등에 변화를 주는 기법을 가르킨다. 표로 정리해 보면 다음과 같다.

| 도정 정도 | 명칭 | 양조 알콜 첨가 유무 |
|---|---|---|
| 70% 이하 | 혼조조술 | ○ |
| 60% 이하 | 특별 준마이 술 | × |
| 60% 이하 | 긴조술 | ○ |
| 60% 이하 | 준마이 긴조 술 | × |
| 50% 이하 | 다이긴조 술 | ○ |
| 50% 이하 | 준마이 다이긴조 술 | × |

일반적으로 준마이 다이긴조 술은 니혼슈 중에서도 부드러운 맛과 은은한 향기로 최고급으로 취급을 받고 있다.

니혼슈는 제조법뿐 아니라 맛으로도 구별하고 있다. 니혼슈의 라벨을 보면 아마쿠치甘口, 가라쿠치辛口라는 표기를 확인할 수 있다. 아마쿠치란 단맛, 가라쿠치란 칼칼한 맛으로 번역 가능하지만, 알코올 향이 더 많이 나는 쪽이 가라쿠치라고 할 수 있다. 가라쿠치는 술의 산도酸度로 결정이 되기 때문에 경우에 따라서는 '산도 +2'와 같이 표기되는 경우도 있다. 산도가 '+'면 가라쿠치, '-'면 아마쿠치인 셈이다.

조코猪口

사케를 마시는 방법에 따라 간燗, 히야冷や, 레이슈冷酒로 구분할 수 있다. 간은 따뜻하게, 히야는 상온, 레이슈는 시원하게 마시는 방법이다. 사람들은 계절과 안주, 기호에 맞추어 니혼슈의 온도를 조절해 마신다.

니혼슈는 우리의 소주잔보다 좀 더 작은 술잔에 따라 마시는데, 이 술잔을 조코猪口라고 한다. 다양한 디자인의 조코가 있지만, 흰 술잔 바닥에 파란색 원이 두 개 겹쳐진 무늬의 술잔이 많다. 이 원은 술의 빛깔을 판단해 술의 상태가 판단 가능한 하나의 척도이다.

근대 이전의 서민에게 니혼슈는 사치품이었다. 고전문학 작품 등에서 니혼슈를 안주에 곁들여 마시는 경우는 귀족이나 무사, 유곽에서 즐기는 상인 들의 경우에 한정되었다. 일반 서민들은 소금을 안주 삼아 마시거나 이마저도 없는 경우가 많았다. 그나마 풍부했던 수산자원인 생선은 고급 안주에 속했다. 생선을 뜻하는 일본어 사카나魚의 어원이 술酒 안주菜에서 왔다는 설도 있다. 지금의 일본 사람들은 스시すし, 소바蕎麦, 덴푸라天ぷら와 같이 와쇼쿠和食와 함께 니혼슈를 즐기고 있다.

❖ 쇼추燒酎

쇼추燒酎

니혼슈가 발효주라면, 발효주를 증류한 술이 쇼추焼酎이다. 쇼추는 원료에 따라 구분을 한다. 쌀로 만들면 고메쇼추米焼酎, 보리로 만들면 무기쇼추麦焼酎, 고구마로 만들면 이모죠추芋焼酎라고 한다. 원료의 차이로 인해 쇼추는 각각 독특한 풍미를 느낄 수 있다. 도수는 25도가 일반적이며, 40도 이상의 쇼추도 판매되고 있다.

일본인들은 쇼추를 다양한 방법으로 즐긴다. 원액을 뜨거운 물에 타서 마시는 오유와리お湯割り, 찬물에 타서 마시는 미즈와리水割り, 얼음을 넣어서 마시는 롯쿠ロック, 원액을 마시는 스트레이트, 메밀차에 섞어 마시는 소바와리蕎麦割 등의 마시는 방법이 있다.

맥주ビール

### ❖ 맥주ビール

일본에 맥주가 전래된 것은 에도시대江戶時代에 네덜란드를 통해서이다. 이때 맥주를 가리키는 단어인 비루ビール도 같이 쓰였다. 근대 이후 일본 국내에서 맥주를 만들어 팔기 시작하고, 삿포로에서 삿포로 맥주サッポロビール가 본격적인 일본 맥주의 생산과 소비가 이루어졌다. 일본에서 생맥주는 나마비루生ビール라고 하며, 죳키ジョッキ라고 하는 컵에 따라 마신다. 죳키는 우리의 생맥주컵과 비슷한 생김새로 대大와 중中으로 나뉘는데, 대는 700~800cc, 중은 400~500cc 정도의 크기이다. 일반적으로 병맥주보다 관리하기 어려운 생맥주의 가격이 비싸다. 여름에는 맥주가 특히 많이 팔리는 계절로 텔레비전에서도 맥주 광고가 끊임없이 흘러나온다.

맥주와 맛과, 향, 색이 비슷한 주류로 핫포슈発泡酒와 제3맥주第三ビール라는 주류가 있다. 핫포슈는 맥주와 달리 재료에서 맥아가 차지하는 비율이 50% 미만, 제3맥주는 맥아를 사용하지 않은 주류를 가리킨다. 이들 주류는 맥주에 비해 주세가 낮기 때문에 소비자 가격 역시 상대적으로 저렴하다. 초기에는 맥주와 맛이 달라 소비자들의 외면을 받아왔지만, 지금은 맛과 특유의 향으로 소비량을 늘려나가고 있다. 일본의 모임에서는 '도리아에즈비루とりあえずビール'라는 말을 자주 접한다. '우선 맥주'라는 뜻의 이 말은 일본 사람들이 각자 마실 주류를 정할 때 우선 맥주로 시원하게 시작을 한 후 각자 좋아하는 주류를 정하기 때문에 종종 사용된다.

### ❖ 기타 주류

일본에는 술에 다른 음료를 섞어 마시는 문화도 일반적이다. '○○주하이酎ハイ' '○○사와サワ'라는 술 종류도 메뉴에서 흔히 접할 수 있다. '○○주하이'는 음료와 소주, 탄산을 섞은 주류, '○○사와'는 산미가 있는 과즙과 설탕과 같은 감미료, 소주, 탄산수를 섞은 주류를 가리키는데, 가게에 따라 둘을 혼동해 쓰는 곳도 있다. 레몬사와는 레몬즙, 감미료, 소주, 탄산을 섞은 칵테일이라 할 수 있다. 사와가 주하이보다 달고 상큼하다고 보면 이해하기 쉽다.

'하이보루ハイボール'라는 주류는 위스키를 탄산수와 섞은 칵테일로 일본의 한 주류회사의 마케팅으로 큰 인기를 끌게 되었다.

'훗피ホッピー'라고 하는 술도 서민들에게 사랑을 받고 있다. 주로 장년층의 향수를 자극하는 주류로, 맥주 맛이 나는 음료를 소주 등에 타서 마시는 맥주 맛 칵테일이라고 할 수 있다. 이 주류의 상표명이 '훗피'인데, 한 병에 360ml이다. 제2차 세계대전 이후 경제가 어려웠던 시절에 비싼 가격의 맥주를 대신하기 위해 개발, 발매된 음료로 큰 인기가 있었다. 소주와 훗피를 1대5정도의 비율로 섞어 마시게 되는데, 이 소주를 '나카ナカ'라고 한다. 즉 가게에서 나카 2개와 훗피 1병을 시켜 마시는 것이다.

훗피ホッピー

### ❖ 음주

일본에서 술을 살 수 있는 장소는 한정되어 있다. 미리 신고를 해 허가를 받은 가게에서만 판매할 수 있다. 술을 파는 곳을 사카야酒屋라고 하는데, 전통적인 사카야의 처마 밑에는 스기타마杉玉라고 하는 구형태의 장식물이 달려있다. 삼나무 잎으로 만든 이 구체는 새로운 술을 담글 때 만들어서 달아놓게 된다. 처음에는 초록색이었던 스기타마는 시간이 지나면서 갈색으로 변하게 된다. 스기타마가 전체적으로 갈색으로 변하는 시간과 술이 적당히 익는 시간이 엇비슷하기 때문에, 스기타마의 변색은 맛있는 술이 완성되었음을 알리는 간판과도 같은 역할을 해왔다. 지금이야 본래의 역할을 잃어버리고 말았지만, 지금도 전통적인 사카야에는 스기타마가 장식되어 있다. 그 외에도 술을 파는 마트나 편의점, 대형마켓에는 외부에 '사케酒'라고 표기가 되어 있다.

사카야가 술을 구입할 수 있는 가게라면, 술을 마실 수 있는 가게는 '이자카야居酒屋'라고 한다. 대중 술집을 가리키는 이자카야는 일본의 가장 일반적인 주점이다. 체인점 형태가 많은 이자카야에서는 소량 다품종의 안주와 다양한 주종을 구비하고 있어, 양식, 일식, 한식, 중식 등과 함께 니혼슈, 맥주, 위스키, 칵테일 등을 가볍게 즐길 수 있다.

이자카야 이외에도 국수를 파는 소바야蕎麦屋, 라멘 가게에서 술을 마시는 사람들도 적지 않다.

스기타마杉玉

이자카야居酒屋

# 5. 교통

일본이 근대적 교통망 확충에 힘을 쏟기 시작한 것은 메이지유신 이후부터이다. 1872년 도쿄 요코하마横浜에서 신바시新橋까지를 연결하는 관영 철도를 건설하였으나, 그 후 자금이 부족해지자 민간 자본에 의한 철도건설을 시작하였다. 메이지 시대 말기에는 아오모리-도쿄-나고야-오사카-가고시마까지가 철도로 연결되었다. 주요 도시를 잇는 간선幹線을 중심으로 지역을 잇는 지선支線이 연결되는 형태가 되었다.

제2차 세계대전 이후에는 경제가 급속도로 성장함에 따라 물류가 활기를 띠게 되어 1960년대부터는 철도만으로는 부족하게 되었다. 이에 따라 자동차의 이용이 확산되고 고속도로를 중심으로 교통망이 확충되었다. 1960년대에 아이치현 고마키시小牧市에서 효고현 니시노미야시西宮市를 잇는 메이신名神고속도로, 도쿄에서 아이치현 고마키시를 잇는 도메이東名 고속도로의 개통 이후 도호쿠 지방에서 규슈 지방까지 일본 열도를 연결하는 고속도로가 건설되었다.

고도성장기에 들어 고속철도가 개통되기 시작하였다. 도쿄 올림픽을 대비하여 1964년 도쿄-오사카를 잇는 도카이도 신칸센東海道新幹線이 개통되었고, 그 후 도호쿠 지방-도쿄, 도쿄-오사카-규슈로 이어지는 신칸센이 개통되며 지역 간의 이동이 더욱 활발해졌다.

## 1) 고속도로

　일본의 도로는 크게 국도와 지방 도로로 나뉘는데, 여기서 국도는 다시 일반국도와 고속 자동차 국도로 나뉜다. 일본에서 고속도로를 건설하기 시작한 것은 1960년대이며 고속도로라는 명칭보다 자동차도自動車道라는 명칭이 일반적이다. 단, 도메이 고속도로東名高速道路와 메이신 고속도로名神高速道에 한해서 고속도로라는 명칭을 사용하고 있다. 이는 이 두 도로가 가장 먼저 계획이 되어 자동차도라는 공식 명칭이 생기기 전에 이미 고속도로라고 알려졌기 때문이다.

## 2) 철도

신칸센新幹線

　일본의 철도는 크게 재래선在来線과 신칸센新幹線으로 나뉘는데, 고속철도인 신칸센 외의 철도 노선을 재래선이라고 한다. 재래선은 주요 도시 간의 원거리 수송을 위한 간선철도와 근거리 지방을 연결하는 지선으로 나뉜다.

　국가가 경영하는 국철国鉄과 민영화되어 일반 사업자가 운영하는 사철私鉄로 나눌 수도 있는데, 국철의 민영화로 인해 수익성은 낮으나 공공의 이익을 위해 필요한 일부 노선을 지방공공단체나 제3부문에서 운영하기도 한다. 국철의 적자가 감당할 수 없을 정도로 커지자 일본 국유철도日本国有鉄道는 1987년 JR그룹에게 철도를 분할, 민영화하였다. 사철은 JR그룹 이외의 철도회사를 말하는데, 주로 대도시 도심과 가까운 교외를 잇는 근거리 노선을 운영하고 있다. 도쿄, 오사카 등의 대도시에서 인구증가에 따라 교외 주택지가 조성되었고, 이에 따라 도심과 교외를 연결하는 노선이 활발하게 건설되어 도심으로 출퇴근하는 샐러리맨의 주요 교통수단으로 자리 잡았다. 일본은 인구밀도가 비교적 높은 편이고, 도시 내의 수송, 도시 간 수송에서 철도가 중요한 역할을 하고 있다.

　신칸센은 일본의 주요 도시를 도호쿠 지방에서 규슈 지방까지 연결하고 있으며, 신칸센은 기존 재래선의 대체노선으로 건설되어 개통 이후 철도교통의 중심이 되었다. 현재 재래선은 신칸센 노선을 보완하는 역할을 하고 있는데, 신칸센 이용자 수가 늘면서 이용자 수는 급감하고 있다. 신칸센의 분할과 민영화에 따라 재래선은 점차 다른 회사에서 경영하게 되었고, 일부 노선이 폐지되어 지역 주민들이 불편을 겪는 경우도 발생하고 있다.

신칸센 루트新幹線ルート

신칸센의 운행 정보는 다음과 같다.

| 분류 | 노선명 | 개통 | 비고 |
|---|---|---|---|
| 신칸센 | 도카이도 신칸센<br>東海道新幹線 | 1964년 10월 1일 | 도쿄-요코하마-나고야-교토-오사카 |
| | 산요 신칸센<br>山陽新幹線 | 1972년 3월 15일 | 오사카-고메-오카야마-히로시마 |
| | 도호쿠 신칸센↔<br>모리오카역 이남<br>東北新幹線↔盛岡駅以南 | 1982년 6월 23일 | 도쿄-오미야-후쿠시마-센다이-모리오카 |
| | 조에쓰 신칸센<br>上越新幹線 | 1982년 11월 15일 | 오미야-니기타 |
| 미니 신칸센 | 야마가타 신칸센<br>山形新幹線 | 1992년 7월 1일 | 후쿠시마-야마가타-신조 |
| | 아기타 신칸센<br>秋田新幹線 | 1997년 3월 22일 | 모리오카-아키타 |
| 정비중인 신칸센 | 호쿠리쿠 신칸센<br>北陸新幹線 | 1997년 10월 1일 | 오사카-후쿠이-가나자와-나가노 |
| | 도호쿠 신칸센↔<br>모리오카역 이북<br>東北新幹線↔盛岡駅以北 | 2002년 12월 1일 | |
| | 규슈 신칸센↔<br>가고시마루트<br>九州新幹線↔鹿児島ルート | 2004년 3월 13일 | 하키타-야쓰시로-가고시마 |
| | 홋카이도 신칸센<br>北海道新幹線 | 2016년 3월 26일 | 삿뽀로-신아오모리 |
| | 규슈 신칸센↔<br>나가사키루트<br>九州新幹線↔長崎ルート | 2022년 계통 예정 | 하카타-나가사키<br>西九州新幹線라고도 함. |
| | 주오 신칸센<br>中央新幹線 | 2027년 계통 예정 | |

\* 미니 신칸센ミニ新幹線 비용 삭감을 위해 재래선 개량

## 3) 항공

국제화의 진전에 따라 해외로의 이동 수단으로 항공편이 널리 이용되고 있다. 일본은 다른 나라에 비해 국토 면적당 공항 수가 많고 공항의 규모가 작은 경향이 있다. 현재 일본에서 정기 운항에 사용되는 공항 수는 97곳인데, 한국에서 현재 운영되는 공항은 총 15곳이다. 한국과 일본의 국토 면적이 약 4배 차이라는 점을 감안해도 공항의 수가 상당히 많은 것을 알 수 있다. 최근에는 신칸센보다 짧은 이동 시간이라는 장점 때문에 국내 항공의 비중이 커지고 있다. 예를 들어 도쿄에서 후쿠오카까지 신칸센으로 이동할 경우 약 5시간이 소요되지만, 항공편을 이용할 경우 1시간 50분밖에 소요되지 않는다.

일본의 주요 공항은 다음과 같다.

| 공항명 | 위 치 |
|---|---|
| 신치토세공항 新千歳空港 | 홋카이도의 지토사시에 위치 |
| 도쿄국제공항 東京国際空港 | 도쿄도 중심의 하네다에 위치 |
| 나리타국제공항 成田国際空港 | 지바현 나리타시에 위치, 일본의 대표 공항 |
| 간사이국제공항 関西国際空港 | 오사카에 위치 간사이지방의 중심 공항 |
| 오사카국제공항 大阪国際空港 | 오사카 위치, 간사이 국제공항의 완공으로 국내선 전용공항으로 바뀜 |
| 주부국제공항 中部国際空港 | 아이치현 위치 주부지낭의 허브공항 |
| 고베공항 神戸空港 | 효고현 고베시 위치, 해안에 인공섬을 조성하여 공항 건설 |
| 신키타큐슈공항 新北九州空港 | 기타큐슈시 위치 |
| 후쿠오카공항 福岡空港 | 후쿠오카시 위치, 규슈지방의 중심 공항 |
| 나하공항 那覇空港 | 오키나와현 나하시 위치, 오키나와 지역의 허브 공항 |

# 6. 직장생활

## 1) 일본의 취직 사정

일본의 버블경제가 붕괴되고 1990년부터 잃어버린 10년이라고 불리는 장기적 불황을 겪게 되고, 그 후 2000년대에 들어 세계화의 진전과 함께 국제사회와의 경쟁에 따른 영향으로 정규직의 고용을 줄이고 비정규직 고용의 늘리기 시작했다. 버블 경제 붕괴 이후 취직이 힘들었던 시기를 '취직 빙하기 就職氷河期'라고 불렀는데, 이 신조어가 1994년의 유행어 대상을 차지할 정도로 그 당시 힘들었던 고용 시장을 대변하였다고 할 수 있다. 최근에는 일본이 장기화된 불황에서 벗어나고자,

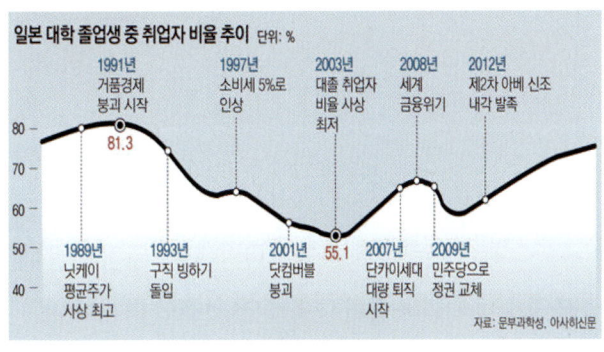

취직 빙하기 세대

아베 총리가 내세운 경제정책인 아베노믹스의 영향으로 엔저 현상이 지속됨에 따라 일본의 고용시장도 활기를 띠게 되어 최근에는 구직난이 아닌 구인난이라는 이야기까지 나오고 있다.

### ❖ 일본 대학생의 취직 활동

한국과 달리 일본에서는 3월에 졸업을 하게 되고, 그에 따라 입사 시기는 4월이 된다. 이를 위해서 일본의 대학생들은 3학년 때부터 취직 활동을 시작하게 된다.

다음의 표는 대학생의 일반적인 취직 활동 스케줄이다.

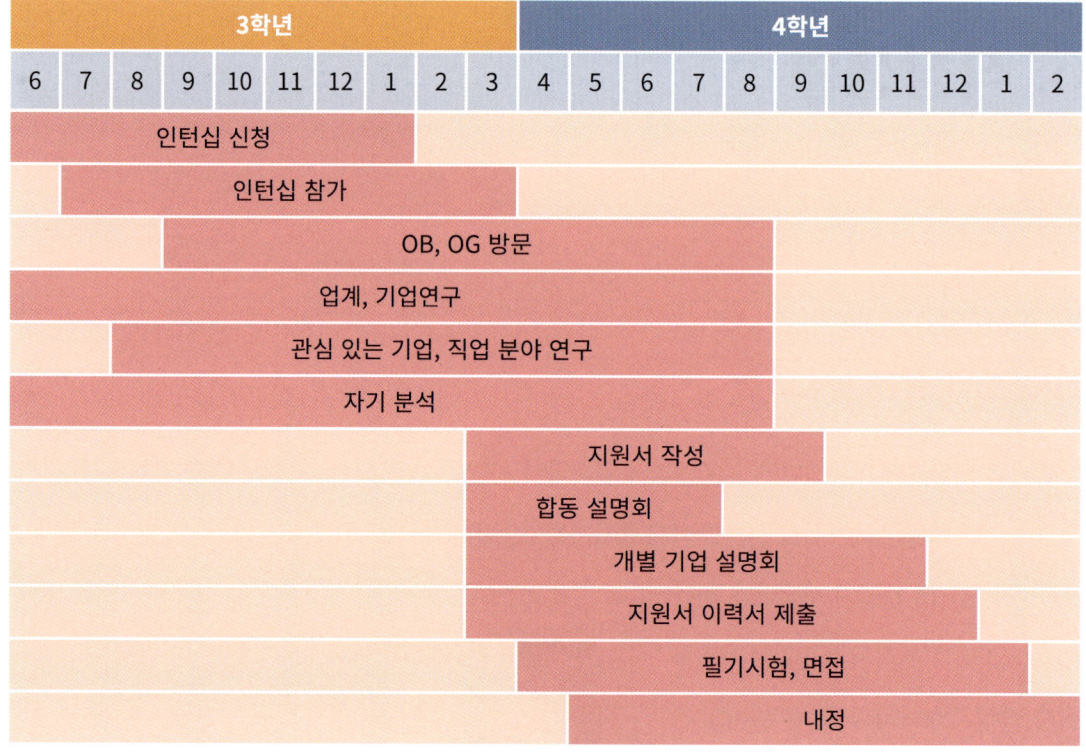

일본 대학생 내정内定 일정

3학년 6월부터 취업 활동을 준비하게 된다. 우선은 본인이 흥미 있는 분야를 발견하고, 시야를 넓히기 위해 업계 및 기업에 관해 연구를 한다. 그와 동시에 인턴십에 참가하여 관심 분야의 특징이나 취직 경로 등을 파악하여 자기 분석을 한다.

4학년 3월부터는 본격적인 취업 활동이 시작되는데, 최근에는 취업 정보 회사를 통해 사전 지원이 가능한 회사도 있다. 취업 활동이 시작되면 기업들의 합동설명회나 OB, OG 방문 등 각종 기업, 선배와 접촉하여 정보를 수집한다. 개인차는 있겠지만 문과계 학생 한 사람당 평균 기업 설명회에 참가하는 기업 수가 80~100개사에 이른다고 한다. 빠른 곳은 필기시험이나 면접이 3월부터 시작되고 6월부터는 채용 전형이 본격화된다. 지원서를 작성하거나 면접 대책을 세우기 위해 기업 연구를 다시 하는 사람도 많지만 한 군데에만 지원하는 것이 아니기 때문에 여러 곳의 채용 전형이 겹치게 되면 시간이 부족하다. 때문에 시간 여유가 있을 때 계획을 세워서 미리 흥미가 있는 직업에 대해 자세하게 알고 기업 연구를 해 두는 것이 효율적이다.

취업활동 복장

6월부터 내정内定이 시작되는데 자신에게 맞는 회사를 찾기 위해서는 반년 이상이 걸리는 경우도 있다고 한다. 기업의 채용담당자リクルーター도 자사와 맞는 학생을 찾을 때까지 채용 활동을 계속하는 경향이 있다. 최근에는 예비 내정자의 수가 채용예정자 수에 미치지 않는 기업, 1년 동안 채용을 계속하는 기업, 여름 방학 이후에 채용을 시작하는 기업 등은 일반적인 채용 스케줄 이외에도 채용을 계속 진행한다.

## 2) 일본인의 직장 생활

일본에서는 1993년 노동기준법의 개정에 따라 최장 노동시간은 1일 8시간, 1주 40시간을 초과하지 못하며, 휴일은 주 1회 또는 4주 4회 이상이 원칙이다. 이를 초과하는 근무를 지시할 경우에는 노조와 협의해야 한다. 이에 따라 관공서를 비롯한 대부분의 기업이 주 5일제 근무를 도입하였으나, 초과근무의 일상화 특히, 퇴근 후 자택에서 보는 업무 등에 대한 수당의 미지급 문제, 연휴를 사용하지 못하게 하는 일 등이 여전히 사회적으로 문제가 되고 있다.

일본 기업들은 일찍이 대기업을 중심으로 한 기업에 오래 근무할수록 임금이 오르는 연공서열年功序列 제도와 일단 고용하면 큰 문제가 없는 한 정년을 보장하는 종신고용제終身雇用制를 도입하여 기업에 대한 근로자의 충성심을 높이고 협조적인 경영참가라는 관계를 유지해왔다. 하지만 최근에는 성과, 능력에 따라 임금이 변하는 추세이고 성과를 위주로 한 경쟁제도를 도입한 기업도 증가하였다.

2000년대에 들어 파견직, 계약직과 같은 비정규직 사원의 고용이 증가하고 아르바이트로만 생계를 이

일본 취업박람회 인파

어가는 프리터족フリーター이 늘어나는 등 노동 환경은 많은 변화를 겪고 있다. 기업 측에서는 인건비 절감, 쉬운 해고 등을 이유로 비정규직을 선호하였는데, 2017년 일본 후생노동성의 조사 결과에 따르면 비정규직의 비율이 40%에 가깝다고 한다.

이렇게 비정규직의 비율이 높아지는 가운데, 파견직의 임금은 시급으로 계산이 되며, 지역의 최저임금에서 약간 높은 수준의 낮은 임금이다. 하지만 파견직이 계약의 갱신을 통해 장기근속을 할 경우에도 임금이 상향 조절되는 경우는 거의 없다.

최근 일본 정부는 비정규직 사원의 처우를 개선하기 위해 일하는 내용이 동일할 경우 정규직 사원과 비정규직 사원의 비정규직 격차를 축소하는 기준을 마련하고 있다. 유럽에서는 같은 일을 하면 비정규직이라도 정사원의 80% 정도 임금을 받고 있는데 일본은 60% 정도에 머무르고 있어서 일본 정부는 유럽의 수준으로 끌어올리는 것이 목표이다.

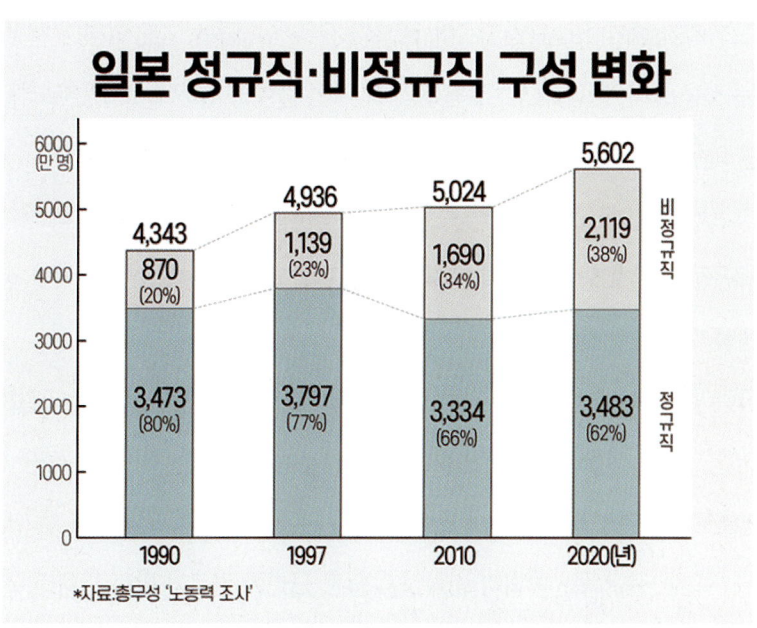

## 3) 외국인이 바라본 일본에서의 직장 생활

지구촌의 글로벌화가 진행되면서 해외로의 취업이 증가하고 있다. 이전까지는 주로 해외 유학을 통해 현지에서 직접 외국기업에 채용되는 경우가 많았지만, 현재에는 국내 대학을 졸업함과 동시에 외국기업으로 취업하는 경우도 눈에 띄게 증가하고 있는 추세이다.

일본 정부는 본격적인 저출산 사회로 인한 노동력 부족을 해외의 젊은 취업 희망자들을 적극적으로 받아들여 경제 활성화를 꾀하고 있으며, 이에 발맞춰 우리나라에서도 수많은 젊은 청년들이 일본으로 직접 취업하여 현해탄을 건너고 있다.

일본의 외국인 고용에 대한 후생노동성의 발표 자료에 의하면, 2020년 10월 기준, 외국인 노동자를 고용하고 있는 사업소 수는 267,243개, 외국인 노동자 수는 1,724,328명이다. 이것은 2019년 10월 말의 242,608개의 사업소 수와, 1,658,804명보다 24,635개의 사업소10.2%의 증가, 165,524명4.0%의 증가가 된 것이다. 외국인을 고용하고 있는 사업소의 수 및 외국인 노동자의 수가 2007년에 신고의무화된 이래, 과거 최고의 수치이다.

현재 외국인 노동자가 증가하고 요인으로서, 정부가 진행하고 있는 고도 인재 유치 및 유학생의 수용이 진행되고 있는 것을 들 수 있다. 또한, 고용 정세의 개선 경향인 가운데, 2007년부터 외국인 노동자를 고용했을 때 신고 의무화 제도가 정착된 것도 영향이 있다고 생각한다.

특히 일본 정부는 2020년 도쿄에서 개최되는 올림픽 준비를 위한 관련 시설 정비 등에 대한 일시적인 수요의 증대에 대응하기 위해 외국인 인재의 활용을 추진하고 있어 앞으로 일본에서 직장 생활을 하게 되는 한국인은 점점 더 증가할 전망이다.

그렇다면 외국인이 바라본 일본에서의 직장 생활은 어떠할까? 여기서는 일본에서 일하는 외국인은 어떤 상황에서 차이를 느끼고 있을까라는 의문점에 대해 일본에서 외국인이 느끼는 직장 생활의 문제점을 알아보고, 외국인으로서 일본의 직장 생활에 잘 적응하기 위한 방법을 함께 생각해 보기로 하자.

일본인은 흔히 의견을 전달하는 방법이 명확하지 않고 모호한 경우가 많다고 한다. 그렇기 때문에 일본에서 직장 생활을 하는 외국인의 경우 현재의 상황 그대로 일을 진행해도 좋을지 그렇지 않으면 다르게 변경하는 것이 좋을지 판단하기 어려운 경우가 많다. 외국인의 경우 주로 회사를 대표해서 해외의 고객과 연락하는 업무가 많기 때문에, 자신이 업무의 내용을 어떻게 일본어로 정확하게 전달하느냐에 따라 업무의 내용과 의미가 매우 달라지므로 일본인의 애매한 표현이 있을 때마다 스트레스를 받는 경우가 많다고 한다.

그리고 일본의 직장도 한국과 마찬가지로 잔업이 많고 근무시간이 긴 편이며, 유급휴가를 가기 힘든 분위기가 있다고 한다. 특히 일본인의 경우 업무에 대한 가치관이 외국인과 차이를 보이는 경우가 많은데, 요구하는 업무의 수준이 너무 높아서 잔업을 해서라도 일의 완성도를 높이려는 경향이 있다. 외국인의 입장에서 보면 그렇게까지 하면서 업무의 완성도를 높여야 하나라고 생각할 수 있으나, 일본의 직장에서는 잔업이 당연하다는 분위기가 있기 때문에 어쩔 수 없이 잔업을 하는 경우가 많다. 또한 가족과 보내는 시간보다는 일을 중요시하는 경향이 있어 이런 업무에 대한 가치관의 차이로 인해 외국인 노동자가 힘들어하는 일이 자주 발생하고 있다.

일본 직장에서의 상하관계도 한국과 마찬가지로 직장 내의 직위로 인한 관계성이 고정되어 어떠한 경우에서도 자유롭게 자신의 의견을 말하기 쉽지 않다. 그리고 외국인이 가장 적응하기 어려운 것이 상하

관계 이상으로 일본인과 친구가 되기가 쉽지 않다는 점이다. 일본인은 다른 사람에게 피해를 주지 않기 위해 매우 주의하면서 이야기를 하기 때문에 외국인의 입장에서 보면 본심을 말하고 있다고 느껴지지 않는 경우가 많다. 이 때문에 외국인과 일본인은 직장 내에서 서로의 거리를 줄이기가 쉽지 않다. 이와 같은 경우 외국인 노동자는 일본인과의 사이에서 국적의 벽을 넘기 어렵다고 느끼게 되고, 업무의 진행이나 가치관에 대한 상호 이해도 또한 진전되지 않아 이러한 차이는 해소되지 못하고 점점 커지는 일이 발생하게 된다.

이처럼 일본의 직장에서 외국인이 느끼는 차이에 대해 이해하는 문화를 만들기 위해서는 일본인과 외국인이 함께 차이를 인정하고 본심을 서로 이야기하며 의견을 나누며 힘을 합쳐 함께 일하는 자세가 필요할 것이다.

| 칼 럼 | 일본인의 선물문화 |

일본인의 선물은 인사와 가깝다. 아는 사람이 잘 지내고 있는지에 대한 마음의 표현이고 이를 받은 사람도 가벼운 인사하는 의미로 보내는 경우가 대부분이다.

더운 여름, 추운 겨울 잘 지내는지, 그리고 출장을 갔다 올 때 잘 갔다 왔다는 의미로 선물을 하는 것이다. 일본의 선물은 종류와 시기에 따라 여러 명칭이 있는데 다음과 같다.

### 1) 선물 종류

- 오미야게ぉ土産 - 여행이나 출장을 다녀오면서 기념으로 친분이 있는 사람들에게 건네거나 남의 집을 방문할 때, 그 지방의 특산물을 사서 주는 선물을 가리키는데, 보통 차나 과자, 술 등을 선물한다.
- 오쿠리모노贈り物 - 설날이나 한국의 추석과 비슷한 오봉ぉ盆과 같은 명절, 결혼식, 장례식이 끝난 후에 건네는 선물을 말하며, 생활용품, 음식물, 도자기, 양주 등으로 준비한다.
- 프레젠토プレゼント - 생일이나 학교 입학, 졸업 때 주고받는 선물을 말하며, 학용품, 장신구, 인형 등을 선물한다.
- 오카에시ぉ返し - 선물을 받고 답례하는 것을 오카에시ぉ返し라고 하는데, 한국어로는 답례품이라 생각하면 된다. 일본에서 선물을 하는 가장 큰 이유는 인간관계를 원만하게 유지하기 위해서이다. 선물을 받은 후 답례를 하지 않거나 선물을 해야 할 때에 하지 않으면 의리義理가 없는 것으로 간주되기 때문에 답례를 하는 의례적인 습관이 지금도 뿌리 깊게 남아 있다.

### 2) 선물 시기

- 오추겐ぉ中元, 백중날 과 오세보ぉ歳暮 - 일본에서는 여름과 겨울에, 평소에 신세를 지고 있는 은사나 거래처에 선물을 보내는데, 여름에 보내는 선물은 오추겐ぉ中元, 겨울에 보내는 선물은 오세보ぉ歳暮라고 한다. 일본에서 오추겐은 원래 중국에서 전래된 도교道教에서 나온 풍습이었지만, 일본에서는 음력 7월 15일에 실시하는 불교행사인 우란본에盂

蘭盆會, 오봉お盆과 합쳐진 것이라고 한다. 요즘은 양력 7월 상순에서 15일 사이에 친척이나, 평소에 신세 진 사람들에게 선물을 보내는 날로 그 개념이 다소 바뀌었다. 오세보お歲暮는 한국의 연말 선물과 같은 것으로서 12월 10일에서 12월 20일경에 보낸다.

- 밸런타인데이バレンタインデ-, 화이트데이ホワイトデ- – 본래 밸런타인데이는 3세기경에 순교한 성 밸런타인을 기다리는 서양의 풍습이었지만, 일본의 밸런타인데이는 여자가 남자에게 사랑의 선물을 하는 날로 바뀌었고, 선물의 종류도 초콜릿으로 정해졌다는 것이다. 이는 일본 초콜릿 회사 직원의 판매 아이디어였는데, 초콜릿 회사의 매상고가 크게 오른 것은 두말할 것도 없으며, 이후 그 아이디어맨은 상무로 승진하였다는 이야기도 있다. 또한 3월 14일은 남자가 여자에게 답례하는 화이트 데이로 이것도 90년대 일본에서 만들어낸 날로 한국에도 들어와 하나의 행사로 자리 잡게 되었다.

- 어머니의 날母の日, 아버지의 날父の日 – 일본에서도 부모님의 은혜에 대해 감사하는 마음을 전하기 위한 날이 있는데 어머니의 날과 아버지의 날이다. 어머니의 날은 5월의 둘째 주 일요일이고, 아버지의 은 한 달 뒤인 6월 셋째 주 일요일이며, 일본에서도 어머니의 날에는 카네이션을 드린다.

### 워크북 | 연습문제

❀ **내용 체크**

1. 일본의 연중행사를 시간 순으로 나열해 보시오.

2. 일본의 공휴일을 날짜순으로 나열해 보시오.

3. 일본의 주거와 한국의 주거의 차이점을 설명해 보시오.

4. 일본의 대표적인 음식 하나를 선택하여 설명해 보시오.

5. 한국과 다른 일본의 식사예절에 대해서 기술하시오.

6. 일본 대학생의 취업활동의 스케줄을 설명해 보시오.

❀ **실습 문제**

1. 일본의 대표적인 음식 중에 하나를 골라 레시피를 작성해 보시오.

2. 일본 기업에 취업하기 위해서 필요한 자격요건과 절차는 어떤 것들이 있는지 알아보고 기술하시오.

# Ⅲ.
# 일본의 문화

# 1. 일본인의 정신구조

## 1) 일본인의 미의식

　일본에서 예술의 심미성에 관심이 집중되고 이론으로 체계화가 이루어진 것은 헤이안平安 시대부터이다. 모노노아와레もののあわれ와 오카시をかし는 헤이안 시대 미의식의 커다란 흐름이었고, 이후 중세 시대의 유겐幽玄, 에도시대에 사비寂び, 와비侘び, 시오리しおり, 호소미細み, 가루미軽み 등의 미의식으로 이어진다.

❖ **마코토**まこと**와 마스라오부리**ますらをぶり

　불교와 한자를 들여와 아스카 문화를 꽃피운 쇼토쿠 태자聖徳太子가 살았던 아스카시대 그리고 나라 시대의 미의식은 음양오행, 불교, 선불교, 도교 등의 외래문화의 영향을 바탕으로 발전하였다. 이 시기 미적 이념으로는 마코토眞을 들 수 있는데, 마코토는 자기의 마음을 꾸밈없이 솔직하게 표현하려고 하는 정신으로 깨끗함, 밝음, 곧음清・明・直을 포괄한다.

　이를 대변할 수 있는 작품은 일본의 가장 오래된 와카집和歌集인 『만요슈万葉集』이다. 『만요슈』는 당시

사람들의 심정을 사실적, 직접적으로 표현하였는데, 이에 대해 에도시대의 국학자 가모노 마부치賀茂眞淵는 마스라오부리ますらおぶり를 솔직하고 소박하며 남성적인 가풍이라 평가하였다.

### ❖ 다오야메부리たをやめぶり

마스라오부리가 『만요슈万葉集』에서 꾸미지 않고 소박한 가풍을 대장부스러움을 뜻하는 것이라면, 다오야메부리たをやめぶり는 덴노天皇의 명령으로 편찬한 최초의 칙찬 와카집勅撰和歌集인 『고킨와카슈古今和歌集』에서 기교적이고 우아하며 여성스러움을 뜻한다.

가모노 마부치는 다오야메부리たをやめぶり를 여성적인 가풍이라 평가하였는데, 지극히 곡선적이고 부드러운 묘미가 있는 고금조古今調의 색채로 헤이안 시대를 표현하고 있다. 헤이안 시대 이전의 소박하고 진솔하면서도 자연의 미를 강조하는 대륙적인 것과는 달리, 헤이안 문화는 작은 것에 대한 흥미와 미적 향유의 소산물로 우아하고 세련된 미를 발견하여 안도감과 친근감을 느끼고 그것을 예술로 형상화한 것이라 할 수 있다.

### ❖ 이로고노미色好み

금기된 사랑을 하는 자유분방한 주인공의 매력을 이로고노미色好み라고 하는데, 헤이안 시대의 대표적인 인물로는 아리와라노 나리히라在原業平와 히카루 겐지光源氏를 들 수 있다. 근대 민속학자인 오리구치 시노부折口信夫는 한자 그대로 단순한 호색好色이 아닌 여러 명의 아름답고 뛰어난 여인을 부인으로 삼을 수 있는 남성의 능력 및 매력이라 하였는데, 이러한 사상에는 일본의 신도神道에서 여성이 무녀巫女로서 갖는 영력을 획득하는 일을 의미하며, 남성이 그러한 뛰어난 여인의 영적 능력을 이용하여 정치적 지배권을 획득하게

아마즈니시키추야쿠라베 - 아리와라노 나리히라

1. 일본인의 정신구조

되는 고대 신앙의 잔재라고 하였다. 스키すき, 미야비雅, 야마토 고코로やまとこころ 등의 심적 개념어와 동의로 파악하기도 한다.

### ❖ 미야비雅び, 풍류

미야비雅び는 호색적인 풍류로 고귀하고 기품 있는 귀족적인 아름다움·도회적으로 세련된 궁정풍의 풍아風雅하고 우아한 멋이나 그러한 풍류를 즐기는 것을 나타내는 미적 이념이다. 또한 서정적이고 귀족 취향의 낭만적인 정취로서 자연의 정서적 감정이입으로 완성된 미의 세계이며 자연과 동화되어 일체 되고픈 보편적이고 원초적인 감정이라고 할 수 있다.

헤이안 문화의 중심 역할을 한 귀족들은 문학을 향유하면서 미야비라는 미를 탄생시키는데, 귀족들의 생활을 반영한 미야비는 일본인의 정취가 풍만한 섬세하고도 우미優美 한국풍國風 문화라는 독특한 문화를 만들었다. 문학사적으로는 『이세모노가타리伊勢物語』, 『겐지모노가타리源氏物語』, 이하라 사이카쿠井原西鶴의 『고쇼쿠 이치다이오토코好色一代男』, 히구치 이치요樋口一葉의 『다케쿠라베たけくらべ』가 있다.

이세모노가타리
후류니시키에 이세모노가타리 - 제 9단 아마즈쿠다리

겐지모노가타리 도사 미쓰오키
『겐지모노가타리화첩』 - 와카무라사키

### ❖ 모노노아와레 もののあはれ

모노노아와레는 헤이안 시대 귀족 문화에 기반을 둔 세련되고 우아한 미의식으로 객관적 대상인 사물과 주관적 감정이 물아일체物我一體가 되었을 때 느끼는 정서이다. 한국어로 말하면 그윽하다, 애틋하다, 가엾다, 슬프다의 의미이지만, 일본인들이 느끼는 사물에 대한 거시적 우주가 응축된 무상한 존재, 그리고 이에 대해 감정이입한 애상의 정서를 다 표현할 수는 없을 것이다.

에도 시대 국학자國學者인 모토오리 노리나가本居宣長의 『겐지모노가타리』주석서注釈書 『겐지모노가타리 다마노오구시源氏物語玉の小櫛』에 의하면, 모노노아와레는 헤이안 시대를 대표하는 미적 이념이며, 당대의 문학의 걸작인 『겐지모노가타리』에서 헤이안 시대의 화려하고 우아했던 궁정문화를 주인공 히카루 겐지光源氏와 겐지가 사랑하는 여인들의 심적 상태를 표현하고 있다.

모토오리 노리나가 44세 자화자찬상 (1773년)

### ❖ 오카시 をかし

오카시をかし는 헤이안 시대 귀족 문화에 기반을 둔 일본의 전통적인 미의식으로 사물을 살아있는 생명체로 여기고 소중히 하는 마음을 의미한다. 일상에서 볼 수 있는 작고, 사소한 것, 그리고 소외되고 무관심했던 것을 관심의 대상으로 이끌어 내고 감동하는 일본인의 정신과도 그 흐름을 함께하며, 헤이안 시대 수필隨筆의 대표 작품인 『마쿠라노소시枕草子』의 미의식이라 할 수 있다. 한국어로는 '멋지다, 흥미롭다, 재미있다, 감동적이다'라고 말할 수 있으며, 대상 속으로 들어가지 않고 상대하면서 느끼는 지적이고, 현실적인 감각이라고 할 수 있다.

## ❖ 유겐幽玄

일본 중세 시대의 대표 미의식인 유겐幽玄은 헤이안 시대의 모노노아와레もののあわれ의 흐름을 이어받은 것으로 헤이안 시대 말기 후지와라노 도시나리藤原俊成가 '희미하고 어슴프레하여 파악하기 힘든 정취와 서정의 미かすかでとらえがたい'라고 설명하였고, 이후 에도江戸시대의 미의식인 '사비さび'로 이어진다고 할 수 있다.

유겐은 깊고 오묘하고 초월적인 것을 미적 체험에 기반하고 있는 어딘지 모르게 쓸쓸한 정취이며, 섬세미와 정적미가 조화된 깊게 느껴지는 표면적인 미가 아닌 여정叙情으로, 말이나 형태로 표현하기 어려운 세련되고 깊은 내면의 세계를 지닌 미이다.

## ❖ 기리義理・닌죠人情

일본인에게 기리義理라는 것은, 타인과의 관계로부터 생기는 사회적 의식으로서 자신의 체면이나 면목을 지키는 것뿐만 아니라, 자기 외의 타인, 즉 사회에 대해 지켜야 하는 도덕 습관이자 생활 규범을 말한다. 봉건사회의 구조적 관계에서 성립된 일종의 사회규범으로, 봉건영주의 지배정책과 막부의 권력구조 속에 의무관계로 엮어진 것으로 볼 수 있다.

기리義理에 대해서 루스 베네딕트ルースベネディクト는 『국화와 칼菊と刀』에서 영어에는 기리라는 말이 없지만, 기리는 인류의 도덕적 의무이며 일본만이 가지고 있는 의무라 했다. 또한 의리를 세상世間에 대한 의리와 이름에 대한 의리로 크게 구분하고 있는데, 먼저 세상에 대한 의리는 주군, 가족, 타인에게 받은 은혜, 호의, 도움 등을 받았을 때 이에 대한 은혜를 갚는 것을 말하며, 이름에 대한 기리는 모욕, 비난 등을 받았을 때 그 오명을 씻고자 하는 보복이나 복수 또는 실패나 무지를 인정하지 않으려는 노력을 말한다.

이에 비하여 닌죠人情는 인간으로서의 자연스런 정, 인간의 보편적 감정, 본능, 욕구 등을 말한다. 이러한 기리義理·닌죠人情의 공존을 인정하지 않았던 시대가 일본 에도江戸 시대로 지배계층인 무사武士에 의해 질서유지를 위한 기리만이 강조되고 상대적으로 닌죠는 무시되었다. 반면 당시 경제의 중심 세력이었던 조닌町人 즉 상인들의 생활 속에는 기리와 닌죠가 공존하고 있었으며, 이로 인해 기리만이 강요되는 에도 사회는 갈등이 표출될 수밖에 없었다.

### ❖ 와비 侘び

15세기 센노리큐千利休에 의해 완성된 일본 다도茶道가 추구하는 정신적인 아름다움으로, 와비侘び는 조용한 생활의 정취를 즐기는 것으로 부족함 가운데에서 마음의 충족을 끌어내는 일본인의 미의식이다. 일본어 侘しい는 한국어로 쓸쓸하다, 외롭다는 의미로 현실과 동떨어져 속세의 모든 부와 권력으로부터 벗어나 은둔생활을 하는 고독한 감정을 말한다. 따라서 빈곤을 의연하게 인내하는 정신력과 권력, 명예에 대해 기피하는 정신세계로, 현실의 빈곤함을 인내함으로써 얻어지는 정신적인 풍요를 의미한다. 이것이 현대적인 제품의 디자인에 적용되면 그 제품은 간소하고, 비워놓고, 인위적이지 않은 모양을 가지게 된다. 무인양품의 디자인과 철학은 종종 '비움의 미학'이라 칭해진다.

### ❖ 사비寂び・가루미軽み・시오리しおり・호소미細み

사비寂び는 하이쿠俳句의 성인聖人 마츠오 바쇼松尾芭蕉의 대표 미의식美意識으로, 사전적인 의미는 한적고담閑寂枯淡한 정취이다. 귀족적인 우아함을 추구하는 미야비雅와는 대조적인 서민적인 미학으로, 그 모습이 오래되어 외관이 보기 흉하거나 추한 것이 아닌 영겁의 세월 속에 함축된 깊이 있고 정적인 아름다움을 의미한다.

마츠오 바쇼松尾芭蕉의 작품을 보면, 만년은 가루미에 중점을 두고 있었던 것이 뚜렷한데, 표현을 가볍게 하고 보통 말로 읊는 것을 말하는 것을 말한다. 사비さび의 경지에 도달하면 새로운 것을 만들어 내려고 진지한 노력을 하게 되는데, 그것이 가루미軽み라는 것이다. 표면적으로는 가볍게 표현하지만, 내면적으로 보다 깊어진 경지로 눈앞의 설경雪景을 소박하게 묘사하고 있는 것 같아 보이면서도 실은 그 속에 오묘한 전통적인 풍아風雅가 본의로서 깃들어 있는 것을 말한다.

모리카와 쿄리쿠 작, 마쓰오 바쇼와 소라

시오리しおり도 사비·호소미와 함께 마츠오 바쇼松尾芭蕉 하이카이의 근본이념으로, 깊은 관조와 표현에 대한 섬세한 배려에서 자연히 배어 나오는 차분한 여정미를 일컫는 것으로 화려함의 대극적인 미에 속한다. 여운의 미에서 오는 섬세한 표현의 아름다움이 시오리로 발전했다고 할 수 있을 것이다.

호소미細み 또한 마츠오 바쇼松尾芭蕉 하이카이의 근본이념으로, 마음의 속됨을 떠나라고 설득한 마츠오 바쇼松尾芭蕉 하이카이의 통속성이 풍아風雅의 경지로 향해서 나온 이념이 호소미라 할 수 있다. 이러한 호소미는 후지와라노 도시나리藤原俊成, 후지와라 슌제이藤原俊成가 와카에서 허전한 마음이라고 한 이념이 중세를 거쳐 마츠오 바쇼松尾芭蕉에게 전해져 호소미細み로 이어진 것이라 할 수 있는데, 평범하고 속된 문학인 하이카이가 어떻게 해서 시가 될 것인가에 대한 답이라고 할 수 있다.

### ❖ 이키粹·스이すい·쓰通

이키粹,いき는 외면적 치장의 우미함이나 세련을 의미하는 것으로, 몸짓이나 행동 등이 세련되고 멋지게 느껴지는 것, 멋지게 노는 법을 아는 것 등의 의미하는데, 이는 에도 시대 조닌町人 계급에서 생겨난 미의식이다. 이키와 반대어는 야보野暮이다. 에도시대에 유곽의 발달과 함께 성장한 개념인 이키는 단순미에 대한 지향 등 와비侘び·사비寂び 등과 공통점도 있지만, 이키는 삿파리さっぱり, 슷키리すっきり 등의 일상적인 의미로 현재도 사용된다.

에도시대 조닌은 봉건적인 도덕과 법률에 신분적 한계 속에 있었지만, 막부는 유곽을 공인해 주었고, 유곽에서는 신분제도를 적용하지 않았고, 낭비의 자유가 있었다. 따라서 사회구조상의 이상을 맘껏 발휘할 수 없었던 조닌이 유곽에 모이게 되었다. 그들이 유곽에서 조닌 특유의 놀이 미의식인 스이粹의 개념을 만들어 내었으며, 이런 배경 속에서 이하라 사이카쿠井原西鶴는 인간해방의 장이라 할 수 있는 유곽을 문학 속에서 다루었고, 그 첫 작품이 『호색일대남好色一代男』이다. "스이"란 에도시대 전기 우키요조시浮世草子, 조루리浄瑠璃 등에서 단순히 호색好色 생활을 가리키는 것이 아니라 사교적이며 세련된 향락 정신을 이상으로 하는 것을 말한다.

쓰通는 에도 시대 후기 이념으로 유곽의 사정이나 취미생활 등의 유흥 방면에 잘 통해 있어서 실패를 하지 않는 것을 자랑으로 삼는 유곽을 소재로 한 샤레본洒落本의 미의식이다. 샤레본은 유곽을 제재로 하여 유객과 유녀가 유흥을 즐기는 모습이나 유곽의 풍속을 묘사한 소설로 산토 교덴山東京傳의 『쓰겐소마가키通言總籬』1778등이 대표적이다.

유곽의 놀이에 해박하고 통달한 사람을 쓰通, 놀이에 임하는 심리가 산뜻한 태도로 표현되는 것을 이키粋, 욕망이 충돌하는 놀이의 상황을 빠르게 인식하고 집착하지 않는 이해심 있는 자세를 스이粋라 했는데, 샤레본에서는 쓰通의 이념이 잘 나타나 있었다.

## 2) 일본인의 성의식

일본인의 성의식은 다양하고 또한 시대적 흐름에 따라 그 양상도 변천되어 왔다. 이는 각 시대의 사회적 규율이나 도덕적 변화를 기반으로 하고 있다. 따라서 한국인의 전통 관념 속에서 도덕적 기준을 세워두고 일본인의 성의식을 판단해서는 안 될 것이다.

일본인의 성의식 또한 일본인을 이해하는 하나의 단계라는 것을 유념하고, 일본 문학에 나타난 일본인의 성의식을 중심으로 그 시대적 흐름을 따라가 보자.

### ❖ 나라 시대奈良時代와 그 이전

일본인의 성의식에는 인간과 자연이 함께 하는 신비하고도 영적인 관념이 내재하고 있고, 성性을 신과 관련시켜 성스러운 행위라고 생각하고 금기시하거나 죄악시하지 않았다. 또한 이는 인간과 자연의 번영의 근원이라고 생각하였기에 결혼도 신을 모방하는 자연의 본질적인 요소로 새 생명을 생산하는 신성한 생활의 근본 행위로 받아들였다. 그렇다면, 남녀의 만남과 결혼에 대한 일본인들의 생각은 어떠하였을까? 나라 시대 역사서, 지지地志, 와카집和歌集등을 통해서 일본 고대 성의식에 대해서 살펴보자.

고대 일본인의 성의식과 관련해서 712년에 편찬된 일본에서 가장 오래된 역사서인 『고지키古事記』를 보면, 남매인 이자나기노 미코토伊耶那岐の命와 이자나미노 미코토伊耶那美の命가 부부가 되어 일본이 창조되는데, 남매인 두 남녀가 근친혼이었기에 처음 태어난 자식이 장애를 갖고 있는 아이였다고 한다. 이는 당시 근친혼이 금기였으며, 이를 어긴 죄로 인해 장애를 갖고 있는 아이가 태어났다고 한다.

즉, 『고지키古事記』가 성립할 당시인 8세기는 일본에 이미 불교와 유교의 도덕관념이 자리 잡던 시기였으므로, 근친혼이 금기였다는 것을 의미한다. 또한 이를 반대로 생각하면 8세기 이전에는 일본에는 근친혼이 있었다는 것을 의미한다.

이외에도 8세기 초에 편찬된 일본에서 가장 오래된 지지地志인 『후도키風土記』에는 미남, 미녀로 알려진 나카노사무타노이라츠코那賀の寒田の郎子와 우나카미노아제노이라츠메海上の安是の嬢子는 우타가키歌垣를 통해서 만났지만, 그 둘의 관계를 인정하지 않는 주변의 반대로 결혼에 하지 못하고 결국 사랑의 동반 자살을 했다는 이야기가 나온다. 여기서 우타가키는 젊은 남녀가 모여 노래를 주고받으며 춤추고 이성의 상대와 하룻밤을 보내는 풍습으로 남녀 간 만날 수 있는 기회였지만, 그 자체가 결혼으로 이어진다는 것을 의미하는 것은 아니었다. 즉 하룻밤의 사귐과 결혼은 별개였다는 것을 의미한다.

745년 일본에서 가장 오래된 와카집和歌集인 『만요슈万葉集』를 보면, 남성이 여성과 함께 살지 않고 여성의 집을 찾아다니면서 지내는 혼인 형태인 즈마도이콘妻問い婚, 요바이콘夜這い婚이 일반적이었던 시대라는 것을 알 수 있다. 따라서 여성은 남편을 하염없이 기다리는 존재가 되게 했고, 이러한 애타는 심정을 노래로 표현한 와카가 많이 만들어졌다. 여성이 기다릴 수밖에 없는 이유는 남성은 자신의 원하는 여성의 집을 찾아다니는 즈마도이콘이면서 일부다처제였기 때문이다.

일본인의 고대 성의식을 보면 남녀 관계에 있어서 사랑의 결실은 결혼이 아니었을 것이다. 이는 남성에게 더 두드러져 보인다. 남녀가 자유롭게 만날 수 있는 기회가 있었으며, 특히나 남성은 자유롭게 만날 수 있는 범위가 훨씬 많아 자신보다 나이가 많은 여인이나 유부녀와도 만남을 가질 수 있었다. 따라서 당시 일본인은 인간의 본성으로서 성을 자유롭게 추구한 시대였다고 할 수 있다.

### ❖ 헤이안 시대平安時代

헤이안 시대 혼인제도에 있어서 법적으로 일부일처제였다고 보고, 정부인과 그 이외의 여성들 사이에는 사회적 대우나 위치 등에서 큰 차이가 있었다는 주장도 있지만, 헤이안 시대 일본의 결혼제도는 나라 시대에서 이어진 일부다처제였다는 설이 지배적이다. 또한 결혼 형태도 무코이리콘婿入り婚과 즈마도이콘

---

*) 우타가키歌垣. 지금도 중국 서남부 지역이나 인도차이나에서 볼 수 있는, 남녀가 산에 올라 서로 노래를 부르고 춤을 추는 관습이 있다. 일본에도 집단 맞선 축제 관습인 우타가키가 고대에 존재했다. 노래 발생의 장이었을 것으로 추정되는 우타가키 행사의 하나로, 예를 들면 사람들이 한자리에 모여 음식을 먹거나 남녀들이 모여 즉흥적으로 노래를 주고받았다.

이 있었다. 무코이리콘은 결혼하면 남편이 부인의 집으로 다니거나 부인과 함께 거주해서 사는 형태이고, 즈마도이콘은 남편이 밤에만 부인의 집을 방문해서 하룻밤을 지내고 아침에는 일찍 자기의 집으로 돌아오는 형태이다. 또한 헤이안 시대는 일부다처제였기에 남성 한 명이 수십 명, 또는 그 이상의 아내 또는 애인을 둘 수 있었다. 때문에 여성들은 남편에게 다른 여인이 있다는 것을 당연한 기정사실로 받아들여야 했다. 이는 남편이 자신을 찾아오지 않으면 경제적 지원을 받을 수 없었기에 질투할 여지도 없이 남편을 하염없이 기다려야 하는 고뇌가 있었다. 따라서 여인들은 정신적으로 육체적으로 고뇌를 하였으며, 이로 인해 병 또는 죽음, 인생의 파멸 등 최악의 결과를 가져오기도 했다.

「겐지모노가타리源氏物語」 第3帖. 「히카루겐지와 우쓰세미의 노래光源氏と空蝉の歌」삽화

세계에서 가장 오래된 장편 소설인 『겐지 모노가타리源氏物語』에서는 여인들의 다양한 삶이 그려져 있지만, 그 큰 줄기는 여성은 남성을 하염없이 기다리며 괴로워하는 삶으로 대부분 소극적이고 수동적이었다. 게다가 헤이안 시대는 남성이 신분이 높은 경우 남의 아내에게 구애하거나 관계를 가져도 크게 문제되지 않았던 시대였다. 신분이 높은 여성은 남편이 다른 여인을 만나러 가는 것을 참으며 자신이 찾아오

기를 하염없이 기다려야 하는 고충이 있었고, 신분이 낮은 여성은 결혼을 했다고 하더라도 신분인 높은 남성이 구애를 하게 되면 이를 받아드려야 하는 입장이었던 것이다. 그러나 결혼은 여인이 거부를 하면 안 할 수도 있었다. 그 예가 『겐지 모노가타리』에서 등장하는 우쓰세미空蟬이다. 우쓰세미는 중류 계급의 여성으로 수령인 이요노스케伊予介의 후처였지만, 『겐지 모노가타리』의 주인공인 히가루 겐지光源氏가 신분이 높은 것을 내세우며 억지로 관계를 맺게 된다. 우쓰세미는 이미 남편이 있는 몸이었지만, 후처였으므로 다른 남자를 기다릴 수도 있는 삶을 살고 있는 여성이었다. 그러나 자신의 신분과 처지, 그리고 히가루 겐지와의 만남이 영원할 수 없음을 알고 있었기에 결혼을 거부하게 된다.

헤이안 시대는 여성들이 스스로 재산과 집을 가지고 있을 수 있었고 재산권이 보장되던 시대였기 때문에 본인에게 경제적으로 문제가 없을 경우 굳이 결혼을 하지 않아도 되었다. 그러나 여성의 재산권이 인정되었다고 하더라도 무코이리콘과 일부다처제는 남자들에게는 상당한 편리한 결혼 제도였다. 남자들은 경제적인 책임을 질 필요도 없고 여러 여인을 아내로 삼아 방문을 하면 되는 형태였기 때문에 결혼생활에서 남자들이 절대적인 주도권을 가질 수 있었다.

### ❖ 중세 시대中世時代

중세 시대는 역사학 상으로는 헤이안平安 시대 이후인 가마쿠라鎌倉 시대부터 남북조南北朝 시대, 무로마치室町 시대, 센고쿠戰国 시대, 아즈치·모모야마安土·桃山 시대까지를 말하는 경우가 많다. 일본의 중세 시대는 이전 시대인 헤이안 시대가 주로 교토 귀족계급 주도 아래 있었던 데 비해, 중세 시대는 귀족과 무가武家·승려·은둔자·예능인 등이 주축이었다. 또한 중세는 천재지변은 물론이거니와 끊임없이 전쟁이 있었기에 세상에 영원한 것도 변하지 않는 것도 없다는 불교적 세계관인 무상관無常觀, むじょうかん이 중세 전체를 아우르고 있다.

중세의 중심 세력은 무사, 즉 남성들로 일본의 성의식에 있어서도 남성 중심적인 사고가 더 강해졌다. 즉, 가부장제적인 무가武家가 생겨나고 집안의 재산도 안정적으로 유지하기 위해 부계로 계승과 상속된다. 이러한 시스템 속에서 여성은 가문을 계승할 자식을 생산해야 하는 중요한 역할이 주어지고, 여성의 정조관을 강조하게 된다. 이는 무가 여성 뿐 만 아니라 귀족의 시중을 드는 뇨보女房, 춤과 노래를 부르는 유녀遊女, 시라뵤시白拍子와 같은 여성들에게도 적용되었으며, 문학작품에는 그녀들이 정절을 지키기 위해 출가家出하는 모습이 그려지기도 했다.

우타가와 구니요시歌川国芳작 〈짓켄오나오기＋賢女扇 시즈카고젠静御前〉

헤이케 일족의 흥망성쇠를 주제로 한 군기모노가타리軍記物語인 『헤이케모노가타리平家物語』에는 미나모토 가문이 다이라 가문을 멸문하는 데 일조를 한 미나모토노 요시쓰네源義経가 등장한다. 미나모토노 요시쓰네는 시즈카고젠静御前이라는 첩이 있었는데, 그녀는 시라뵤시로 춤과 노래를 부르는 직업을 갖고 있는 신분이 낮은 여인이었다. 그러나 자신의 남편인 미나모토노 요시쓰네가 가마쿠라 막부鎌倉幕府를 세운 미나모토 요리토모源頼朝와 대립하게 되고 쫓기는 신세가 되어 함께 할 수 없는 상황에서 헤어지게 된다. 헤어진 후 어쩔 수 없이 미나모토 요리토모 앞에서 노래를 부르게 되는데, 그때 그녀는 미나모토노 요시쓰네를 그리워하는 노래를 부른다. 당시 상황만을 본다면 죽음을 무릅쓰고 사랑하는 이에 대한 마음을 지키고자 한 것이다.

그러나 한편 중세는 이전 시대의 요바리夜這い가 많았다. 앞에서도 언급했지만, 요바리는 남녀는 각각 살고 부인의 집에 남편이 오는 형태로, 가족 몰래 밤사이 다녀가는 것이 아니라 떳떳하게 다니게 되는 것을 의미했다. 이러한 형태는 1868년 일본의 근대화를 이룬 메이지 유신明治維新 때도 있었으며, 특히나 도심지가 아닌 곳에서는 불과 50~60년 전에도 행해졌다 하니 일본의 뿌리 깊은 결혼 형태라 할 수 있다. 또한 중세 시대에도 여전히 결혼을 한 여인들이 외간 남자와 불륜 관계를 맺고 있는 경우가 많았다. 그러나 이때 남편은 부인을 제재하기보다는 불륜한 남자를 복수의 대상으로 삼고 죽이는 일도 있었다. 불륜한 남자를 복수의 대상으로 삼았던 이유는 재산과 관련이 있는데 중세 시대 남성 중심 사회에서 남편에게 있어서 부인은 가산家産의 일부였다. 남편 입장에서는 부인의 외도보다 상대방 남자에게 가산인 부인을 도둑질 당한 것이라고 생각했기 때문이다.

### ❖ 근세 시대近世時代

에도 막부江戸幕府가 정권을 잡은 시기로, 1603년 3월 24일 도쿠가와 이에야스德川家康가 에도에 막부를 연 시기부터 1867년 11월 15일 막부의 권력이 천왕으로 이관되는 대정봉환大政奉還이 있을 때까지를 말한다. 이 시기는 주자학朱子學, 양명학陽明學 등이 일본에 들어오면서 지배계층인 무사들은 유교적, 공익적, 명분적 의식과 규율에 중점을 두었으나 에도 시대 또 하나의 중심세력이었던 조닌町人, 즉 상인들은 성性을 신과 관련시켜 성스러운 행위라고 생각하고 금기시하거나 죄악시하지 않았던 일본 고대의 성의식을 그대로 이어받고 있었다. 이를 두 가지 흐름으로 정리하면, 다음과 같다.

먼저 에도 초기 대중 소설인 가나조시仮名草子 중 부녀자용 교훈 계몽서인 『온나다이가쿠슈女大學集』를 보면, '여자는 성장해서 시집가서 남편과 시부모를 섬겨야 하니 어릴 때부터 과보호해서는 안 된다.'는 내용이 있다. 인용문에서처럼 유교 사상에 입각해서 부모, 남편, 시부모에게 복종할 것을 권하고 있다. 이처럼 에도 시대에 여자 교훈서가 많이 읽혔다고는 하지만, 한편 근세 시대에 있어서 일본의 신도적 자연관을 기반으로 한 성의식이 자리 잡고 있었다. 이는 가나조시 다음으로 등장한 장르인 우키요조시浮世草子 이하라 사이카쿠井原西鶴의 『호색일대남好色一代男』를 보면, 부유한 조닌을 주인공으로 등장시켜 유교적인 명분을 내세우면서도 유곽을 무대로 향락을 즐기는 거부 조닌의 자제인 주인공이 7세 때부터 남녀 관계를 알기 시작해 60세가 되어 여자들의 섬에 갈 때까지의 삶을 묘사했다. 작가 이하라 사이카쿠는 정치권력은 가질 수 없었지만 경제력으로 무가를 압도한 조닌층이 귀족 특유의 표면적인 표현이 아닌 인간적인 본심에서 우러나오는 의지나 감정을 솔직하게 표현했다. 이러한 흐름은 일본식 목판화인 우키요에浮世絵 등에서 볼 수 있는데, 유곽의 기녀, 가부키 배우, 도회지 여성, 명승지 등 서민들의 풍속과 생활 가까이에서 접할 수 있는 소재를 표현하여 전국적으로 큰 인기를 끌었다.

### ❖ 근대 시대近代時代

메이지 明治 (1868~1912년) 시대 쓰보우치 쇼요坪内逍遥의 사실주의 소설 『도세쇼세가타기當世書生氣質』 1885를 보면 '너를 러브 한다'라는 등장인물의 대사를 볼 수 있다. 일본이 근대화되면서 남녀 간의 관계에 있어서 색色이라는 의미에서 러브Love라는 감정이 서구에서 들어온 것이다. 이 시기 일본은 기독교의 청교도적 금욕주의 등이 복잡하게 뒤섞여 현대 일본인의 성의식이 형성되었지만, 남녀의 관계를 자연 질서의 일부라고 생각하는 것도 함께 공존하고 있었다.

나라 시대 일본에 불교가 전래되고 이후 불교라고 하는 사상이 일본의 의식 전반에 있어서 뺄 수 없는 사상으로 자리 잡았고, 에도시대 유교라고 하는 사상이 그리고 근대에 들어서 기독교의 청교도적 금욕주의가 들어왔다. 그러나 일본에서 성이라는 것은 자연의 모습으로부터 떨어질 수 없고, 자연의 가장 근원적인 에너지, 인간적인 풍요한 감정이라는 민간신앙이 뿌리 깊게 일본인의 마음속에 자리 잡고 있다. 다시 말해서 고대 일본인의 성의식은 소박하고 원시적인 것이라 할 수 있지만, 모든 것을 그대로 표현하고자 한 근대 일본 사상의 흐름과 상통하는 면이 있고, 현재도 일본인의 성의식은 고대 일본인의 성의식과 상당부분 연결되어 있다.

# 2. 전통예능

## 1) 노能

연기와 음악, 춤이 어우러져있는 노는 일본의 전통예능 중 가장 오래된 일본적인 종합예술이다. 노와 교겐狂言을 함께 불러 노가쿠能楽라고 하는데, 노는 음악과 춤이 중심인 반면, 교겐은 대사가 중심으로 희극에 가깝다고 할 수 있다. 이 둘은 서로 같은 무대를 공유하고 영향을 주며 발전해 왔다.

노능공연 ©公益社団法人能楽協会

### ❖ 노가쿠의 성립

노가쿠나 노라는 용어가 생겨난 것은 메이지 시대 이후이다. 그전까지는 사루가쿠猿楽라는 명칭을 일반적으로 사용하였다. 사루가쿠는 서양에서 중국을 통해 일본으로 들어온 산가쿠散楽가 그 기원으로, 곡예와 마술, 가무 등이 주요 내용인 잡다한 예능이었다. 산가쿠는 헤이안 시대 중기에 들어 흉내 내기와 같은 익살맞은 촌극의 형태를 갖춘 예능으로 발전하였는데 이것이 사루가쿠이다. 이후 사루가쿠는 발전을 거듭해 나가며 민중으로부터 널리 사랑받게 되었다. 사루가쿠는 인기를 얻어 13세기부터 일본의 큰 사찰에 좌座라는 집단을 만들어 사찰과 신사의 지원을 받으며 발전했다. 촌극 형태였던 사루가쿠는 신앙적 요소와 가무적인 요소가 더해져 사루가쿠노猿楽能가 되었고, 사루가쿠 본연의 흉내 내기는 사루가쿠 교겐猿楽狂言으로 발전하게 되었다.

사루가쿠 흥행도 貞秀「東山殿猿楽興行図」- 江戸時代後期, 国立能楽堂所蔵

### ❖ 간아미観阿弥, 제아미世阿弥

노가 더욱 발전하게 된 것은 14세기에 사루가쿠의 천재 배우인 간아미観阿弥, 1333-1384와 그의 아들인 제아미世阿弥, 1363-1443의 덕분이다. 간아미는 흉내 내기를 기본으로 하는 야마토 사루가쿠大和猿楽의 유자키좌結崎座를 만들었다. 그 후 간아미·제아미 부자는 무로마치막부室町幕府의 3대 쇼군将軍인 아시카가 요시

미쓰足利義満, 1358-1408의 후원으로 교토에 진출하여 귀족들의 지지를 받아 노를 발전시키는 계기를 만들었다. 제아미는 노를 한 단계 높은 수준의 가무극으로 만들기 위해 주인공 중심의 대본을 쓰고, 극적 전개와 음악적 구조의 조화를 위해 노력하여 성공하였다. 제아미는 간아미의 가르침과 자신의 경험을 바탕으로 노가쿠론能楽論을 정립하는 등 노에 관한 저서도 남겼다.

### ❖ 노의 구성

노는 일반적으로 노가쿠도能楽堂라는 노 전용극장에서 공연이 이루어진다. 일본에는 도쿄의 국립 노가쿠도를 비롯해 70곳 이상의 노가쿠도가 있다. 최근에는 여름밤 야외에서 횃불을 밝히고 공연하는 다키기노薪能도 많다. 노부타이能舞台라고 불리는 노의 전용 무대에서 다치카타立方라고 불리는 배우들이 노멘能面이라는 가면을 쓰고 연기를 하며, 악기를 연주하여 반주를 하는 하야시카타囃子方에 의해 공연이 이루어진다. 노는 가면극이지만 모든 등장인물이 노멘을 쓰는 것은 아니다.

노가쿠도     노의 무대

노부타이는 정 사각형의 혼부타이本舞台와 왼쪽으로 뻗어있는 하시가카리橋掛かり로 이루어져 있는데, 노부타이에는 지붕이 있고, 이 지붕을 4개의 기둥이 떠받치고 있는 이중구조의 형태이다. 현대에는 실내의 노가쿠도에서 공연이 이루어지는 것이 일반적이지만 원래의 노는 야외 공연이었다. 노에는 기본적으로 무대장치가 없으나 작품에 따라 대나무로 만든 간단한 도구를 사용하기도 하는데 이를 쓰쿠리모노作り物라고 한다. 쓰쿠리모노는 공연 때마다 잠시 만들어 사용하고 공연 후에 해체하는데, 사물을 상징적으로 나타

낼 수 있을 정도의 매우 간단한 형태이다.

노의 배우인 다치카타는 극중 역할에 따라 시테카타仕手方, 와키카타脇方, 교겐카타狂言方로 나뉘는데, 시테카타는 다시 시테仕手, 시테즈레仕手ヅレ, 도모トモ, 지우타이地謠로 나뉜다. 시테는 노의 주인공역으로 혼자 나오거나 시테즈레와 함께 무대에 등장한다. 와키카타는 와키脇와 와키즈레脇ヅレ를 말하는데, 와키는 시테의 상대역이고 와키즈레는 와키의 종자 역이다. 주로 남성의 역할이고, 살아있는 사람을 연기하기 때문에 노멘을 쓰지도 않고 춤도 거의 추지 않는다. 교겐카타는 노의 본 공연 전에 행해지는 공연에서 산바소三番叟의 역을 맡거나, 노의 전장이나 후장 사이에서 아이교겐間狂言을 하거나, 독립된 공연으로서의 교겐의 담당 배우이다.

하야시카타는 노의 악기 반주를 담당하는 연주자를 총칭하는 말이다. 후에카타笛方, 다이코가타太鼓方, 오쓰즈미카타大鼓方, 고쓰즈미카타小鼓方로 구성되어 있다. 후에와 고쓰즈미, 오쓰즈미는 노의 모든 연극에서 사용되지만 다이코는 주로 악마, 영혼, 신이 나오는 장면에서 연주된다.

| 다이코가타太鼓方 | 오쓰즈미카타大鼓方 | 고쓰즈미카타小鼓方 | 후에카타笛方 |

노의 악기

노멘은 시테나 시테즈레가 신, 망령 등 인간을 초월한 존재의 연기를 위해서나 미적인 부분을 강조하기 위해 착용하는데, 노멘은 배우 자신과 다른 차원의 역으로 변신하기 위한 도구라고 할 수 있다. 노송나무로 가면을 만들고 채색을 하는데, 보통 노멘은 쓰다かぶる라는 표현보다 걸치다かける, 덧붙이다つける라는 표현을 쓴다. 실제 배우는 노멘으로 얼굴을 다 가리지 않고 이마에서 턱 윗부분까지만 가려서 노래하기에 편하다. 노멘은 크게 여인의 역할에서 사용되는 것으로 노멘의 대표격인 온나멘女面, 남성의 역할에서 사용되는 오토코멘男面, 도깨비나 원령의 역할인 기멘鬼面, 노인을 표현하기 위한 조멘尉面으로 나뉜다. 노멘의 종류는 총 250개에 이르며 실제 무대에서 사용되는 것은 60~70종류이다.

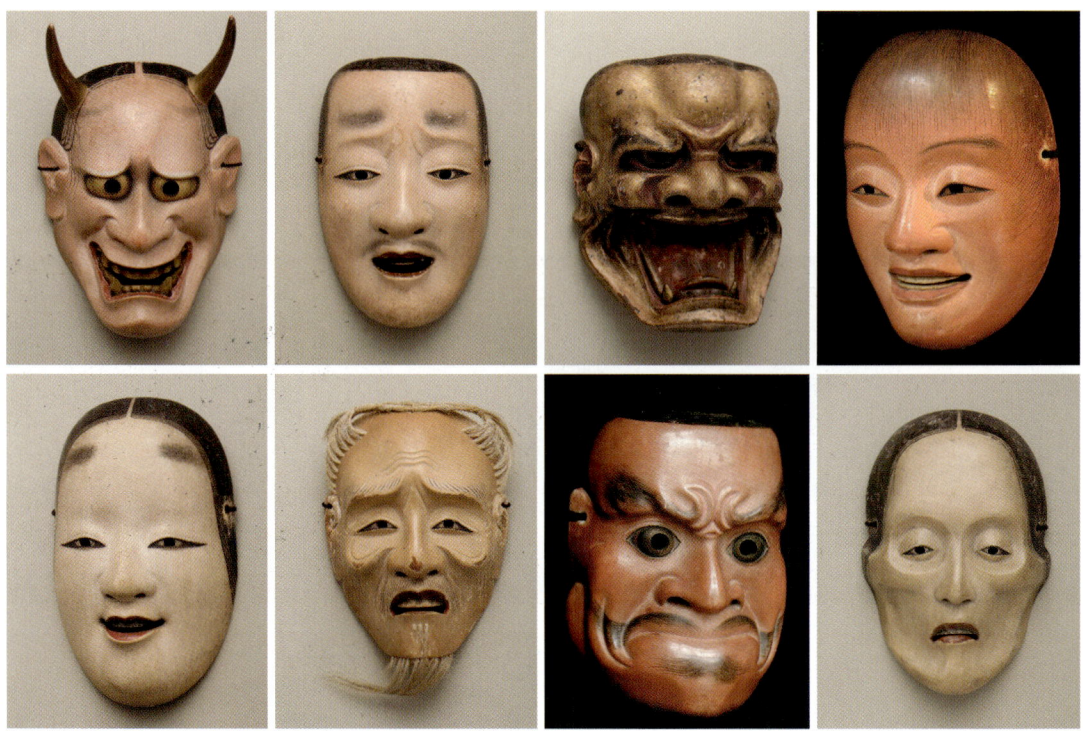

어러가지 노멘能面

❖ **노의 연기와 음악**

노에서는 한 작품의 연기부터 무용적인 부분까지의 모든 동작을 마이舞라고 한다. 노의 모든 동작은 유형화되어 있는데, 노의 기본동작은 가마에構エ라고 하는 서 있는 모습으로 이는 무릎을 약간 구부리고 허리에 힘을 모아서 상체를 앞으로 조금 내민 자세이다. 이 가마에도 역할에 따라 미묘하게 다르다.

하코비運ビ는 무대를 미끄러지듯이 걷는 동작으로 발바닥이 위아래로 절대 움직이지 않는다. 노멘을 쓰고 연기하는 시테는 노멘의 아주 작은 흔들림도 방지하기 위해 물 흐르는 듯한 하코비의 동작을 구사한다. 노는 음악과 무용이 합쳐져 있기 때문에 오페라나 뮤지컬에 비유되기도 한다. 노의 음악은 악기 연주인 하야시와 성악과 비슷한 우타이謠로 나뉜다.

## 2) 교겐

교겐은 노와 함께 발전해 왔는데, 풍자를 특징으로 하는 일본 전통 연극이다. 노가 음악과 춤이 중심인 가무극이라고 한다면, 교겐은 대사를 위주로 하는 희극이라고 할 수 있다. 처음부터 교겐이 연극을 지칭하는 말은 아니었으나 나라 시대의 가집인 만엽집万葉集에서는 교겐을 다와고토タワゴト라고 해서 농담이나 엉터리 대화라는 의미로 사용하였다. 이것이 『화한랑영집和漢朗詠集』1013에 교겐키고狂言綺語라는 말이 등장하면서부터 교겐이 단독으로 쓰이게 되어 상식 밖의 우스갯소리를 지칭하게 되었고, 무로마치시대에 들어와 해학을 지닌 익살스러운 대사극이란 뜻으로 사용되게 되었다.

❖ **교겐의 역사**

교겐은 무로마치 시대에 노에서 사루가쿠교겐으로 분리되며 발전하게 되었다. 사루가쿠교겐은 사루가쿠의 익살스러움을 계승하고 흉내 내기 같은 화술 위주의 형식으로 격이 높은 웃음을 추구하는 희극으로 변모하게 된다.

교겐은 에도시대에 노와 함께 의례용 음악인 시키가쿠式樂로 제정되면서 격식과 전통을 중시하게 되었는데, 이때까지 교겐은 공연의 골격은 정해져 있어도 각 공연마다 배우가 대사를 즉흥적으로 첨가하는 등의 연기를 하고 있었다. 이것이 에도시대 이후 세련미를 추구하게 되어 대본을 정비하고 형식을 갖추게 된 것이다.

교겐은 노와 달리 공연 시간이 짧고 쉬운 내용과 웃음이라는 요소로 현대인들에게 다가와 오늘날에도 사랑받는 전통 연극으로 자리 잡게 되었다. 현재 상영되는 교겐의 작품 수는 노와 거의 비슷하여 약 260편 정도인데, 교겐은 일반적으로 주인공이나 주제에 따라 분류된다.

### ❖ 교겐의 공연

교겐은 노의 작품 사이에 공연을 하는데, 노의 전통 공연 형태는 하루에 다섯 작품을 상연한다. 때문에 교겐은 하루에 네 작품을 상연하는 것이 전형적이다. 노는 작품 당 공연시간이 한 시간을 넘는 것이 대부분인데, 교겐은 15~40분 정도로 비교적 짧은 편이다. 현재에는 전통적인 공연 형태에 따라 상연되는 경우는 매우 드물고, 노와 교겐 한 작품씩, 또는 두 작품씩 공연하는 것이 일반적이며, 최근에는 교겐의 단독 공연도 많다.

교겐 공연

교겐에서는 언뜻 음악이 중요하지 않은 것처럼 보이나 노와 마찬가지로 음악과 무용이 연기의 근본이다. 교겐의 우타이와 하야시는 배우의 연기에 방해가 되지 않도록 소리가 조금 작으며 부드러운 것이 특징이다.

### ❖ 교겐의 연기

교겐의 소재는 일상적인 것이 대부분이나 그 근본은 무용적인 동작으로 모든 표현을 아름답게 하는 것이 기본이다. 노에 비해 직설적인 표현이 많다. 교겐의 연기도 가마에와 하코비가 기본이나, 노와는 달리 동작에 따라 배우가 의성어를 내며 연기를 한다.

교겐은 가면을 쓰지 않는 것이 원칙이지만 신이나 귀신, 노인, 동물 등은 가면을 착용한다. 노멘에 비해 교겐의 가면은 익살스러운 표정을 하고 있는 것이 특징이다. 교겐에는 특별한 무대장치가 없고, 가즈라오케葛桶라는 나무 통과 부채만으로 많은 것을 표현한다.

### 3) 가부키歌舞伎

가부키는 한자 그대로 노래, 춤, 연기가 한데 어우러진 종합예술이다. 가부키는 한쪽으로 기운다는 가부쿠傾く에서 온 말로 별나거나 우스꽝스러운 모습을 한다는 의미이다. 가부키는 노, 교겐, 분라쿠文楽와 달리 연기에는 과장스러운 면이 많다.

오쿠니의 공연도

#### ❖ 가부키의 역사

가부키를 창시한 사람은 이즈모出雲 출신 무녀인 오쿠니御国로 알려져 있다. 오쿠니가 교토의 한 강변에서 임시 극장을 만들고 춤과 촌극을 공연하였는데, 이때 우스꽝스러운 남자 흉내를 내거나 큰 칼을 차고 십자가 목걸이를 하는 등 기묘한 의상을 하였다. 이러한 것들이 가부키라 불리게 된 것은 그 당시 가부

키모노<sub>かぶき者</sub>라는 말에서 온 것이다. 가부키모노는 일반 상식에서 어긋난 행동을 하던 사람을 말하는데, 오쿠니의 기이한 모습이 가부키모노를 연상시켰기 때문이다.

이후 오쿠니를 따라 한 여성극단들이 생겨났는데 이들이 하던 공연을 온나 가부키<sub>女歌舞伎</sub>라고 한다. 온나 가부키는 현재와는 달리 연극 자체의 내용보다는 춤과 음악이 중심이었다. 온나 가부키는 배우들의 미모를 내세워 사회질서를 어지럽힌다는 이유로 1629년 금지되었다.

이후 와카슈가부키<sub>若衆歌舞伎</sub>라고 하는 소년들에 의한 가부키가 유행하는데, 이는 소년들이 여장을 하여 공연을 하게 된 것이었다. 와카슈가부키 역시 춤이나 미모를 내세워 소년들이 남색<sub>男色</sub>의 대상이 되기도 하여 1652년 결국 금지령이 떨어졌다.

가부키 공연

그 후 성인 남자 배우로만 공연을 할 것과 춤을 추지 않고 내용이 있는 연기를 중심으로 한 공연을 하라는 조건부로 1653년 가부키가 다시 흥행하게 되었다. 당시 일반 성인 남자들은 이마에서 머리 중앙까지 미는 머리 형태를 했는데 이를 야로아타마野郎頭라고 했다. 이 야로아타마를 한 남성들에 의한 공연이라는 의미로 야로 가부키野郎歌舞伎라는 명칭이 붙었다. 그 후 극의 내용을 충실히 하고, 연기력을 갈고닦아 예술을 중심으로 한 연극으로 크게 발전하였다.

17세기 말부터 가부키는 관동, 관서지역에서 서로 다른 양식을 띠게 되었다. 18세기에 들어 에도막부의 8대 쇼군인 도쿠가와 요시무네德川吉宗, 1684-1751의 개혁으로 가부키는 탄압을 받고 침체기를 맞이하였으나, 닌교조루리人形浄瑠璃의 희곡 구성이나 연출법을 도입하는 등 많은 노력을 기울인 끝에 다시 활기를 되찾게 되었다. 메이지 시대 이후에는 일본의 연극 개량 운동의 영향을 받아 신가부키新歌舞伎가 만들어지는 등 많은 변화를 맞이했다.

### ❖ 가부키의 배역

가부키에서 남성역의 배우를 다치야쿠立役, 여성 역의 배우를 온나가타女方라고 한다. 다치야쿠는 넓은 의미에서는 모든 남성 역할을 가리키지만 주로 주인공인 선인善人을 가리킨다. 그 외에 선인을 괴롭히는 악인의 역인 가타키야쿠敵役, 잘생긴 젊은 남성역인 와카슈가타若衆方, 관객을 웃기는 역할인 도케가타道化方 등으로 나눌 수 있다. 선인인 다치야쿠는 충성스럽고 의리 있는 무사인 지쓰고토시實事師, 용맹스럽고 괴력을 지닌 무사인 아라고토시荒事師, 교토 출신 미남인 와고토시和事師로 나눌 수 있다.

여자 역할을 남자가 연기하는 것을 온나가타라고 하는데 가부키의 꽃이라고 할 수 있다. 가부키 특유의 요염하고 아름다운 온나가타를 연기하기 위해 가부키 배우들은 여성의 목소리, 행동, 심리까지 연구하여 연습한다. 온나가타는 크게 젊은 여성의 역할인 무스메가타娘方, 정숙한 기혼 여성인 뇨보야쿠女房役, 지위가 높은 유녀인 게이세이傾城, 악한 여성인 아쿠바悪婆, 남자에게도 지지 않는 여장부인 온나부도女武道 등으로 나눌 수 있다.

그 외에도 어린아이의 역할인 고야쿠子役는 보통 배우 집안 출신의 아이들이 맡는데, 이들이 성장해나가면서 점점 역할을 바꾸게 된다.

가부키 배우 포스터

고켄後見은 배우는 아니나, 무대에서 배우에게 소도구를 전달하거나 무대를 정돈한다. 가부키에서는 검은색은 없는 것과 동일시되기 때문에 검정 두건을 쓰고 검정 옷을 입는데, 이 옷을 구로고黑衣라고 한다. 고켄은 눈이 오면 흰색 옷을 입고, 바다나 강이 나오는 장면에서는 파란색 옷을 입는 등 다양한 분장을 한다.

### ❖ 가부키의 연기

가부키는 정해진 양식에 따라 연기나 연출을 구성하는 데 이를 가타型라고 한다. 작품에 따라 다르기도 하고, 배우의 연기나 연출 방법을 따라서 하기도 한다.

배우의 연기나 연출은 매우 다양한데, 미에見得는 배우가 연기의 최고조에서 눈을 부라리거나 손과 발에 힘을 주고 동작을 취한 채로 잠시 정지하는 것을 말한다. 다치마와리立廻り는 서로 싸우는 연기를 아름다운 움직임으로 표

미에見得를 연기하는 배우

현하는 것이다. 단마리だんまり는 암흑 속에서 대사를 하지 않고 살피는 듯한 연기이다.

추노리宙乗り는 배우가 몸에 벨트를 하고 줄을 달아 공중으로 올라가는 것으로, 무대나 객석 위와 같은 공중을 이동하는 연출이다. 가부키에서의 무용은 상반신을 중심으로 한 정적인 동작인 마이舞, 경쾌한 리듬에 따라 활발한 하반신의 동작을 나타내는 오도리踊, 일상생활에 대한 흉내를 내는 후리振로 구성된다.

### ❖ 가부키의 분장

가부키는 얼굴의 화장이나 의상, 가발까지 양식화되어 있는데, 배우의 화장은 구마도리隈取와 시로누리白塗로 구분된다. 구마도리는 얼굴의 근육이나 혈관을 강조하기 위해 홍색이나 청색으로 얼굴에 선을 긋는 화장법이고, 시로누리는 신분이 높은 인물이나 온나가타 중 주인공을 나타내기 위해 사용되는 화장법이다.

가부키 분장

### ❖ 가부키의 무대

초기의 가부키는 노의 무대를 간략하게 만든 야외무대였으며, 관객들은 바닥에 앉아서 감상을 했다. 그 후 관객이 늘어나고 무대에만 설치되었던 지붕이 객석에도 생겨나 공연장이 건축물로 발전하게 되었다. 실내 공연장으로 변하면서 중앙 객석에는 칸막이가 생기고, 판자를 깔고 작은 지붕을 만들어서 공연을 보기 쉽게 만든 사지키桟敷라는 특별 좌석이 설치되었다. 무대 왼쪽에서 객석으로 이어지는 긴 통로인 하나미치花道가 생겨났는데, 때에 따라서는 오른쪽에도 하나미치를 설치하였다.

메이지 시대 중기에 들어 가부키좌歌舞伎座가 개장했는데, 이는 서양식 극장을 본떠 만들었으나, 가부키 공연장이라는 특성상 외관은 서양식, 내부는 가부키 무대로 만들어진 것이다.

현대의 가부키 무대의 가장 큰 특징은 회전무대와 하나미치이다. 하나미치는 주인공이 등장과 퇴장을 하기도 하지만, 그 외에도 배우가 중요한 대사를 하거나, 관객을 집중시키기 위해 인상적인 동작을 취하기도 한다. 회전무대는 무대의 가운데가 돌아가는데, 장면의 전환을 빨리할 수 있고, 다른 장소를 동시에 보여주는 효과도 있다.

가부키 무대

### ❖ 가부키의 음악

가부키의 음악은 무대 위의 반주음악과 게자下座에서 연주하는 효과음악으로 나눌 수 있다. 관객이 보이는 곳에서 연주하는 반주음악은 악기인 샤미센三味線과 대사와 배우의 심리묘사 등을 전하는 다유太夫로 구성되어 있다. 가부키 무대 왼쪽에는 대나무 발로 가려진 검은 방이 있는데 이를 게자라고 한다. 이

게자의 내부는 관객에게 보이지 않으나 연주자들은 대나무 발을 통해 무대를 보며 연주를 한다. 객석에서 내는 추임새인 가케고오掛声도 매우 중요한 역할을 하는데, 배우의 연기를 보면서 알맞은 때에 배우를 격려하고 응원하는 의미에서 배우의 다른 호칭인 야고屋号를 불러준다.

### ❖ 가부키의 종류

가부키는 내용에 따라 구분하면 시대물時代物과 세화물世話物로 나뉘는데 시대물은 일본의 고대, 중세의 귀족이나 무사의 생활이나 역사적인 사건을 배경으로 한 것이다. 에도시대에는 도쿠가와德川의 집안이나 정치에 관한 각색이 금지되었기 때문에 그 사건들을 에도시대 이전의 사건으로 묘사하여 공연하였다. 세화물은 에도시대 서민들의 일상을 소재로 만든 것으로 사랑, 의리 등 그 주제가 매우 다양하다. 시대물보다 사실적이라는 점이 많은 사람들에게 사랑받는 요소가 되었다.

## 4) 분라쿠文楽

분라쿠는 일본의 전통 연극 중 하나로 샤미센의 연주와 다유의 낭창에 맞추어 인형을 움직이는 전통 인형극이다. 닌교조루리人形浄瑠璃라고도 하는데, 이는 인형이라는 뜻의 닌교人形와 서사음악인 조루리浄瑠璃가 결합되어 만들어진 말이다. 조루리에는 여러 종류가 있는 데 분라쿠에서 사용되는 것은 기다유부시義太夫節이다.

분라쿠 공연

### ❖ 분라쿠의 역사

무로마치 시대 초기에 비와琵琶를 연주하면서 전쟁 이야기를 들려주던 맹인 유랑 음악가들이 있었는데, 점차 인기가 많아지자 연애담에 약사여래藥師如來의 영험함을 결합한 이야기인 『조루리주니단소시淨瑠璃十二段草子』를 노래하게 되었다. 이후 『조루리 주니단소시』의 주인공인 조루리히메淨瑠璃姬의 이름을 따서 이런 서사 음악을 조루리라고 부르게 되었다. 원래는 비와를 연주하고 부채로 박자를 맞추면서 불렀으나, 15세기에 샤미센이 일본으로 전해지며 비와 대신 샤미센이 반주를 맡게 되었고, 일본의 전통 인형극에서 사용되던 꼭두각시 인형인 구구쓰傀儡와 만나게 되었다. 이야기가 있는 음악인 조루리와 그에 맞춰 움직이는 인형이 만나 닌교조루리가 탄생한 것이다. 에도시대에 들어와 조루리는 본격적으로 예술성을 갖추게 되는데, 서민들의 생활을 생생하게 그려낸 세화 물인 『소네자키신주曽根崎心中』라는 작품이 대성공을 거두며 닌교조루리의 인기는 더욱 높아졌다.

### ❖ 분라쿠의 인형

일반적으로 인형은 1.3m 정도의 크기이며, 얼굴, 몸통, 팔다리가 모두 분리되어 있다. 인형의 머리는 가시라頭라고 하는데, 나무로 만들어져 있으며 속은 비어 있고, 눈과 눈썹, 입 등이 움직일 수 있도록 장치가 되어 있다. 가시라의 아래에는 노도키のど木라고 하는 사람의 목과 같은 것이 있고, 그 아래에는 나무막대로 만들어진 도구시胴串가 붙어 있는데, 도구시에는 목을 움직일 수 있도록 조정하는 장치와 얼굴 표정을 만드는 장치가 있다.

몸통은 나무판과 천으로 만들어져 있으며 안쪽은 텅 비어 있다. 이 몸통에 의상을 입힌다.

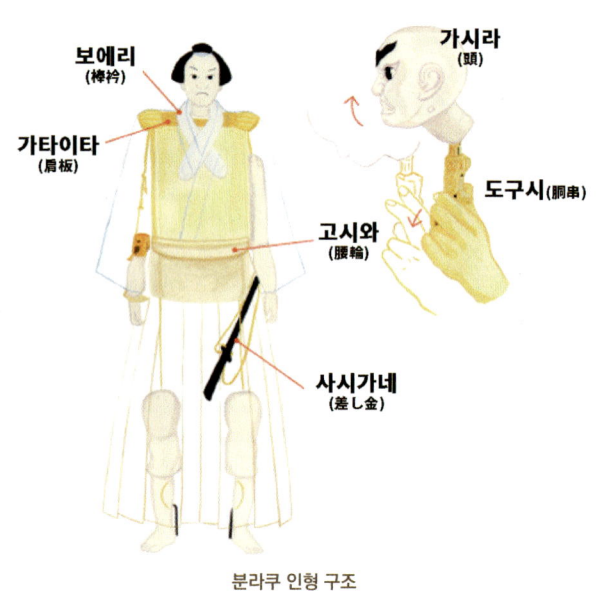

분라쿠 인형 구조

분라쿠 인형

남자 인형에는 다리가 있으나 여자 인형에는 다리가 없다. 현재 분라쿠에는 약 40종류의 인형 머리가 있는데, 남자 인형에는 대표적인 주연이며 중년 무사인 분시치文七, 분라쿠의 대표 미남인 겐타源太, 착한 시아버지인 슈토舅, 노인 역인 기이치鬼一 등이 있고, 여자 인형에는 유녀 중 가장 높은 지위로 화려한 게이세이傾城, 미혼 여성인 무스메娘, 20세 이상의 기혼여성인 후케오야마老女形, 늙은 여인 역인 바바婆 등이 있다. 이 밖에도 관객을 놀라게 하기 위한 특수한 인형도 있는데, 머리에는 뿔이 나고 무섭게 생겼다. 이를 가부ガブ라고 한다.

### ❖ 인형 조정자

분라쿠는 하나의 인형을 세 사람이 조정하는 것이 가장 큰 특징이다. 이 방식을 산닌즈카이三人遣い라고 한다. 오모즈카이主遣い는 왼손으로 얼굴을 조정하고 오른손으로는 인형의 오른손을 조정한다.

인형은 대부분 10kg 이상인데 이를 왼손 하나로 지탱하는 것이다. 히다리즈카이左遣い는 인형의 왼쪽에서 자신의 오른손으로 인형의 왼손에 달린 긴 막대를 쥐고 조정하며, 왼손으로는 인형이 사용하는 소도구를 다룬다.

아시즈카이足遣い는 인형의 뒤에서 인형의 발목에 달린 금속막대를 잡고 다리를 조정하는데, 여자 인형에는 다리가 없기 때문에 인형의 옷자락을 잡고 자연스럽게 걷는 것처럼 행동한다. 세 명이 하나의 인형을 다루는 데

분라쿠 인형조정자

있어서 가장 중요한 것은 호흡인데, 오모즈카이의 지시에 따라 알맞게 인형을 움직인다. 아시즈카이의 수련을 10년, 히다리즈카이의 수련을 10년 마치고 나서야 오모즈카이를 맡을 수 있게 된다.

인형 조정자는 인형을 옆, 뒤에서 들고 있기 때문에 관객에게 그대로 노출이 되는데, 가부키에서와같이 검은 옷과 검은 두건을 쓴 구로고黒衣 복장을 한다. 하지만 작품에 따라 오모즈카이가 얼굴을 드러내고 기모노를 입고 인형을 조정하기도 하는데 이를 데즈카이出遣い라고 한다.

❖ **분라쿠의 무대**

분라쿠는 인형이 주인공이기 때문에 인형을 조정하는 사람의 모습을 가능한 한 숨기면서 인형이 잘 보이도록 만들어졌다. 오사카의 국립 분라쿠 극장 등의 분라쿠 극장은 무대의 앞쪽이 원래의 바닥보다 약간 내려가 있는데, 인형 조정자들이 이곳을 지나다니게 된다. 인형은 왼쪽과 오른쪽에 설치된 작은 검은색의 막에서 등장한다.

**분라쿠의 무대**

## 5) 라쿠고 落語

라쿠고는 이야기꾼인 라쿠고가落語家가 혼자 무대에 앉아서 일인 다역을 맡아 재미있는 이야기를 들려주는 무대예술이다. 이야기 내용을 재미있게 풀어가며 청중의 웃음을 자아낸다.

### ❖ 라쿠고의 역사

라쿠고는 이야기로 사람들을 즐겁게 해주는 예술인 와게이話芸의 일종인데, 초기의 라쿠고는 불교의 교리를 설명하는 셋쿄說経에서 시작되었다고 알려져 있다. 승려들이 불교 교리를 대중이 알기 쉽도록 재미있게 설명한 것이 점차 예술로 발전하였다. 특별한 형태를 갖추지 않고 사람들에게 재미있는 이야기를 들려주던 초기의 라쿠고가 형식을 갖추기 시작하여 무로마치 시대 말기에는 오치落ち라는 특이한 결말을 가진 이야기의 형태로 발전하였다. 에도시대부터 라쿠고를 직업으로 하는 사람들이 생겨났고, 사람들이 감동적인 것 보다 익살스러운 이야기를 선호하면서 현재의 라쿠고가 확립되었다. 최근에는 TV에서 라쿠고를 소재를 한 드라마나 애니메이션이 방영되기도 했다.

### ❖ 라쿠고의 분류

라쿠고는 작품이 성립된 시기에 따라 고전 라쿠고와 신작 라쿠고로 분류되는데, 고전 라쿠고는 에도시대와 메이지 시대에, 신작 라쿠고는 메이지 시대 이후에 만들어진 작품을 말한다. 신작은 고전에 비해 깊은 맛이 없다고도 하지만, 라쿠고 입문자에게는 신작 라쿠고가 이해하기 쉽다는 평가이다.

내용에 따른 분류로는 재미있는 내용을 들려주면서 그 속에 교훈이 있는 골계담滑稽談, 인간 내면의 깊은 곳을 묘사하는 인정담人情談, 전통 연극인 가부키를 패러디한 가부키 이야기, 음악을 사용하여 이야기하는 음곡 이야기, 유령이나 귀신이 나오는 괴담 등 다양한 내용이 있다.

라쿠고는 서민의 직업과 관련된 이야기가 많은데, 이들의 일상을 생생하게 그려낸 작품이 많다. 대부분이 서민의 이야기이긴 하지만 무사, 승려, 도둑도 있고 외국인이 등장하기도 한다.

많은 작품이 권력을 조롱하는 내용이 많은데, 권력층의 무지와 탐욕을 풍자하는 내용이 많다. 동물이나 꽃, 나무 등이 주제이거나, 취미, 오락, 담배, 딸꾹질, 방귀 등 매우 다양한 주제의 작품이 있다.

라쿠고는 라쿠고가가 무대에 나와서 본 이야기를 하기 전에 하는 짧은 이야기인 마쿠라マクラ, 본격적인 이야기인 혼분本文, 이야기의 끝을 맺는 한두 마디의 짧은 말인 오치落ち로 구성이 되어 있다. 오치는 '라쿠고의 꽃'이라고 할 수 있는데, 최근에는 관객들이 이해하기 어려운 결말이 있거나 한 사람의 공연시간이 약 20분으로 제한되는 경우가 많기 때문에 오치 대신 이야기의 각색으로 끝을 맺기도 한다.

### ❖ 라쿠고의 연기

고전 라쿠고에는 정해진 대본이 있어 그것을 연기하는데, 이 대본은 글로 적혀져 있는 것도 있지만 대부분이 입으로 전해져 내려온다. 라쿠고의 대부분은 회화체이며 한 사람의 라쿠고가가 여러 명의 등장인물을 연기한다. 라쿠고에서의 동작은 대사를 보충하기 위한 것인데, 대부분이 앉아서 행해진다. 라쿠고에서는 부채와 손수건 이외의 소도구는 없다. 부채로 다양한 물건을 표현하고 손수건은 무엇을 담는 도구나 종이류 등으로 사용된다.

라쿠고 연기

### ❖ 라쿠고의 무대

라쿠고를 공연하는 장소를 요세寄席라고 하는데 현재는 요세를 엔게이조演芸場라고 부르는 경우가 많다. 현대의 요세는 영화관이나 연주회장의 구조와 큰 차이가 없다.

요세에서 라쿠고가가 자신의 연기를 보여주는 무대를 고자高座라고 하는데, 고자의 뒷면 벽은 나무로 만든 문으로 되어 있고, 그 뒤에는 그림이 그려지기도 한다. 고자의 왼편에는 대나무 발이 쳐진 하야시베야囃子部屋라는 방이 있는데, 하야시베야에서 라쿠고의 음악이 연주된다. 하야시베야는 공연의 시작과 끝에 북을 치고, 라쿠고가가 등장과 퇴장을 할 때 음악을 연주하며, 공연 중에 효과음을 연주한다.

요세의 간판이나 선전용 전단은 요세문자寄席文字라는 독특한 글씨체로 작성한다. 요세문자는 두툼하고 획 사이의 여백이 적으며 글씨의 오른쪽이 약간 올라간 특징이 있다.

### ❖ 라쿠고의 공연

라쿠고는 보통 한 달 단위로 공연을 하며 10일마다 출연자가 바뀐다. 실력 있고 인기 있는 라쿠고가일수록 뒤에 출연한다. 라쿠고가는 자신의 순서가 끝나면 자신의 작품명을 네타쵸ネタ帳에 쓰는데 이는 비슷한 이야기를 반복하지 않기 위해서이다.

라쿠고 공연

## 6) 우키요에 浮世絵

우키요에는 에도시대에 서민들의 일상과 풍속을 그린 대표적인 일본 전통미술이다. 우키요浮世라는 말은 이 세상, 속세를 뜻하는 말로 당시에 유행하던 풍속이나 가부키 배우, 스모선수, 유녀 등 화제가 되던 인물을 묘사하여 많은 인기를 얻었다.

우키요에라는 용어가 만들어진 것은 에도시대로, 이 시기에는 이하라 사이가쿠 井原西鶴, 1642- 6193의 소설인 『호색일대남好色一代男』1682를 비롯한 우키요조시浮世草子라는 서민들이 즐겨 읽는 소설 장르가 등장했는데, 삽화가 그려져 있고 재미가 있어 많은 인기를 끌었다. 이러한 우키요조시와 함께 유행한 그림 형식이 우키요에이다.

일반적으로 우키요에라고 하면 판화만을 떠올리기도 하는데, 우키요에에는 화가인 에시絵師가 붓으로 그리는 육필화肉筆画와 에시가 그린 밑그림을 바탕으로 목판 인쇄하는 판화의 두 종류가 있다. 육필 우키요에는 귀족과 같은 부유층의 주문으로 한 점씩 제작이 되었는데, 풍부한 색채감이 담겨있기 때문에 제작에 많은 시간이 걸리는 고가품으로 일반 서민과는 거리가 있었다. 판화인 우키요에는 에시 한 사람이 만드는 것이 아니라, 조각가인 호리시彫師, 인쇄사인 스리시摺師의 공동작업으로 이루어진다.

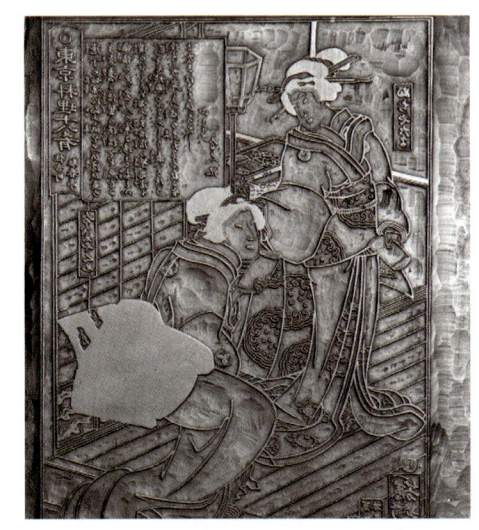

우키요에 목판화

에도시대의 서민들의 즐길 거리는 주로 삽화가 많이 들어가 글을 몰라도 즐길 수 있는 각종 이야기책이었는데, 이 이야기책에 그려진 삽화는 모두 검은색으로 목판 인쇄된 것들이었다. 이러한 흑백 판화를 스미즈리에墨摺絵라고 한다. 삽화가 들어간 이야기책이 인기를 끌자 출판업자들은 뛰어난 에시를 고용하여 이야기책에 삽화의 비중을 점차 늘려가서 글의 비중이 적고 하단에 그림이 크게 들어간 그림책에 가까운 이야기책을 만들기 시작했다. 나아가서는 글은 전혀 없는 한 장의 독립된 그림이 제작되었는데, 이로 인해 서민들은 내용과 관계없이 그림만을 감상하고 즐기게 되었다.

우키요에의 소재는 에도 남성들에게 인기가 있었던 높은 계급의 유녀를 그린 미인화, 가부키 등의 인기 배우를 그린 야쿠샤에役者絵, 풍경 그 자체에 초점을 맞춘 풍경화, 계절에 따른 꽃, 나무, 새를 중심으로 생활과 밀접한 동식물을 소재로 한 가초에花鳥絵, 일본, 중국의 역사 속에 나오는 유명한 무사의 활약상이나 전쟁에 관해 그린 무샤에武者絵, 스모 선수의 연습장 광경, 일상생활, 경기 모습 등을 그린 스모에相撲絵, 익살스럽고 풍자적인 희화戯画 등 매우 다양하다.

야쿠샤에役者絵　　　　　　　　　　　　　　　　가초에花鳥絵,

스모에相撲絵　　　　　　　　　　　　　　　　미인화

우키요에는 1856년 파리 만국박람회에 출품된 것을 계기로 유럽에서 확산되기 시작했다. 당시의 인상파 화가들이 우키요에를 접하고 빈센트 반 고흐, 클로드 모네, 에드가 드가 등이 우키요에의 화법과 양식 등을 그들의 작품세계에 반영시켰다. 특히 고흐는 우키요에의 작품을 모작하기도 했다.

히로시게 목판화의 모작, 반고흐　　　　　가메이도의 매화 정원, 우타가와히로시게

2. 전통예능　165

# 3. 축제 마쓰리祭り

　마쓰리는 원래 '제사 지내다', '받들어 모시다'라는 뜻의 마쓰루祭る에서 유래한 단어로 매년 정해진 시기에 신에게 제사를 지내고 신과 교류하는 의식을 행했던 행사이다. 신을 봉양하면서 그 해의 풍년을 기원하고 질병 등 나쁜 기운으로부터 보호를 받아 그 지역의 안녕을 기원하는 것이 본래 목적이었다. 마쓰리는 엄숙한 제사 장면과 떠들썩한 축제의 양면성을 가지고 있는데, 마쓰리 기간에는 상식을 넘은 행동도 허락되는 경우가 많았다. 이렇게 마쓰리 기간 중의 무질서하고 시끄러운 장면을 '오마쓰리사와기お祭り騒ぎ'라고 한다. 본래 마쓰리는 마쓰리 기간 동안 신이 강림하는 것을 맞이하기 위해 제사장의 정화인 하라이祓い를 하고, 몸을 깨끗하게 하는 미소기禊ぎ, 그리고 신을 맞이하는 가미무카에神迎え, 신을 즐겁게 하기 위해 연주하는 가구라神楽, 가마와 수레에 신을 태워 행진하는 미코시御輿와 다시山車, 다시 신을 보내드리는 가미오쿠리神送り, 마쓰리를 주관했던 사람들이 신을 공양했던 음식을 나누어먹는 나오라이直会의 순으로 이루어진다.

미코시御輿 행렬

## 1) 전통 마쓰리

이와 같이 종교적인 목적에서 생겨난 마쓰리를 전통 마쓰리라고 하는데 일본의 3대 전통 마쓰리는 도쿄의 간다마쓰리神田祭り, 교토의 기온마쓰리祇園祭り, 오사카의 덴진마쓰리天神祭り가 있으며 각각의 특징은 다음과 같다.

### ❖ 도쿄 간다마쓰리神田祭り

간다마쓰리는 기수년奇数年 5월 3번째 일요일을 중심으로 6일 동안 도쿄의 간다신사神田神社에서 개최되는 마쓰리로 미코시마쓰리이다. 에도막부의 초대 쇼군 도쿠가와 이에야스德川家康가 세키가하라関が原전투에서 승리한 것을 기념하여 열린 것이 기원이라고 알려진다.

현재는 예전과 같은 미코시의 행렬은 없어졌으나 토요일 황금 봉황을 장식한 화려한 미코시 3채의 행렬이 간다신사를 출발하여 108개의 마을을 순회하며 축복을 하고, 일요일에는 각 마을에서 90채 이상의 미코시가 신사 안으로 들어가는데 이것이 간다마쓰리의 절정이라고 할 수 있다.

간다마쓰리神田祭り

### ❖ 교토 기온마쓰리 祇園祭り

7월 1일부터 31일까지의 한 달 동안 교토의 야사카신사 八坂神社에서 열리는 기온마쓰리는 7월 17일부터 24일까지 주요 행사가 개최된다. 이는 869년 역병이 유행하자 전염병 퇴치를 위해 66개의 창을 세우고 신센엔 神泉苑이라는 사찰로 미코시 3채를 보내 고료카이 御霊会를 지낸 것이 기원이라고 알려져 있다.

17일에는 기온마쓰리 최대의 볼거리인 야마보코 山鉾의 순행이 이루어지는데, 야마보코는 자연의 산을 본떠 만든 신이 강림하는 곳을 나타내는 수레인 야마 山와 일본의 창을 뜻하는 호코 鉾가 합쳐진 용어이다. 12톤에 달하는 나기나타보코 長刀鉾의 방향을 바꾸는 광경이 가장 볼만하다. 17일의 저녁에는 가장 중요한 행사인 신코사이 神幸祭가 열리는데 신령을 태운 3채의 미코시가 야사카신사를 출발해 신이 신사에서 나와 인간이 사는 곳에서 쉬는 장소인 오타비쇼 御旅所까지 가는 의식이다. 3채의 미코시를 수백 명의 남자들이 메고 가는 모습이 장관을 이룬다.

기온마쓰리 祇園祭り

### ❖ 오사카 덴진마쓰리 天神祭り

7월 24일부터 25일 이틀간 학문의 신인 스가와라노 미치자네 菅原道真를 섬기는 오사카의 덴만궁 大阪天満宮에서 개최하는 마쓰리로 덴진사이 天神祭라고도 한다. 덴진마쓰리의 기원은 951년 오가와강 大川에서 창인 가미보코 神鉾를 떠내려 보내고 가미보코가 도착한 곳을 오타비쇼로 정해서 제사를 지내고, 미소기하라이를 한 것이다.

현재의 덴진마쓰리는 24일 아침에 거대한 북의 소리로 시작되고, 덴만궁에서 무병과 재난방지, 마쓰리의 무사 개최를 기원하는 제사를 올린 후 나무로 만든 가미보코를 강에 흘려보내는 호코나가시신지 鉾流神事가 행해진다. 그 후 오사카 시내에서 사자춤, 우산 춤 등의 퍼레이드가 열린다.

25일의 행사는 지역 주민의 평안을 기원하는 제사로 시작되고 스가와라노 미치자네의 신령을 봉안한다. 오후 4시부터 주요 행사 중 하나인 리쿠토교 陸渡御가 행해지는데, 이는 이어서 열리는 후나토교 船渡御가 열리는 승선장까지의 약 4km를 걷는 것으로 3000명 이상이 참가한다. 후나토교는 여러 종류의 선박이 행렬하는 것으로 강을 건너는 도중 신령을 봉안한 미코시를 태운 봉안선에서는 수상제 水上祭가 열린다. 후나토교가 끝나면 모두 덴만궁으로 돌아와 본전에서 간고사이 還御祭를 지낸 후 마쓰리가 마무리된다.

덴진마쓰리 天神祭り

## 2) 시민 마쓰리

일본에는 전통적인 마쓰리가 아니더라도 많은 사람이 모여서 기념하거나 지역의 발전이나 관광객 유치를 위해 개최하는 마쓰리도 많은데 이를 시민 마쓰리라고 한다. 각 지방의 주요 마쓰리는 다음과 같다.

### ❖ 삿포로의 유키마쓰리 雪祭り

매년 2월 홋카이도의 삿포로시에서 개최되는 눈 축제로 1950년부터 시작된 홋카이도의 대표 마쓰리이다. 삿포로 시내의 오도리공원 大通公園의 대회장에 설치된 눈 조각상이 가장 유명하고 화려하다. 세계적으로 유명한 건축물을 비롯하여 각종 캐릭터까지 다양한 조각상이 전시된다. 눈 조각상의 전시 외에도 많은 행사가 열린다. 유키마쓰리 기간 동안 사용되는 눈은 홋카이도에서 가장 질 좋은 눈만을 골라서 트럭으로 공수해온다고 한다. 이 축제를 보기 위해 200만 명 이상의 관광객이 방문하여 대성황을 이룬다.

유키마쓰리 雪祭り의 눈조각

### ❖ 아오모리의 네부타마쓰리 ねぶた祭り

매년 8월 2일부터 5일간 열리는 여름 마쓰리로 여름의 졸음과 더위를 쫓고 풍작을 기원하기 위한 것으로 1980년 일본의 중요무형 민속문화재로 지정되었다. 네부타는 '졸리다'는 뜻의 옛말 네무타시 眠たし에서 온 말로, 오래전부터 일본 각지에서 행해지던 칠석 七夕에 악령을 쫓고 가을 추수가 시작되기 전에 한여름 고된 농사일을 할 때 방해가 되는 졸음을 쫓기 위한 행사인 네무리나가시 眠り流し가 변화한 것으로 알려진다.

네부타는 최근 한국에서 행해지는 유등축제에서 사용하는 것과 비슷한 등의 형태로 나무나 대나무 또는 철로 만든 틀에 종이를 붙여서 형태를 만들고 그 안에 등불을 밝히고 수레에 얹어서 움직이는 이동식

대형 장식물이다. 8월 2일부터 6일까지는 매일 밤 네부타가 시내를 행진하는데, 북과 피리를 연주하고 네부타의 앞뒤에서 구령을 외치면서 춤을 춘다. 마지막 날인 8월 7일에는 낮에도 행진을 하고 밤에는 네부타를 배에 태워 악령을 쫓아버리기 위한 해상 운행을 하며 불꽃놀이를 한다.

네부타마쓰리 ねぶた祭り

### ❖ 센다이 다나바타마쓰리 七夕祭り

예전에 음력 7월 7일에 열리던 다나바타마쓰리는 1618년부터 개최되었다는 기록이 있다. 1928년부터 상점가에서 불경기를 해소하기 위해 화려하게 다나바타 장식을 한 것과 산업박람회 행사에서 장식 대회를 개최한 이후 양력 8월 6일부터 8일까지 3일간 개최하게 되었다.

센다이 시내 중심가에 다섯 가지 색의 긴 천을 고리에 매어 바람에 날리게 만든 후키나가시 吹流し를 대나무 장대에 매달아 장식한다. 약 300만 명 이상의 관광객이 다나바타마쓰리에 참가하기 위해 방문한다.

다나바타마쓰리 七夕祭り

3. 축제] 171

### ❖ 고치 요사코이마쓰리 よさこい祭り

매년 8월 9일부터 12일까지 시코쿠의 고치시에서 열리는 행사로 요사코이는 '밤에 오세요'란 뜻의 고어인 요사리코이 夜さり来い에서 온 말이다. 요사코이마쓰리는 고치시의 상공회의소가 경기 진흥책의 하나로 1954년 개최하기 시작했다. 요사코이나루코오도리 よさこい鳴子踊り는 무용수가 나루코 鳴子를 손에 쥐고 요사코이요사코이나루코세쓰 よさこい鳴子節라는 곡에 맞추어 춤을 추며 거리 행진을 한다.

초기에는 본오도리 盆踊り가 중심이었으나 최근에는 삼바, 힙합, 플라멩코 등 다양한 곡에 맞추어 자유롭게 춤을 춘다. 각 팀이 각각 트럭에 음향기기를 싣고 무용수들은 그 뒤를 따라가면서 춤을 추는 특이한 광경을 볼 수 있다.

**요사코이마쓰리** よさこい祭り

# 3. 예도 芸道

## 1) 다도 茶道

다도는 정해진 양식에 따라 손님에게 차를 대접하는 것으로 일본에서는 차노유茶の湯라고 부르기도 한다. 차를 마시는 습관은 8세기경 중국에서 전해졌는데, 당시 당나라에서 즐기던 차의 문화가 일본으로 전해졌다. 실제로 차가 유행하기 시작한 것은 무로마치시대 후기에 중국에서 에이사이栄西라는 승려가 선종禅宗과 함께 사원에서 마셨던 차의 종자, 차의 도구, 예법을 일본에 가지고 들어오면서부터이다. 당시에는 승려들이 졸음을 쫓기 위해 사용하거나, 병을 치료하기 위한 약으로 사용되었지만 가마쿠라시대 후기부터 차가 기호식품이 되었고, 일본만의 차를 마시는 문화 또한 정착되기 시작했다.

16세기 센노리큐千利休, 1522-1591에 의해 차의 정신과 차의 형식이 완성되고, 다도의 세계에서는 센노리큐를 다도의 대성자라고 부르기도 한다. 리큐는 최고 권력자의 다회茶会를 진행하며 다도의 순서, 다도구, 다실茶室, 차 만드는 법 등을 양식화하여 오늘날 다도의 근본이라고 할 수 있는 와비차わび茶를 완성시켰다. 센노리큐는 주인과 손님이 서로 일생에 한 번밖에 만날 수 없다는 생각으로 서로에게 성의를 다한다는 뜻의 이치고이치에一期一会의 정신을 강조하였다. 센노리큐가 죽은 후에 그의 세 명의 손자들이 각각

오모테센케表千家, 우라센케裏千家, 무샤코지센케武者小路千家로 그의 정통을 계승하여 오늘날까지 다도의 주류로서 다도의 전통을 지키고 있다.

주인이 손님을 초대하여 다실에서 차를 대접하는 것을 다회라고 하는데, 다회 날짜가 정해지면 주인은 손님들에게 초대장을 보내고, 손님들이 참가 여부에 관한 답장을 보내오면 다회를 준비한다. 이 다회는 차와 다기를 준비하는 것뿐 아니라 다실을 장식하는 족자, 꽃, 화병까지 모든 것을 정성껏 준비한다.

다도茶道

다회 시작부터 끝까지 절차와 형식이 있으며, 행동 하나하나가 모두 의식화되어 있다. 다회에서 이루어지는 대화는 차에 대한 이야기가 주이며 금전, 애정, 종교, 정치에 관련된 이야기는 삼가도록 되어있다. 다회에 참가할 때의 복장은 기모노가 가장 좋지만 양장이라도 관계없다. 하지만 지나치게 캐주얼한 복장은 피해야 하며, 다도구가 상하지 않도록 액세서리는 풀어 놓는 것이 예의이다.

## 2) 이케바나 生け花

이케바나는 수반이나 화병에 꽃, 풀, 가지 등을 꽂는 꽃꽂이를 말한다. 오늘날의 이케바나는 유리, 철, 플라스틱 등도 사용하는데, 이케바나는 일본의 전통예술의 하나로 재료 간의 관계, 형태, 용기의 크기, 모양, 나아가서는 전시되는 장소나 행사의 종류까지 고려한다.

이케바나는 사찰에서 부처님께 올리는 공화供花에서 시작되었는데, 헤이안 시대에 들어 궁중이나 귀족의 저택에서 행해지던 하나아와세花合라는 놀이가 있었다. 이는 꽃을 서로 주고받으며 화기花器에 꽂아 감상하는 놀이였다. 이때부터 꽃은 종교성을 벗어나 감상의 대상이 되었다고 할 수 있다.

이케바나의 기법에는 여러가지가 있는데 그 중 대표적인 기법은 다음과 같다.

### ❖ 릿카 立花

여러 종류의 재료를 사용하여 색채나 모양이 화려하며, 규모 또한 크고 일정한 양식을 따르는 것이 큰 특징인 릿카는 중심이 되는 가지를 수직으로 세운다는 점에서 다테바나立て花라고도 한다. 릿카는 주로 도코노마床の間에 장식하는 경우가 많고 자연경관의 장엄함을 나타내는 것이 목적이다.

릿카 立花

### ❖ 나게이레 投入

릿카와 달리 모양이나 규칙에 얽매이지 않고 자유롭게 꽃을 장식하고 즐기는 기법이다. 식물 본연의 아름다움과 대자연의 모습을 자유롭게 표현하고자 한 것으로 이케바나를 하는 사람의 취향이나 감성을 중시한다. 나게이레는 화병에 장식을 하기 때문에 헤이카瓶花라고도 한다.

나게이레 投入

### ❖ 세이카 生花

나게이레보다는 어느 정도 형식을 갖추었고 릿카보다는 간략하고 소박한 이케바나이다. 유교사상의 영향으로 천지인天地人의 이론을 이케바나의 중심을 이루는 가지인 야쿠에다役枝에 적용하여 삼각형의 이케바나 형식을 갖추게 되었다. 세이카는 이케바나의 중심 양식으로 현재까지 이어진다.

세이카 生花

### ❖ 모리바나 盛花

모리바나는 수반과 같은 안쪽이 넓고 편평한 화기에 침봉을 놓고 꽃꽂이의 모양을 넓게 퍼지게 하여 자연과 꽃의 아름다움의 재현하고자 하는 기법이다. 앞의 이케바나 기법이 선의 형태를 중시한 것에 비해 모리바나는 면의 확대가 중심이다. 메이지 시대에 만들어져 일본의 꽃과 더불어 화려한 색채의 서양 꽃을 조화롭게 사용하였다. 세이카와 함께 대표적인 이케바나의 양식이 되었다.

모리바나 盛花

### ❖ 지유바나 自由花

전통적인 이케바나의 형식에서 벗어난 자유롭고 창의적인 양식의 이케바나 기법이다. 단어 그대로 정형화된 규칙이 없고 자유로운 형태로 꽃을 장식한다. 식물의 자연적 상태를 살리는 자연적인 방법과 식물이 가진 본연의 모습과는 다른 아름다움을 창조해 내는 비자연적인 방법이 있다.

지유바나 自由花

# 4. 일본의 세계문화유산

유네스코 세계유산 중 문화유산은 다음과 같이 분류된다.
일본에는 총 16개의 문화유산이 등록되어 있다.

- 기념물 : 기념물, 건축물, 기념 조각 및 회화, 고고 유물 및 구조물, 금석문, 혈거 유적지 및 혼합 유적지 가운데 역사, 예술, 학문적으로 탁월한 보편적 가치가 있는 유산

- 건조물 : 독립되거나 이어진 구조물로 역사, 미술상 탁월한 보편적 가치가 있는 유산

- 유적지 : 인공 또는 자연 결합의 소산 및 고고 유적을 포함한 구역에서 역사, 민족, 인류학상 탁월한 보편적 가치가 있는 유산을 뜻한다.

## 1) 호류지 法隆寺 지역의 불교 건축물

- 등록일: 1993년 12월 11일
- 소재지: 나라현

호류지 지역의 불교 건축물은 일본에서 가장 오래된 불교 건축물로, 일본에 불교가 전래된 직후인 7세기 초 독실한 불교 신자였던 쇼토쿠태자 聖徳太子가 아버지를 위해 세웠다. 이후 불교 건축 양식에 큰 영향을 주었다.

처음의 호류지는 670년 화재로 소실되고, 그 후 바로 재건축이 진행되어 8세기 초에 완성되었다. 1963년 현재의 호류지 서원 西院 남동쪽에 있었던 와카쿠사가람 若草伽藍 경내에서 초기의 호류지 건물 파편이 출토되었다. 호류지는 건설 당시부터 국가와 왕실을 보호해 주는 사찰로서의 역할을 했는데, 12세기 쇼토쿠태자를 숭배하기 시작하면서 많은 사람들이 호류지를 찾기 시작했다.

세계유산으로 등재된 호류지 지역의 불교 건축물은 호류지 동원 東院 21개, 서원 西院 9개, 승원과 기타 17개 등 총 48개의 건축물이다. 이 중 서원에 위치한 금당, 5층 탑, 중문, 회랑 등 28개는 7~8세기에 건축된 것으로 세계에서 가장 오래된 목조 건축물 중 하나로 인정받고 있다.

호류지 法隆寺

## 2) 히메지 성 姬路城

- 등록일: 1993년 12월 11일
- 소재지: 효고현

히메지 성은 1333년경 처음 건축되었으며, 16세기에 도요토미 히데요시 豊臣秀吉가 천수각을 증축하였다. 그 후 1601년 도쿠가와 이에야스 德川家康의 사위인 이케다 데루마사 池田輝政가 대대적인 개축을 시작하여 1609년에 완공하였다. 현재 남아있는 건물의 대부분은 이 시기에 지은 것이다.

히메지 성을 계속하여 증, 개축한 이유는 효과적으로 적의 침입을 막기 위함이었다. 히메지 성은 나무로 지어져 화공에 약하기 때문에 화력무기의 발달에 따라 보완이 필요해졌다. 히메지 성의 흰색 벽도 내연성이 높은 회반죽을 이용하였기 때문이다. 기록에 따르면 숨어서 총과 화살을 이용하여 적을 공격할 수 있는 장소가 2,522곳 있었다고 하며, 현재 남아 있는 것은 287곳이다.

히메지 성의 대천수각과 소천수각은 복도로 이어져있는데, 일본의 성 중 유일한 구조이다. 이 복도는 좁고 구불구불하며 위에서 아래로 내려가도록 배치되어 있어 침략자를 당황시키는 효과가 있었다. 현재 대천수각과 소천수각 등 8개의 건물이 일본의 국보로 지정되어 있다.

히메지 성 姬路城

## 3) 고대 교토의 역사기념물 古代京都の文化財

- 등록일: 1994년 12월 17일
- 소재지: 교토부

교토는 8세기 말부터 19세기 중반까지 일본의 수도였으며, 당시의 교토는 고대 중국 당나라의 수도인 장안長安을 모방하여 조성하였다. 일본의 종교 건축, 일반 건축, 정원 설계가 어떻게 진화되어왔는지를 알 수 있는 주요 중심지이다.

유네스코 세계유산으로 등록된 곳은 사찰, 신사, 성 등 모두 17곳이며, 교토 시내에 있는 것은 도지東寺, 니조조二条城, 혼간지本願寺이며 그 외의 문화재들은 교토시 외곽의 산과 강 근처에 있다.

| 교토 문화재 | 내용 |
|---|---|
| 도지<br>東寺 | 796년 헤이안 시대에 국가를 수호하는 사찰로 지어졌으며 정식 이름은 교오고코쿠지教王護国寺이다. 교토 남쪽 정문인 라쇼몽羅生門 동쪽에 있기 때문에 도지라고 한다. 불교 승려인 고보대사弘法大師 구카이空海가 창건한 진언종의 총본산이다. |
| 엔랴쿠지<br>延暦寺 | 일본에 천태종을 전한 승려인 사이초最澄가 히에잔比叡山 정상에 세웠다. 동탑東塔, 서탑西塔, 요코카와横川 세 지역의 가람伽藍을 총칭하여 엔랴쿠지라고 한다. 본동인 네모토추도根本中堂는 1642년 개축한 것이다. |
| 우지가미 신사<br>宇治神神社 | 창건 연대는 미상으로 헤이안 시대 후기로 추정된다. 현존하는 신사 건축물 중 일본에서 가장 오래된 구조를 가지고 있다. 헤이안 시대에 뵤도인平等院의 건립에 따라 그 수호신을 모시는 신사가 되었고 그 후 주민들의 숭배를 받으며 유지되었다. |
| 료안지<br>竜安寺 | 1450년 호소카와 가쓰모토細川勝元가 세운 임제종의 유명 사찰로 원래는 귀족들의 별장으로 사용되던 곳이다. 정원은 대표적인 가레산스이枯山水식 정원으로 일본의 특별 명승지로 지정되어 있다. |
| 니조조<br>二条城 | 1603년에 도쿠가와 이에야스의 교토 숙소로 건축되어 손자인 도쿠가와 이에미쓰德川家光가 완성한 후 1626년 대규모 확장 보수공사를 하였다. 국보로 지정된 니노마루고텐二の丸御殿, 중요문화재인 혼마루고텐本丸御殿, 특별 명승지인 니노마루 정원二の丸庭園등이 있다. |
| 닌나지<br>仁和寺 | 888년 우다 덴노宇多天皇이 창설하였다. 진언종 오무로파御室派의 총본산이다. 오닌의 난応仁の乱에 의해 대부분이 불에 타서 소실되었다. 도쿠가와 이에미쓰 시절 현재와 같은 모습으로 재건하였다. 국보로 지정된 금당, 중요문화재 니오몽二王門, 고쥬토五重塔 등이 있다. |

| | |
|---|---|
| 가모와케이카즈치 신사<br>賀茂別雷神社 | 일반적으로 가미가모진자 上賀茂神社로 불린다. 687년 창건되었으며 본전이 국보로 지정되어 있다. 헤이안 수도 건립 이후 국가의 수호 신사로 조정의 숭배를 받았다. 가모미오야진자 賀茂御祖神社와 함께 고대 가모 加茂가문의 선조를 모시는 곳으로 교토의 3대 마쓰리 중 하나인 가모마쓰리 賀茂祭가 열리는 곳이다. |
| 가모미오야 신사<br>賀茂御祖神社 | 일반적으로 시모가모진자 下賀茂神社로 불린다. 동쪽과 서쪽 2개의 본전이 국보로 지정되어 있으며, 동쪽에는 결혼과 육아의 신, 서쪽에는 교토의 수호신이 모셔져 있다. 옛 경내지에서 조몬 繩文 시대의 유적이 발굴되는 등 역사적으로 중요한 장소이다. 또한 주변의 다다스노모리 糺の森도 원시림으로 세계유산에 포함되어 있다. |
| 덴류지<br>天龍寺 | 무로마치막부의 장군인 아시카가 다카우지 足利尊氏가 고다이고 덴노 後醍醐天皇을 추모하기 위해 1399년 가메야마 亀山 별궁을 사찰로 개축한 것이다. 덴류 天龍는 하늘로 승천하는 용을 상징하는데, 일본에서는 용이 불법 仏法을 수호하고 화재를 막아준다고 믿는다. 하지만 8번의 화재를 겪고 예전 건물의 대부분은 소실되었다. 현존하는 건물들은 1868년~1912년에 새로 지은 것들이지만, 일본에서 최초로 특별 명승지로 지정된 본당 앞의 전통정원인 소겐치 曹源池는 예전 모습을 유지하고 있다. |
| 사이호지<br>西芳寺 | 729년 창건된 사찰로 이끼가 많아 고케데라 苔寺라고 불리기도 한다. 사이호지에 있는 정원은 후세의 정원에 큰 영향을 미쳤는데, 사찰 자체는 1469년 전쟁 시 화재로 소실되었으나 정원의 땅과 돌장식은 이끼가 끼어있어 보존되었다. 건축과 정원의 일체화, 돌장식의 수법, 조망 등 당시에는 전혀 볼 수 없었던 형식을 도입하여, 일본 정원 역사에서 중요한 위치를 차지하고 있다. |
| 혼간지<br>本願寺 | 1602년 절의 규모가 급성장하자 도쿠가와 이에야스가 세력을 약화시키기 위해 절을 동쪽과 서쪽으로 양분화하였다.<br>• 니시혼간지 西本願寺-일본에서 가장 큰 불교 종파인 정토 진종 혼간지파의 총본산이다. 1292년 히가시야마 東山 지역에 창건되어 1591년 현재의 자리로 이전되었다. 모모야마 시대의 건축양식을 그대로 살린 서문 등이 세계유산으로 등록되어 있으며, 중요문화재들도 많다.<br>• 히가시혼간지 東本願寺- 진종 오타니파 大谷派의 총 본산이다. 에도시대에 4번의 화재로 인해 피해를 입었으며 현재의 건물은 대부분이 메이지 시대에 재건된 것이다. 신란쇼닌조 親鸞聖人像가 있는 고에도 御影堂는 세계 최대급의 목조 건축물이다. |
| 로쿠온지<br>鹿苑寺 | 일반적으로 금각사 金閣寺라고 더 많이 알려져 있다. 1397년부터 10년 동안 세워진 것으로 1950년 화재로 소실된 것을 재건한 것이다. 1987년 금박이 보수되었으며, 매년 한번씩 금칠을 한다. 1,2,3 층 모두가 각기 다른 양식으로 지어졌으며 금박은 2,3층에만 칠해져 있다. |
| 지쇼지<br>慈照寺 | 은각사 銀閣寺로 알려져 있으며 1482년 무로마치막부의 아시카가 요시마사 足利善政의 은거를 위해 만든 별장이 그 시초이다. 금각사를 본떠서 만들었는데, 그만큼 화려하지는 않으나 세련된 모습을 가지고 있다. 이름은 은각사이지만 은박을 붙인 흔적은 없다. |

| | | |
|---|---|---|
| 고잔지<br>高山寺 | 창건은 나라 시대라고 전해지지만, 실질적으로는 가마쿠라시대에 묘에明惠대사가 세웠다. 고잔지 내에는 일본의 중요문화재가 1만여 점에 이른다. 경내에는 묘에대사가 직접 차를 재배했다는 다원이 있는데, 일본에서 최초로 차가 재배된 곳이다. | |
| 기요미즈데라<br>清水寺 | 기요미즈데라는 헤이안 시대 초기인 778년 창건되었다. 기요미즈란 일본에서 제사나 민간신앙 등의 의례의식에 앞서 깨끗한 물로 몸과 마음을 씻는다는 뜻이다. 헤이안 시대 이후 『겐지모노가타리源氏物語』 등 일본 문학작품의 무대로 자주 등장할 만큼 유명하다. 본당은 도쿠가와 이에미쓰의 기부로 재건된 곳으로 기요미즈노부타이清水の舞台로 알려져 있다. | |
| 다이고지<br>醍醐寺 | 창건 당시에는 다이고야마醍醐山 정상을 중심으로 절을 세웠으나, 훗날 다이고 덴노醍醐天皇이 자신의 기원사祈願寺로 정한 뒤 재정을 투입하여 현재와 같이 200만 평 이상의 넓이를 자랑하게 되었다. 다이고야마 정상에 있던 원래의 절을 가미다이고上醍醐라고 하고, 산기슭 아래의 절은 시모다이고下醍醐라고 한다. 불당의 대부분은 시모다이고 지역에 있다. | |
| 뵤도인<br>平等院 | 후지와라노 미치나가藤原道長의 별장이었던 것을 아들인 후지와라노 요리미치藤原賴道가 1052년 사원으로 개조하여 1053년 창건하였다. 본당인 봉황당은 국보로 지정되어 있으며, 연못 위로 비치는 뵤도인의 모습은 일본 최고의 불교 건축물로 꼽힌다. 창건 당시의 건축미를 그대로 유지한 유일한 건물이다. | |

## 4) 시라카와고와 고카야마 역사마을 白川郷・五箇山の合掌造り集落

- 등록일: 1995년 12월 9일
- 소재지: 시라카와고 –기후현, 도야마현

시라카와고와 고카야마 지역의 민가는 갓쇼즈쿠리合掌造り라는 양식으로 만들어졌다. 이 지역에는 눈이 많이 내리는데 이러한 기후를 견디기 위해 지붕을 크고 높게 만들었다. 눈이 쌓이는 것을 방지하기 위해 약 60도의 급경사를 이루는 것과 못이나 꺾쇠와 같

시라카와고와 고카야마 지역 민가

은 철물을 사용하지 않고 나무와 풀로만 엮어 만든 것이 가장 큰 특징이다.

대부분이 에도시대 말기에서 메이지 시대에 지어진 것으로 100년에서 200년이 넘은 건물이며 내부는 어른 여러 명이 생활할 수 있을 만큼 넓다.

### 5) 히로시마 평화 기념관 原爆ドーム

- 등록일: 1996년 12월 7일
- 소재지: 히로시마현 히로시마시

1915년 지어진 히로시마의 상업 전시관이었으나, 1945년 8월 6일 히로시마에 원자폭탄이 떨어졌을 때 유일하게 남은 건물이다. 많은 사람들의 노력으로 폭발 직후의 모습이 온전히 보존되어 있는 유일한 건물로, 불에 탄 철골의 모습이 당시의 참상을 짐작하게 만든다.

이 건물의 존폐 여부를 두고 많은 논란이 있었지만 세계유산으로 선정되면서 보존하게 되었다. 원자폭탄 투하의 역사적인 사실과 그에 따른 참화를 세계에 알리고 핵무기의 폐기와 세계 평화를 기원하는 상징적인 장소이기 때문이다.

히로시마 원폭 돔

## 6) 이쓰쿠시마신사 厳島神社

- 등록일: 1996년 12월 7일
- 소재지: 히로시마현 하쓰카이치시 廿日市市 미야지마 宮島 섬

미야지마 섬은 히로시마 남서부의 작은 섬이다. 이 섬에는 해발 530m의 미센 弥山 이라는 산이 있는데 이 산의 앞쪽으로 탑이 세워진 언덕과 교즈카야마 経塚山 에 둘러싸인 바닷가에 신사가 위치해 있다. 바닷가에 위치해 있기 때문에 밀물과 썰물 때의 모습이 상이하다.

593년 창건되어 헤이안 시대에 들어 제 모습을 갖추게 되었다. 신사의 입구에는 거대한 도리이 鳥居 가 세워져 있는데, 이는 자연을 배경으로 인공적인 아름다움을 추구하는 헤이안 시대의 미를 대표한다.

현재의 도리이는 1875년 다시 만들어진 것이다. 이 도리이는 중심기둥 높이 약 13.5m, 둘레는 약 10m에 이른다.

이쓰쿠시마신사 도리이 厳島神社 鳥居

## 7) 고대 나라의 역사기념물 古代奈良の文化財

- 등록일: 1998년 12월 5일
- 소재지: 나라현

나라는 수도가 교토로 옮겨지기 전인 710~784년까지 일본의 수도였다. 이 세계유산은 중국, 한국과의 문화교류의 결과물로 일본의 건축 및 예술의 발달을 입증해준다. 중국과 한국은 이후 일본의 문화발전에 큰 영향을 미쳤다. 일본의 수도가 교토로 옮겨지면서 나라는 농경지가 되었으나, 수도였던 시기에 세워진 사찰과 신사는 왕실의 후원으로 훼손되지 않고 유지되었다.

| 나라 문화재 | 내용 |
|---|---|
| 도다이지 東大寺 | 도다이지절은 세계 최대의 금동 불좌상인 나라노다이부쓰奈良の大仏로 알려져 있는 루샤나부쓰盧舎那仏 불상으로 유명하다. 이 불상이 모셔진 곳은 세계 최대의 목조건물인 다이부쓰덴大仏殿으로, 752년부터 현재까지 중단 없이 이어지는 전통 행사인 오미즈토리お水取り의 무대인 니가쓰도二月堂가 있다. 다이부쓰덴, 도다이몬東大門 등 많은 국보가 있다. |
| 가스가타이샤 春日大社 | 768년 건립된 일본의 3대 신사 중 하나이다. 768년 후지와라藤原 가문의 수호신으로 조영된 것이 가스와라타이샤이다. 경내에는 일본의 국보 및 중요문화재를 전시하는 다카라모노덴宝物殿이 있다. 이곳의 사슴들은 신성한 동물로 여겨지고 있는데, 현재 가스가타이샤가 있는 나라공원의 사슴들은 천연기념물로 지정되어 있다. |
| 가스가야마 원시림 春日山原始林 | 841년 벌채와 수렵이 금지된 이후 천년 이상 사람의 손길이 미치지 않은 원시림이다. 메이지 시대에 국유림으로 지정되었으나, 1889년 나라공원의 일부로 편입되었다. 그 후 1924년 천연기념물로 지정되었는데 1929년 도로 확장공사를 할 때에 학자들이 자연 파괴, 학술자료 훼손 등을 이유로 반대 운동을 하였다. 1930년 가능한 현 상태를 유지 보존하며 고풍적인 경관을 저해하는 시설은 짓지 않는 것에 합의하였다. |
| 고후쿠지 興福寺 | 후지와라가문이 710년 창건하였다. 가장 번창하였을 때는 사찰 건물이 175개에 이르렀으나 대부분이 화재로 소실되었다. 주건물로는 고주노토五重塔, 도콘도東金堂, 호쿠엔도北円堂, 산주노토三重塔, 고쿠호칸国宝館 등이 있다. |
| 간고지 元興寺 | 아스카시대에 창건되었다고 전해지는 일본에서 가장 오래된 절이다. 나라 시대에는 남서부 전체를 경내로 사용할 정도로 큰 절이었으나 현재는 대부분 소실되어 본당인 고쿠라쿠보極楽坊와 젠시쓰禅室정도가 남아 있다. |
| 야쿠시지 薬師寺 | 680년에 창건되어 여러 번의 화재로 소실되었다. 창건 당시의 모습이 남아 있는 것은 동탑뿐이다. 곤도金堂 안에는 약 2.6m 크기의 약사삼존상이 있는데, 일본 불교미술의 최고 걸작 중 하나로 꼽는다. 또한 기치조텐吉祥天의 화상은 나라 시대의 대표적인 미녀 그림으로 국보로 지정되어 있다. |

## 8) 닛코의 신사와 사찰 日光の社寺

- 등록일: 1999년 12월
- 소재지: 도치기현

일본의 전통 종교인 신도神道의 중심지로, 에도시대의 건축 양식을 볼 수 있다. 사당과 사원은 17세기 무렵부터 세워졌는데, 장식이 화려하고 정교하다.

도쇼구東照宮

도쇼구東照宮는 도쿠가와 이에야스의 유골과 위패를 모셔둔 곳으로 도쿠가와 이에미쓰가 대대적으로 재건을 하여 현재와 같은 건축물이 완성되었다. 특히 세 마리의 원숭이 조각상이 유명하고, 요메이몬陽明門에는 전설적인 동물인 용, 사자 등 300여 동물이 새겨져 있다.

도쇼구에는 조선통신사들이 남긴 조선의 문화재가 있는데, 도쿠가와 이에야스의 무덤 앞에 있는 삼구족三具足이다. 1640년 도쇼구의 준공 축하 선물로 1643년 보냈다는 조선왕조실록 기록이 있다.

후타라산진자二荒山神社는 난타이산男体山의 세 신을 모시는 곳인데, 17세기에 복원되거나 건설되었고, 일본의 신사 설계에 큰 영향을 주었다. 그중 신요샤神輿舎는 도쇼구의 초기 건축에 영감을 주었다.

신요사神輿舎

린노지輪王寺

린노지輪王寺는 불교 사찰로 오랫동안 숭배를 받았는데, 주요 건물은 에도시대 초기에 추가 건설되었다. 닛코에서 가장 큰 사찰이며 일본 천태종의 3대 본산 중 하나이다.

## 9) 구수쿠 유적 및 류큐 왕국 유적琉球王国のグスク及び関連遺産群

- 등록일: 2000년 12월
- 소재지: 오키나와현

류큐 왕국琉球王国은 오카나와에 있던 옛 왕국으로 류큐는 오키나와의 옛 지명이다. 12세기부터 17세기까지의 500년이라는 긴 역사를 자랑하는 류큐 왕국의 구수쿠는 적의 침입으로부터 방어하기 위해 마을을 돌벽으로 두른 성이었다. 오키나와 지역에 분포된 구스쿠는 300여 개로 알려져 있다.

슈리죠首里城

슈리죠 쇼덴首里城正殿

류큐 왕국의 수도였던 슈리首里에는 많은 유적이 남아 있는데 특히 슈리죠 쇼덴首里城正殿은 왕이 업무를 보던 곳으로 중국과 일본의 양식이 혼재되어 있는 특이한 유적이다. 또한 슈리죠의 정문인 슈레이몽守礼門은 중국의 영향이 있긴 하나 류큐 왕국의 독창적인 건축기법을 엿볼 수 있는 유적이다.

우타키御嶽는 오키나와에서 마을 공동체가 제사를 지내는 성스러운 영역이었다. 그중 세이화우타키斎場御嶽는 류큐 왕국 최고의 신성 지역으로 조상이 찾아온다고 믿었다. 거대한 바위와 나무로 둘러싸여 있다.

세이화우타키斎場御嶽

## 10) 기이산지의 영지과 참배길 紀伊山地の霊場と参詣道

- 등록일: 2004년 7월
- 소재지: 와카야먀현, 나라현, 미에현

나라와 교토의 남쪽에 위치한 기이산 紀伊山은 태평양쪽으로 돌출된 기이반도의 대부분을 차지하는데, 고대 일본에서 신이 사는 장소로 여겨졌다. 1200년간 일본의 신도와 중국에서 건너온 불교의 수행 장소가 되고 있다. 이 영지는 일본의 종교, 문화의 발전에 크게 영향을 주었으며 자연과 인간의 신앙심이 하나가 되어 나타나는 문화적 경관이 그 가치를 인정받았다. 매년 1500만 명 이상이 참배 또는 트레킹을 위해 이곳을 방문한다.

기이산지 참배

기이산지 참배길의 나치노 타키 那智の滝

## 11) 이와미 은광 및 문화 경관 石見銀山遺跡とその文化的景観

- 등록일: 2007년 7월
- 소재지: 시마네현

시마네현의 중부에 위치한 대규모 광산 유적이다. 채굴, 제련, 운송 등 은생산과 관련된 많은 유적이 남아 있다. 1309년 발견되어 1526년부터 본격적인 채굴이 시작되어 1923년 폐광되었다.

현재 대부분의 지역이 숲으로 뒤덮여 있으나 아직도 광산 마을의 흔적을 찾아볼 수 있는 곳이 있다.

이와미긴잔石見銀山 동굴 내부

이와미긴잔石見銀山 동굴 주변

이와미石見 문화 마을

4. 일본의 세계문화유산

## 12) 히라이즈미 平泉―仏国土(浄土)を表す建築・庭園及び考古学的遺跡群―

- 등록일: 2011년 6월
- 소재지: 이와테현

히라이즈미는 헤이안 시대에 교토에 이은 두 번째 큰 도시로 북부지역의 행정중심지였고, 일본 불교 정토사상의 중심지였다. 세계유산으로 등록된 곳은 주손지 中尊寺, 모쓰지 毛越寺, 간지자이오인유적지 観自在王院跡, 무료코인유적지 無量光陰跡, 긴케이산 金鶏山 의 다섯 곳으로 불교와 자연숭배가 융합된 사원과 정원이 다른 나라의 영향을 벗어난 일본 독자적인 양식으로 발전한 것이라는 평가를 받는다.

주손지 곤지키도

무료코인 유적지

간지자이오인 유적지

모쓰지 - 오이즈미가이케 연못과 정토정원 大泉が池を中心とする浄土庭園

모쓰지 - 헤이안 시대의 가람 유구 平安時代の伽藍遺構

긴케이산

## 13) 후지산 富士山-信仰の対象と芸術の源泉

- 등록일: 2013년 6월
- 소재지: 시즈오카현, 야마나시현

후지산은 도쿄 남서쪽으로 약 100km 떨어져 있으며 높이는 3,776m이다. 후지산의 산세와 화산활동 때문에 경외심이 생겨나 신도 및 불교와 관련된 종교의식이 발생했고, 고대부터 오늘날까지 산악숭배의 전통을 지속적으로 이어왔다. 후지산을 소재로 한 일본의 예술적 표현은 11세기부터 있었지만, 후지산을 일본의 상징으로 인식시킨 미술작품은 19세기의 우키요에였다. 12세기의 후지산은 신도를 포함하는 금욕적인 불교 수행의 중심지였다.

세계유산으로 등록된 곳은 총 25개 유적이며 산기슭 주변의 센겐신사 浅間神社, 오시노무라 忍野村와 같은 전통적인 숙박 가옥, 화산지형, 등산로, 분화구, 신사 등이 연속 유산으로 등록되어 있다.

후지산과 오시노무라

후지산과 센겐신사

4. 일본의 세계문화유산

## 14) 도미오카 제사 공장과 관련 유적지 富岡製糸場と絹産業遺産群

- 등록일: 2014년 6월
- 소재지: 군마현

도미오카시에 있는 제사製糸공장과 그 주변의 유적을 가리킨다. 메이지 시대에 실행한 일본의 근대화, 경제 및 산업의 발전을 보여주고 다른 국가들과의 산업 기술 교류를 보여주는 증거이다.

도미오카 제사장은 일본의 근대화를 위해 메이지 정부가 생산을 늘려 산업을 흥하게 한다는 식산흥업殖産興業 정책의 하나로 건설한 최초의 관영 공장으로 1871년 착공하여 1872년 10월부터 작업을 시작하였다. 여기에는 프랑스인이 공장 부지를 선정하고 프랑스 기술자의 영입, 서양식 기계 도입 등이 있었으며 건물의 설계 역시 프랑스의 건축가가 하였다.

도미오카 제사장에서 기술을 배운 직공들이 고향으로 돌아가 기술을 전파하기도 했다. 1987년 작업을 중지하였으나, 조사장을 비롯한 누에고치 창고, 숙소 등 대부분의 주요 건물들이 일본의 주요 문화재로 지정되어 잘 보존되어 있다.

다지마 야헤이田島弥平 옛집은 일본의 누에고치 산업의 발전에 공헌한 다지마 야헤이가 주거 및 잠실蚕室로 사용하던 곳으로 근대 양잠 농가 건축의 원형이 되었다.

도미오카 실 제조 공장

다지마 야헤이 옛집

## 15) 일본의 메이지 산업혁명 유산 明治日本の産業革命遺産 製鉄・製鋼, 造船, 石炭産業

- 등록일: 2015년 7월
- 소재지: 야마구치현, 가고시마현, 시즈오카현, 이와테현, 시가현, 나가사키현, 후쿠오카현, 구마모토현

총 23개로 구성된 연속 유산으로 주로 일본 서남부에 분포되어 있다. 19세기 중반부터 20세기 초반까지 철광, 조선, 탄광산업의 발전 모습과 일본의 급속한 산업화를 보여준다. 이는 19세기 중반부터 일본이 유럽과 미국으로부터 전수받은 기술을 어떻게 활용하였는지에 관한 과정과 일본으로 융화 되어온 과정을 보여준다.

하시마 군함도 端島 軍艦島

## 16) 르코르뷔지에의 건축 작품 ル・コルビュジエの建築作品-近代建築運動への顕著な貢献 (국립서양미술관본관 国立西洋美術館本館)

- 등록일 : 2016년
- 소재지 : 아르헨티나, 벨기에, 프랑스, 독일, 인도, 일본, 스위스
- 르코르뷔지에 Le Corbusier, 1887~1965의 작품 가운데 선정된 총 17개의 유산은 7개 국가에 흩어져 있는 초국적 연속 유산 serial transnational property이며 과거와 대별되는 새로운 건축 언어를 창조한 역사적 사건에 대한 증거이다. 이 유산들은 르코르뷔지에가 '끈기 있는 연구 patient research'라고 묘사한 건축 과정 가운데 반세기의 시차를 두고 완성된 것들이다.

인도 찬디가르 Chandigarh의 청사 복합지구 Capitol Complex, 일본 도쿄 국립서양미술관 国立西洋美術館, 아르헨티나 라플라타 La Plata의 쿠루체트 하우스 Maison Curutchet, 프랑스 마르세유 Marseille의 위니테 다비타시옹 Unité d'habitation 등은 20세기 사회의 요구에 부응한 새로운 건축 기법의 발명이라는 과제에 대한 해법으로서 모더니즘 운동 Modern Movement과 관련된 작품들이다. 창의성 넘치는 천재가 남긴 이상의 걸작들은 전 지구적인 건축 기법의 국제화를 입증한다.

도쿄 국립서양미술관 国立西洋美術館

## 17) 「신성한 섬」 오키노시마와 무나카타 지역의 유적

### 神宿る島」宗像・沖ノ島と関連遺産群

- 등록일 : 2017년
- 소재지 : 무나가타시 宗像市, 후쿠쓰시 福津市
- 규슈 섬의 서부 해안에서 60km 떨어진 곳에 있는 오키노시마 沖之島는 성스러운 섬을 숭배한 일본인들의 전통 신앙을 볼 수 있는 탁월한 사례이다.

오키노시마에 보존된 고고 유적지들은 사실상 거의 훼손되지 않았고, 서기 4세기부터 9세기까지 있었던 제례의 변화를 그대로 보존하고 있는 연대기적 기록이라고 할 수 있다.

제례 때 사용된 제물들은 섬의 여러 곳에 받쳐졌는데 그중에는 훌륭한 기술과 예술적 가치를 지닌 공예품이 상당히 많으며 해외에서 들여온 것도 있고, 때문에 오키노시마에서는 일본이 한반도 및 다른 아시아 대륙과 활발하게 교류했던 증거를 찾아볼 수 있다. 특히 무나카타 宗像 신사와 통합된 오키노시마는 오늘날까지 신성한 곳으로 여겨지고 있다.

무나카타 타이샤 나카츠미야 宗像大社 中津宮

무나카타다이샤 요배소 宗像大社沖津宮 遙拜所

## 18) 나가사키와 아마구사 지방의 잠복 크리스천 관련 유산
### 長崎と天草地方の潜伏キリシタン関連遺産

- 2018년 6월 30일에 등록 결정
- 나가사키현 長崎県과 구마모토현 熊本県에 남아있는 12건의 구성 자산으로 이루어져 있다.

에도시대 250년간의 금교령하에 엄격한 탄압 속에서 선교사가 없음에도 불구하고, 신자만으로 신앙을 지키고, 고립되지 않고 일반사회와 관계를 가지면서, 공동체를 존속시키기 위한 삶의 방식을 창조한 것이 평가되어 등록되었다.

1500년대 중반 기독교가 일본에 처음 상륙한 후 예수회 선교사 프랜시스 자비에를 통해 나가사키와 인근 아마쿠사 주변에 짧은 기간 동안 확산되었다. 불과 몇십 년 후인 1614년 에도막부가 신앙을 금지했고 기독교인들은 비밀리에 신앙을 지키며 고문과 죽임을 당했다.

오우라 천주당 大浦天主堂

많은 기독교인이 신앙을 부인하도록 강요당했지만 비밀리에 종교활동을 지속할 방법을 찾는 교인들도 많았다. 서품을 받은 성직자나 따를 규율이 없는 상태로 이 종교는 서서히 자체의 고유한 형태로 발전하기 시작했다.

메이지유신으로 일본이 개방되고 1873년 공식적으로 기독교에 대한 금지가 철폐되면서 오랫동안 비밀리에 종교활동을 해왔던 기독교인들은 공개적으로 자유롭게 신앙생활을 할 수 있게 되었고, 19세기 중반 이후 이 지역에 많은 교회가 세워졌다. 이 교회 중 가장 눈에 띄는 곳은 나가사키 중심부에 위치한 오우라 천주당이다. 이곳은 고딕 양식의 가톨릭교회로 니시자카 언덕에서 처형된 26명의 순교자를 기리기 위해 세워졌다.

## 19) 모즈・후루이치 고분 百舌鳥・古市古墳群

- 2019년 7월 6일에 등록 결정
- 오사카부 사카이시 大阪府堺市, 하비키노시 羽曳野市, 후지이데라시 藤井寺市에 있는 45건 49기의 고분군의 총칭으로, 햐쿠즈리고분군 百舌鳥古墳群 및 후루이치 고분군 古市古墳群에 포함된다.

일본의 고분 문화는 기원후 3세기 중반에 시작되었다. 당시 사카이는 아시아 대륙, 특히 중국 및 한국과의 교통을 담당하는 주요 무역항이었으며, 이곳에 조성된 황실의 봉분들은 그러한 추세에 더욱 박차를 가했을 것으로 보인다. 산지가 많은 일본에서 평평하고 경작에 적합한 땅은 언제나 귀중했기 때문에 이처럼 엄청난 봉분에 광대한 경작지를 제공한다는 것은 가장 영향력 있는 사람들만이 누릴 수 있는 사치였으며, 국부가 성장하고 있었음을 보여준다. 당시 사람들이 남긴 문서기록이나 궁전은 없고 오직 무덤만이 남아 있다.

길이 486m, 높이는 거의 36m에 달하는 다이센고분은 닌토쿠덴노 天皇 290-399의 무덤으로 중국의 진시황릉 및 이집트의 기자 대피라미드와 함께 세계에서 가장 큰 3개의 무덤 중 하나로 꼽힌다.

모즈·후루이치 고분 百舌鳥・古市古墳群

## 20) 홋카이도·기타도호쿠 조몬 유적 北海道・北東北の縄文遺跡群

- 2021년 7월 27일에 등록 결정
- 유네스코 세계유산으로 등재된 홋카이도北海道와 기타도호쿠北東北에 있는 조몬 시대 유적군의 총칭으로, 발굴된 고고유적으로만 구성된 유적으로는 일본 국내 최초의 세계유산이다. 홋카이도와 기타도호쿠의 죠몬 유적군은 이 풍부한 자연의 혜택을 받으면서 1만 년 이상 채집, 어로, 수렵으로 정착한 조몬시대 사람들의 생활과 정신문화를 지금까지 전해오는 귀중한 문화유산이다.

조몬 유적군이 소재하고 있는 홋카이도·기타도호쿠 지역은 산지, 구릉, 평지, 저지대 등 변화가 풍부한 지형이며, 우치완内湾 또는 호소湖沼 및 수량이 풍부한 하천도 형성되고 있다. 너도밤나무 숲을 중심으로 하는 냉온대 낙엽 활엽수의 삼림이 펼쳐져, 해양에서는 난류와 한류가 교차해 풍부한 어장이 생겨나 연어·송어 등의 회유어가 소상하는, 풍족한 환경에 있었다.

사람들은 이러한 환경에서 식량을 안정적으로 확보함과 동시에 약 15,000년 전에는 토기를 사용해 정착하기 시작했다. 그 후, 1만 년 이상에 걸쳐서, 기후의 온난화나 한랭화 및 거기에 수반하는 해진海進·해퇴海退라고 하는 환경의 변화에 적응하면서, 채집·어로·수렵을 기반으로 한 생활을 계속했다.

조몬縄文 유적지

또 사람들이 집락을 이루고 정주하기 시작한 초기부터 지역 특유의 정신문화를 구축하기에 이른다. 흙을 쌓고 환상열석環状列石 등을 구축하여 조상숭배와 자연 숭배로 풍양豊穣을 기원하고, 이를 통해 서로의 유대감을 확인하는 제례행위가 세대를 초월해 행해졌다.

홋카이도와 기타도호쿠의 조몬 유적군은 취락이나 묘지, 제사, 의례의 장소인 환상열석 등 이러한 사람들의 생활 실태를 보여주는 17개의 유적으로 구성되어 있다.

산나이마루야마三内丸山유적지

조몬縄文 유적지 유물

오유간죠렛세키 大湯環状列石

고마키노小牧野 유적지

# 5. 일본의 대중문화

### 1) 만화 漫画・マンガ

일본의 만화는 발음 그대로를 알파벳으로 'MANGA'라고 표기할 정도로 세계에 널리 알려져 있다. 일본 만화의 인기와 확산은 일본의 인지도를 높이고, 일본 문화의 전도사로서의 역할도 한다. 일본의 만화는 일본의 문화, 전통, 역사, 사회를 가장 잘 반영하는, 일본성 Japanese-ness을 대표하는 대중오락으로 손꼽히고 있다.

일본의 고도 경제성장이 시작된 1959년에 창간된 『소년매거진 少年マガジン』과 『소년선데이 少年サンデー』는 현대 일본의 만화문화가 융성하는데 직접적인 도화선이 되었다. 또 극화 장편 스토리 만화의 도입에 있어서 1960년대 중반부터는 소년만화잡지뿐만 아니라 대중용 주간지 등에까지 파급되어 갔다. 그 후 1970년대 중반부터 소녀만화도 독자적인 지위를 확보하게 됨으로써

「소년 매거진」 창간호

일본의 만화문화라고 하는 영역이 형성되었다. 1995년 전성기를 맞이한 이후 일본 만화 시장은 지속적인 하락세를 기록하며 인기 단행본 수익을 통해 잡지 부문의 손해를 만회하는 비즈니스 모델을 취해 왔지만, 2019년에는 『귀멸의 칼날鬼滅の刃』의 성공으로 종이만화 시장이 5년 만에 흑자로 전환되기도 했다.

『귀멸의 칼날』 1권

최근에는 모바일 기기의 확대로 일본에서 온라인 만화 시장이 가파르게 성장하고 있다.

2014년 처음으로 일본에서 서비스를 시작했던 온라인 만화는 불과 5년 만인 2019년에 종이만화의 시장규모를 능가하게 되었다. 2019년 일본의 온라인 만화 시장은 2,593억 엔의 매출을 달성하여 52.1%에 달하는 일본 만화 시장 점유율을 차지하고 있다. 이러한 온라인 만화 시장을 지배하고 있는 것은 대한민국의 웹툰 플랫폼이다. 네이버의 '라인망가', 카카오의 '픽코마', NHN의 '코미코'가 일본 온라인 만화 시장에서 차지하는 점유율은 70% 이상으로, 최근에는 이를 통해 대한민국의 유명 웹툰도 일본에 소개되고 있다.

만화의 장르는 계층별·성별로 나뉘는데, 예를 들면 어린이만화, 소년만화, 소녀만화, 청년만화로 세분화되며 또 그러한 만화를 읽고 자라온 세대가 성장함에 따라 샐러리맨코믹스, 레이디스코믹스라는 장르도 생겨났다. 이러한 흐름 속에서 만화는 저속한 독서물이라는 비판도 무력하게 만들어 버렸고, 최근에는 오히려 만화가 갖는 표현력과 전달력을 적극적으로 이용하려는 출판계의 움직임도 눈에 띈다.

일본의 만화는 어린이를 대상으로 한 어린이만화부터 성인물까지 다양한 장르의 만화가 출판되고 있다. 일본 만화계의 특징은 직장인들이 즐겨 보는 만화잡지의 종류가 매우 다양하다는 것인데, 이런 잡지는 대부분 역의 매점에서 많이 팔린다. 일본에서는 정장 차림의 직장인들이 지하철이나 역에서 만화를 읽는 모습을 흔히 볼 수 있다. 연령별로 구독하는 만화잡지도 조금씩 다른데, 고등학생까지는 『주간점프週刊ジャンプ』를, 대학생부터는 『주간 영 점프週刊ヤングジャンプ』를 보는 사람이 많다. 학습용 만화를 포함하여

아이들을 대상으로 하는 만화잡지도 많지만 만화는 이미 아이들만의 것이라는 이미지에서 탈피하여, 최근에는 전문지식을 다룬 만화가 나올 정도로 다양한 분야로 확산되고 있다.

 2015년 6월 15일 NHK의 보도에 따르면 3억 부 이상 팔린 『원피스 ONE PIECE』가 단일 저자의 단행본 발행 부수로 기네스북에 올랐다고 하며, 2019년 11월 기준 누계 부수가 4억 6,000만 부를 초과하여 현재에도 이 기록은 이어지고 있다.

『원피스 ONE PIECE』

 최근에는 2009년 10월부터 연재를 시작하여 2020년 1월 기준으로 단행본 누적 판매량이 1억 부를 돌파한 『진격의 거인 進撃の巨人』이나, 2016년 연재 시작 기준 당시에는 큰 인기를 끌지 못했으나 2019년부터 시작된 TV 애니메이션의 폭발적인 성공으로 인해 사회현상으로까지 이어진 『귀멸의 칼날』등이 큰 인기를 끌며 일본의 만화 시장의 부흥을 이끌고 있다. 특히 『귀멸의 칼날』의 경우 TV 방영 이전인 2019년 4월에는 만화 발행 부수가 350만 부였지만, 방송이 끝난 9월에는 1,200만 부를, 2021년 2월에는 1억 5,000만 부를 돌파했다. 애니메이션 방송으로 팬이 급속히 늘어 원작 단행본에 대한 수요로 이어진 대표적인 사례이다. 만화의 인기로 인해 시간당 돈을 지불하며 가벼운 식사나 음료를 즐기며 가게 안에서 만화를 자유롭게 읽을 수 있는 만가킷사 マンガ喫茶 등이 인기를 얻고 있다.

일본 만화가 인기가 급상승해 세계적으로 퍼져 나감에 따라 일본 문화의 전파가 급속히 이루어지고 있다. 세계의 많은 나라에서 일본의 인지도가 높아지고 있으며, 일본 만화의 높은 인기에 따라 일본 만화 캐릭터 관련 산업 또한 크게 증가했다. 또한, 번역 출판을 기다리지 못하는 젊은이들이 직접 원서를 사 읽기 위해 일본어를 많이 배우게 되어, 일본어의 전파가 증가했다.

일본 만화가 특히 인기 있는 나라는 프랑스, 중화민국, 대한민국 등인데, 특히 중화민국, 중화인민공화국, 대한민국 등의 만화는 일본 만화의 일정 형식을 많은 수가 계승한다고 말해도 좋을 정도로 일본 만화의 영향을 강하게 받고 있다. 한편 프랑스 만화는 일본 만화의 화풍을 프랑스에 맞게 재창조한 망프라 Manfra라는 신장르를 개척하기도 했다.

## 2) 애니메이션

일본 애니메이션은 아니메ｱﾆﾒ라고 불리는데, 해외에서는 아니메라고 하면 일본에서 제작한 애니메이션이나 이를 모방하여 만든 것을 뜻하는 경우가 많다.

일본에서 애니메이션이 제작되기 시작한 것은 다이쇼 시대로 외국에서 들어온 애니메이션의 인기로 제작된 계몽적인 내용이나 일본의 옛이야기를 소재로 한 몇 분짜리의 단편이 주를 이뤘다. 그 후 도에이동화東映動画라는 회사가 생기고 스튜디오를 세웠는데, 지브리스튜디오의 다카하타 이사오高畑勲와 미야자키 하야오宮崎駿도 이 스튜디오에 근무했었다. 여기서 일본 최초의 컬러 애니메이션인 〈백사전白蛇伝〉1958이 제작되었다.

일본 최초의 컬러 애니메이션 『백사전白蛇伝』

1960년대부터 만화가 TV에 방영되는데, 〈철완 아톰鉄腕アトム〉이 그 시작이었다. 〈철완 아톰〉은 1963년부터 1966년까지 평균 시청률 40% 이상의 큰 인기를 얻었으며, 제1차 애니메이션 붐을 이끌었다. 이렇듯 TV 애니메이션이 인기를 끌자 극장용 애니메이션도 많이 제작되었다.

기동전사 건담

1968년 〈사자에상 サザエさん〉 1973년 〈도라에몽 ドラえもん〉이 방영되는 등 어린이들 사이에서 애니메이션의 인기는 높아져만 갔다. 이러한 가운데 1974년 방영된 〈우주전함 야마토 宇宙戦艦ヤマト〉와 1979년부터 방영을 시작한 〈기동전사 건담 機動戦士ガンダム〉 시리즈는 일본의 제2차 애니메이션 붐을 이끌었다.

1980년대에 들어 미야자키 하야오의 〈바람의 계곡 나우시카 風の谷のナウシカ〉가 대히트를 치고, 그 후 다카하타 이사오와의 합작인 〈천공의 성 라퓨타 天空の城ラピュタ〉, 〈이웃집 토토로 となりのトトロ〉 등의 오리지널 극장판 애니메이션이 호평을 받았다.

1995년부터 방영된 〈신세기 에반게리온 新世紀エヴァンゲリオン〉을 시작으로 1997년 〈포켓몬스터 ポケットモンスター〉와 2000년의 〈센과 치히로의 행방불명 千と千尋の神隠し〉이 연이어 히트하며 일본 애니메이션은 제3차 붐을 맞이했으며, 2006년 이후로 일시적인 침체기를 겪다가 2016년 〈너의 이름은 君の名は〉이 극장판 애니메이션으로 공개되면서 엄청난 신드롬을 만들었다.

최근에는 극장판 애니메이션 〈귀멸의 칼날 : 무한열차편 鬼滅の刃：無限列車編〉 2020이 공전의 대히트를 기록하였다. 이 애니메이션은 누적 관객 수 2,900만여 명, 흥행수입 4,000여억 원이라는 대기록을 세우고 19년 동안 일본 역대 흥행 1위를 지켜온 지킨 미야자키 하야오 감독의 〈센과 치히로의 행방불명〉의 기록을 탈환했다.

애니메이션 원작의 대부분은 만화이며, 오타쿠 オタク 라는 표현은 원래 애니메이션 마니아를 의미하는 것이었으나, 현재는 다양한 분야의 마니아를 의미하게 되었다. 그 외에도 코스프레 コスプレ 나 코믹마켓 コミックマーケット 등 애니메이션과 관련된 다양한 표현과 문화를 만들어내고 있다.

최근에는 애니메이션, 영화, 드라마, 게임 등의 배경이 된 장소를 직접 찾아가서 보고, 듣고, 걷는 체험활동을 하는 관광 형태인 '콘텐츠 투어리즘'이 지역 활성화 전략으로 등장하고 있는데, 이 중에서도 애니

메이션 속에 등장한 특징적인 장소를 찾아가는 '아니메 성지순례アニメ聖地巡禮'가 수많은 성공 사례를 보이고 있다.

아니메 성지순례アニメ聖地巡禮「너의 이름은 君の名は」

## ❖ 지브리스튜디오

지브리스튜디오STUDIO GHIBLI INC는 애니메이션을 주체로 한 영상작품의 기획제작을 주요 사업내용으로 하는 일본의 기업으로 장편 애니메이션 영화의 제작을 주력사업으로 하고 있지만, 1990년대 중기 이후 단편 작품의 제작 및 실사 작품의 기획도 하고 있다. 일본 국외의 애니메이션 공개와 DVD 발매, 『열풍熱風』이라고 하는 소책자의 발행을 행하는 출판기업, 이에 더해 음악사업도 전개하고 있다.

1985년 6월 15일, 〈바람계곡의 나우시카〉를 제작한 팀을 발전적으로 해산개조하는 형태로 도쿠마서점德間書店의 출자에 의해 설립되었고, 이 때문에 스튜디오 지브리 관련 서적의 대부분이 도쿠마서점에서 간행된다.

처음에는 작품마다 스텝을 모아 완성과 동시에 해산하는 방식을 취하고 있었으나, 다른 회사와 같이 애니메이터는 업무 위탁계약을 맺고 있었다. 이후 인재 육성을 위해 애니메이터를 정사원화하는 등 고품질의 안정된 작품을 만들기 위한 거점이 되었다.

지브리스튜디오 캐릭터들

### ❖ 미야자키 하야오 감독

　1941년 1월 5일 일본 도쿄에서 출생하였다. 고등학교 때 이미 애니메이션을 만들기로 결심하였으나 대학에서는 경제학을 공부하였다. 대학시절 청소년 신문에 만화를 기고하였으며 1963년 졸업 후 도에이 동화東映動畵에 입사하여 뒷날 동업자가 된 다카하타 이사오高畑勳의 작품에 메인 스태프로 일하다가 A프로덕션으로 옮겨 TV 애니메이션 〈미래소년 코난未來少年 コナン〉1978으로 데뷔하였다.

　1년 후 연출한 극장용 애니메이션 〈루팡 3세 : 칼리오스트로성의 비밀ルパン三世 : カリオストロの城〉과 다음 작품 〈바람 계곡의 나우시카〉의 흥행 성공으로 확실한 입지를 구축한 미야자키는 다카하타 이사오와 함께 스튜디오 지브리Studio Ghibli를 설립하여 〈천공의 성 라퓨타〉1986와 1980년대 최고의 애니메이션으로 꼽히는 〈이웃집 토토로〉1988, 사춘기 소녀의 심리를 묘사한 〈마녀 우편배달부魔女の宅急便〉1989, 〈빨간 돼지紅の豚〉1992 등을 발표하였다.

　〈마녀 배달부 키키〉와 〈빨간 돼지〉는 상영된 그해 일본 최고의 흥행 성적을 기록하였고, 컴퓨터그래

픽을 이용하여 만든〈원령공주もののけ姫〉1997는 제작비 20억 엔을 투자하여 1,400만 명 이상의 관객을 동원하였다.

『미래소년 코난』

『원령공주もののけ姫』

## 3) 일본의 대중음악

### ❖ 엔카

메이지 시대 이후 유행한 일본의 대중가요 중 오락적인 가곡을 말하는데, 1960년대 후반에 확립되어 20여 년간 전성기를 누렸다.

엔카라는 단어는 연설演説과 노래歌가 합쳐진 말로 연설문에 곡을 붙여 노래한 것을 엔카라고 하였다. 시간의 흐름에 따라 엔카는 정치적인 성격을 잃고 비련이나 신주心中, 연인의 동반자살가 주된 내용이 되었다. 현재는 일반적으로 일본적인 애수를 담은 가요를 가리킨다.

고가 마사오古賀正男

5. 일본의 대중문화

엔카는 일본 고유 민요의 5음계를 사용하는 경우가 가장 많으며 엔카의 아버지라고 불리는 고가 마사오古賀正男가 이를 변형시켜 고가멜로디古賀メロディー를 창작하였는데, 이것이 엔카의 독특한 음계를 형성하게 되었다.

엔카는 헤이세이平成 기에 들어 쇠퇴가 본격화되어 1990년대 말 엔카 가수의 정리해고를 하는 등 어려움을 겪던 시기도 있었으나, 2000년대에 들어 다시 부활하려는 움직임을 보이고 있다.

### ❖ J-POP

1990년대 이후의 일본 가요를 말하는데, 일본에서는 1980년대 말부터 록밴드 붐이 일어 1990년 정점에 달했고, 그 후 J-POP이라는 음악 장르가 탄생했다. J-POP에는 아이돌 가요는 포함되지만, 포크송의 포함에 대해서는 아직 의견이 분분하다.

1990년대에 들어 밴드 붐이 약해지자 J-POP의 장르는 팝, 록, 랩, 하드록, 펑크 등 더 다양해지고 발전해 나갔다. 가라오케カラオケ의 확산으로 누구나 노래를 부를 수 있는 시대를 맞이하게 되자 노랫말을 중시하는 추세가 한층 가속화되었다.

J-POP의 특징은 리듬이 쉽고 반복적이기 때문에 따라 부르기 쉽고, 가사는 일상적인 것이 많고, 젊은 세대의 은어나 구어체를 많이 사용한다는 점이다. 가사 중간에 쉬운 영어 가사가 들어가 있으며, 유행이나 인기보다 개성을 우선시하여 가수들이 다양한 활동을 할 수 있다는 점도 있다.

이들 가수는 노래뿐만 아니라 연기, 버라이어티 등 다양한 분야에서 활동하고 있으며, 아시아권에서 해외 공연을 활발히 하여 많은 인기를 얻고 있다.

90년대 대표 J-POP 가수 아무로 나미에安室奈美恵

## ❖ 록

일본의 록 장르는 사이키델릭psycheleic, 하드록hard rock, 로큰롤rock n roll, 펑크funk 음악 등 다양한 장르가 존재한다. 1960년대 이후 일본의 대중음악은 서구의 다양한 음악 장르의 유입으로 큰 영향을 받게 되었는데, 이때 비틀즈를 필두로 한 영국 출신 록밴드가 일본에서 큰 인기를 얻으며 일본 록의 시초를 이루었다. 이러한 특징으로 인해 일본의 록 음악은 기본적으로 영미권과 유사점이 많다.

록 장르는 보통 '밴드band' 구성으로 활동한다. 밴드는 원래 음악을 연주하는 단체인 '악단'을 일컫는 말이지만, 일본에서는 재즈 혹은 록밴드 등 악기 연주자들이 포함된 대중음악 장르의 그룹을 가리키는 경우가 많다. 이에 따라 밴드의 일반적인 이미지는 록밴드가 차지하고 있다.

1960년대 중후반부터 일본에서는 더 몹스the Mops, 게도外道 등의 록밴드들이 등장하였는데, 이들 밴드의 성장 배경에는 1960년대부터 생겨나기 시작한 인디즈インディーズ씬이 있었다. 1970년대를 대표하는 록밴드는 1970년 데뷔한 핫파이엔도はっぱいえんど로서, 이들은 일본적인 록 음악을 대중에게 널리 알리며 큰 인기를 끌었다. 1980년대 후반부터는 X-Japan을 필두로 한 비주얼 록 장르가 일본에서 큰 인기를 끌었으며, 이는 대한민국에도 유입되어 큰 영향을 미쳤다.

## ❖ 시티팝

시티팝이란 버블경제 호황기였던 1980년대의 일본에서 미국의 팝 음악의 기술을 도입하여 만들어낸, 도시적 특징을 가진 음악을 말한다. 이 장르는 버블경제 호황기였던 당시의 시대상을 반영하여 낙관적이고 화려한 분위기를 지니고 있다. 1990년대에 들어서 버블경제의 몰락과 더불어 아이돌 음악이 일본에서 큰 인기를 끌기 시작하며 시티팝의 인기는 사그라들었지만, 2010년대에 들어서서 복고 열풍이 거세지며 다시금 주목받기 시작하고 있다.

오렌지로드 きまぐれオレンジ☆ロード

최근 유튜브Youtube 등 동영상 전송 플랫폼이 유행하게 되자 시티팝은 다시 대중들에게 주목받게 되었다. 시티팝 팬들은 80년대의 화려함을 상기시키는 시티팝 음악에 화려한 색감이 돋보이는 레트로 감성의 일러스트를 조합하여 시티팝 영상을 제작 및 배포하고 있으며, 이로 인해 지나간 시티팝 음악이 주목받는 동시에 『변덕스러운 오렌지로드新きまぐれオレンジ☆ロード』 등과 같은 1980년대의 일본 만화도 주목받기 시작했다.

### ❖ 보컬로이드

보컬로이드란 보컬Vocal과 안드로이드Android의 합성어로서, 일본의 야마하YAMAHA가 개발한 음성 합성 엔진을 사용한 소프트웨어 및 이미지 캐릭터를 가리킨다. 사용자는 자신의 목소리를 입력하거나 또는 컴퓨터를 활용한 가상의 목소리를 생성하여, 보컬로이드 소프트웨어를 활용하여 자신의 목소리와는 다른 새로운 목소리로 노래를 생산해낼 수 있다. 이 음성은 사용자의 반복적인 훈련을 통해 지속적으로 변화할 수 있으며, 특정 말투와 억양을 가진 목소리를 만들어낼 수도 있다. 이러한 특성은 보컬로이드 소비자를 단순한 사용자가 아닌, 2차 창작 활동을 활발하게 수행하는 '프로슈머prosumer'로 만들어낸다.

하츠네 미쿠初音ミク

보컬로이드는 이러한 소프트웨어에 이미지 캐릭터를 부여하는데, 가장 유명한 캐릭터가 가상 아이돌Virtual Idol '하츠네 미쿠初音ミク'이다. 미쿠는 음성 데이터베이스 소프트웨어 「보컬로이드 2ボーカロイド 2, 2007」의 이미지 캐릭터로 만들어졌으나, 장르의 성공에 의해 이 장르 전체를 대표하는 캐릭터로 자리매김하였다. 가상 아이돌임에도 미쿠는 토요타トヨタ 자동차, 패밀리마트ファミリーマート, 도미노피자 등 다양한 광고의 모델로 출연하였으며, 2009년에는 세계 최초로 가상 아이돌 콘서트를 열기도 했다.

## 4) 영화

일본에 영화가 처음 들어온 것은 1897년이고, 일본인이 최초로 촬영한 영화는 1898년 제작된 단편영화로 일본의 전통예술 요소가 그대로 반영된 것이었다.

일본 영화가 전통 무대극을 복사하는 단계에서 벗어나 대중예술로 자리 잡기 시작한 것은 1920년대부터이다. 1923년의 관동대지진과 그 이후의 경제공황을 겪으며 일본의 영화는 사회주의 풍조의 영화를 만들어 내기 시작했으나, 일본 정부의 검열로 자취를 감추었다. 1941년 태평양전쟁 당시의 영화는 정부의 통제하에서 침략전을 합리화시키는 도구로 전락하였으나, 제2차 세계대전 후 재기하려는 일본의 움직임과 함께 영화산업도 활기를 띠게 된다.

이때 구로사와 아키라 黒澤明 감독의 〈라쇼몽 羅生門〉이 1951년 베니스 영화제에서 그랑프리를 수상하게 되면서 일본 영화는 세계의 주목을 받게 된다.

1950년대 일본 영화산업은 최전성기를 맞이했다. 그 중에서도 1958년은 전체 영화 중 일본 영화는 75%의 점유율을 달성하여 황금기를 누렸다. 그러나 1960-70년대 TV의 보급으로 인해 일본 영화는 TV 방송에 밀려 침체기를 겪게 되었고, 특히 1987년에는 이전까지 항상 우위를 지켜오던 영화 점유율마저 외국영화에 밀리게 되었다. 그러나 1990년대부터 다수의 신인감독이 배출되어 독특하고 다양한 소재의 영화들이 많이 제작되고 있다.

아키라 黒澤明 감독의 「라쇼몽 羅生門」

1997년 칸 영화제에서 이마무라 쇼헤이 今村昌平의 〈우나기 うなぎ〉가 황금종려상을 받고, 같은 해 베니스 국제 영화제에서 기타노 다케시 北野武의 〈하나비 HANA-BI〉가 황금사자상을 수상하였다. 이후 일본 영화는 다시 세계의 주목을 받기 시작했으며, 2000년대부터 일본 영화는 상승세를 되찾았다. 2006년엔 일본 영화의 시장점유율이 53.2%를 달성하여 20년 만에 외국 영화에 앞서게 되었으며, 꾸준한 상승을 기록하여, 2012년에는 일본 영화의 점유율이 무려 65.7%에 달하게 되었다.

2018년 고레에다 히로카즈是枝裕和의 〈어느 가족万引き家族〉이 칸 영화제 황금종려상을 받게 되면서 일본 영화는 상업적 측면과 예술적 측면에서도 전성기를 다시 구가하고 있다.

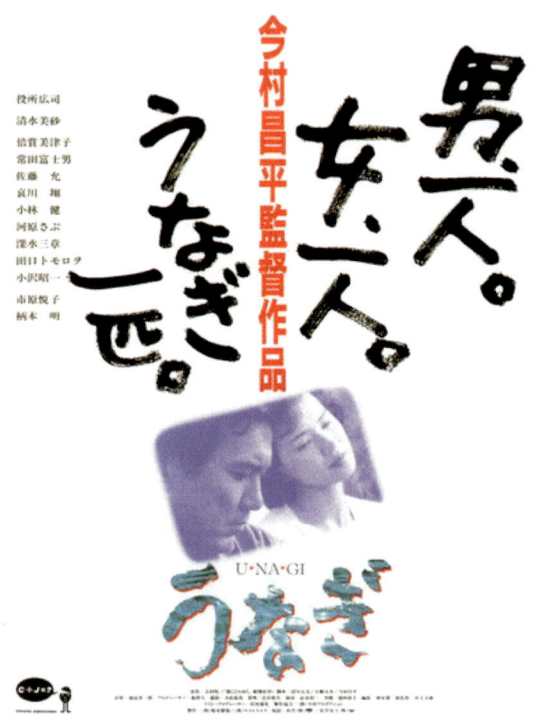

이마무라 쇼헤이今村昌平의「우나기うなぎ」

고레에다 히로카즈是枝裕和의「어느 가족万引き家族」

## 5) 스포츠

### ❖ 스모相撲

스모는 일본의 국기国技로 일본식 씨름이다. 풍년을 기원하는 의례에서 유래된 것으로 일본에서 가장 오래된 역사서인『고지키古事記』와『니혼쇼키日本書紀』에 등장할 정도로 긴 역사와 전통을 가지고 있다.

스모 相撲

Ⅲ.일본의 문화

리키시カ士라고 불리는 스모선수는 허리에 마와시まわし를 매고 경기를 하는데, 상대방을 경기장인 도효土俵 밖으로 밀어내거나 몸의 일부분을 땅에 닿게 하면 이긴다. 스모는 1년에 6회 정도 열리며 일본 각지의 스모 경기장을 순회하며 경기가 이루어진다.

### ❖ 유도柔道

일본의 여러 스포츠 중 유도는 국제적으로도 많은 인기를 얻고 있다. 유도는 부드러운 무술을 뜻하는 말로 무기를 사용하지 않는 유술柔術이라는 옛 무술이 그 기원이다. 대련자가 입는 유도복은 가라테空手의 복장과 비슷하나 상체를 보호하기 위해 상의는 조금 더 두꺼운 재질로 만들어져 있다.

LA 올림픽에서의 야마시타 야스히로山下泰裕

유도는 1964년 도쿄 올림픽에서 처음으로 정식종목으로 채택되었고 1992년 바르셀로나 올림픽에서 여자 종목이 추가되었다. 일본의 유도선수 중 1984년 LA 올림픽에서 금메달을 획득한 야마시타 야스히로山下泰裕와 여자 챔피언인 다니 료코谷亮子선수가 가장 인기가 높았으나, 현재는 둘 다 은퇴하여 다양한 분야에서 활약하고 있다.

### ❖ 검도

일본의 검도는 원래 무사들의 검술 훈련에서 시작되었다. 무로마치시대 후기에는 비법을 전수하는 유파도 생겨나기 시작하였다. 에도시대부터는 검도 수업에 정신을 수양하는 의미를 포함시키게 되었다. 그 후 평화가 지속되며 실용성을 잃게 되었고 연습용 죽도와 방어 용구를 사용하던 검술은 서민을 대상으로 한 도장이 생겨나기에 이르렀다.

메이지유신으로 무사들의 대부분은 직업을 잃고 1876년 금도령이 내려져 검술은 존폐의 갈림길에 서

검도

게 되었으나, 도쿄에 도장을 여는 등 각고의 노력으로 다시 대중의 관심을 끌게 되었다.

죽도는 연령대에 따라 길이와 무게가 정해져 있으며 대학생 및 일반의 경우 길이 118cm 이내, 무게 500g이상으로 정해져 있다.

### ❖ 야구

야구에 대한 일본인의 사랑은 매우 뜨겁다. 일본야구는 프로야구와 아마추어 야구로 나뉘는데, 프로야구는 12개 구단으로 이루어져 있으며, 아마추어 야구는 학생야구와 사회인 야구로 나누어져 있다.

고교 야구의 성지인 고시엔甲子園은 1924년 효고현에 건설된 한신타이거즈의 홈구장으로 야구장이 완성된 해가 갑자甲子년이었기 때문에 고시엔으로 불리고 있다. 일본의 약 4000개 팀 중 49개 팀이 본선 경기를 치르는데, TV로 중계될 정도로 인기가 높다.

한신고시엔구장

프로야구는 센트럴리그와 퍼시픽리그로 6팀씩 나누어져 있다. 1949년부터 시작되어 1950~60년을 거치며 대중 스포츠로 자리 잡게 되었다. 매년 4월에서 10월까지 구단별 143게임을 치르고 2019년 기준 2600만 명 이상의 관중을 동원할 정도로 인기를 끌고 있다. 방송국에서도 야구경기가 있는 날에는 중계를 위한 프로그램을 편성한다.

일본에서 가장 많은 팬을 보유한 팀은 요미우리자이언츠인데, 연고지는 도쿄이다. 교진巨人이라고도 불리는 이 팀의 경기에 대한 중계 시청률로 야구의 인기를 가늠하기도 한다.

최근에는 미국의 메이저리그에서 활약하고 있는 일본 선수들에게 팬을 빼앗기고 청소년들이 야구를 기피하는 현상마저 생겨나 야구의 인기가 예전만 못하다.

요미우리 자이언츠 마스코트 쟈빗 패밀리 로고

### ❖ 축구

일본에서 축구가 시작된 것은 메이지 시대 이후 영국에서 축구가 전해지고부터이다. 1963년 베를린 올림픽에 처음 세계무대에 출전하여 우승을 이루어냈으나, 그 후 1964년 도쿄 올림픽에서 8강 진출을 하며 다시 활성화되었다. 일본에서 프로 축구 리그가 생긴 것은 1991년이며 정식 명칭은 '일본 프로 축구 리그'이나 일반적으로 J리그라고 불린다. 1993년 10개 팀이었던 것이 1999년 J1과 J2로 나누어졌다. 각 팀의 본거지인 지역에 뿌리를 내리고 있어 지역주민에게 지역의 팀이라는 인식을 심어주고 있다.

## 6) 일본의 게임

### ❖ 화투花札

화투는 일본의 전통적인 카드 게임의 한 종류로, 일본어로 하나후다花札, 하나카루타花かるた라고 불린다. 가루타는 카드를 뜻하는 포르투갈어 가르타carta에서 유래한다. 일본에 카드 게임이 처음 전래된 것은 16세기 후반 아즈치 모모야마 시대安土桃山時代로 알려져 있다. 당시 일본은 포르투갈과 무역을 시작하였는데 포르투갈 선교사와 상인을 통하여 소총, 기독교, 카스텔라 등과 함께 들어왔다고 한다. 이후 에도 막부는 이 카드 게임의 심각한 도박성을 문제 삼아 금지령을 내렸지만, 금지령을 피하기 위하여 다양한 그림체로 바뀌면서 지금의 하나후다의 형태로 자리매김하게 되었다고 한다. 이후 조선시대 후기에 우리나라에도 전해져 현재의 화투가 되었다고 한다.

가장 보편적인 하나후다의 형태는 메이지 시대에 이루어진 하치하지하나八八花를 말하며, 나무와 꽃, 새, 바람, 달 등 1년 12개월을 의미하는 꽃이 각각 4장씩 그려 넣어 모두 48장의 카드가 한 묶음이 되었다. 48매가 한 묶음이 된 이유는 포르투갈에서 전해진 트럼프 카드가 48매였기 때문이라고 한다.

화투는 일본에서 전해졌지만 일본의 하나후다는 패전 이후 보급도 줄어들고 대중들의 인기가 수그러든 반면, 한국에서는 대중적으로 크게 인기를 얻으며 국민적 오락과 도박의 도구로서 기능하며 여러 사회문제를 야기하면서도 오늘날에 이르고 있다. 한 가지 재미있는 사실은 일본의 유명한 게임회사인 닌텐도가 창립 초기에는 하나후다를 만드는 회사로 시작하였다는 사실이며 여전히 관련 카드를 제조하고 있다는 점이다.

화투花札

### ❖ 가루타かるた

가루타かるた는 일본에서 50장, 100장으로 한 세트를 이루는 카트패의 총칭이자, 플레잉 카드놀이를 말하는데 주로 정월에 실내에서 행한다. 16세기 중반 포르투갈 상인을 통해 전래되었으며, 가루타는 포르투갈어로 카드를 뜻하는 카르타carta에서 유래하였다. 여기에 한자를 붙여서 가류다歌留多, 가류다加留多, 곳파이骨牌등으로 불리기도 하였다고 한다.

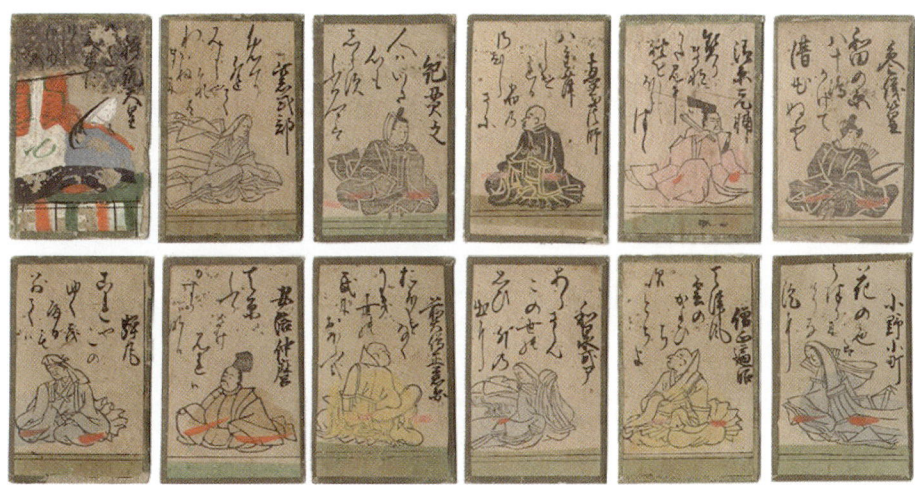

가루타かるた - 江戶末期 制作

일찍이 일본에는 포르투갈과의 접촉 이전 시대인 헤이안平安 시대에 조개껍질을 맞추는 가이아와세貝合わせ 놀이가 있었다. 이것이 전래되어 온 유럽 유래의 카드 게임인 가루타와 융합하며 차차 변화하여 우타가이歌貝, 우타가루타歌カルタ, 이로하가루타いろはカルタ 등이 되어 에도시대 중엽부터 가족끼리 즐기는 정초 놀이가 되었다고 한다. 가루타 놀이의 기본 개념은 일련의 카드 중에서 어느 카드가 필요한 지 빠르게 결정하고 상대방이 카드를 잡기 전에 카드를 쳐내는 것이다.

가이아와세貝合わせ 놀이

가장 오래되고 유명한 것으로 오구라햐쿠닌잇슈小倉百人一首를 들 수 있는데 7세기 이후의 대표적인 와카和歌 백수를 모아 놓은 것이다. 오구라햐쿠닌잇슈 가루타 게임 방법은 시를 상구上句와 하구下句로 나누어 놓고서 하구만 쓰여진 카드 지후다字札를 펼쳐놓고, 낭독자가 상구 에후다絵札를 읽어 가면 그것에 이어지는 하구를 먼저 찾아내어 쳐내는 것으로 가장 많은 카드를 쳐내는 사람이 이긴다. 최근에는 일본 내 가정, 학교, 지역, 직장뿐만 아니라 남녀노소 모두가 참가하는 전국 대회도 열린다고 한다.

### ❖ 마작麻雀

마작은 중국에서 시작한 테이블 게임의 일종으로, 특히 일본 및 동아시아 각지의 한자문화권에서 발달하여 지금은 전 세계적으로 인기를 얻고 있다. 게임 방식은 원칙적으로 4명이 테이블을 둘러싸고 마주 앉아 하는 게임으로, 처음에 패를 보이지 않게 쌓은 후 각자 패를 뽑고 시작하여, 여러 차례 진행하여 패를 하나씩 뽑은 후 가

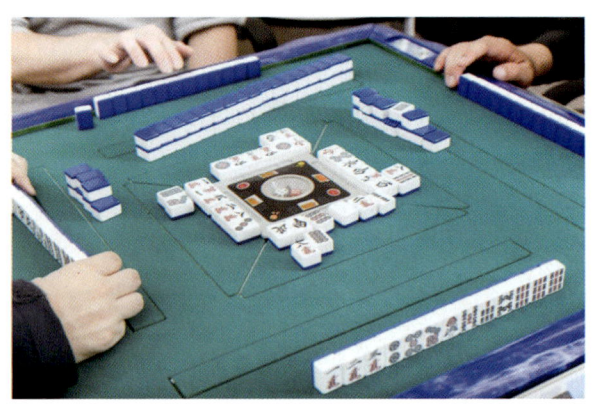

마작

지고 있는 패 중 하나를 버리는 방식으로 종료 시 특점이 많고 적음으로 최종 승패가 결정된다.

19세기 중반에 중국 상하이에서 시작한 마작은 메이지明治 시기에 일본에 전해져 비로소 체계적으로 발달되었다고 한다. 특히 일본에서는 나쓰메 소세키夏目漱石와 기쿠치 간菊池寛 등 유명한 문인들이 좋아하는 게임으로 알려져 있는데, 이들의 영향으로 대중화되며 널리 퍼지게 되는 계기가 되었다고 한다.

보통 일본에서는 34종 136장의 패를 사용하는 것이 일반적이고 마작탁이라 불리는 마작 전용 테이블을 사용한다. 사용하는 도구나 규칙은 국가나 지역에 따라 다른 점이 많고 복잡하여, 일본 국내에서도 표준적으로 여겨지는 규칙 외에도 다양한 로컬 규칙이 존재한다.

마작은 순수한 형태로 가정에서 즐기기도 하지만 전용 마작점에서 내기를 통하여 도박성이 있는 게임으로 이용되어 문제가 되는 경우가 많다. 최근에는 이전보다 이용자 수가 많이 감소하였지만, 가정용 컴

퓨터 게임이나 온라인 게임으로 변용되어 플레이할 수 있는 대중화된 형태로 변모하여 여전히 인기를 유지하려고 노력하고 있다.

### ❖ 경마競馬

일본의 경마는 기수가 탄 말에 의해 겨루는 경주경기 및 그것의 착순을 예상하는 도박 스포츠라 할 수 있다. 일본에서 도박은 금지되어 있지만 경정, 경륜과 함께 경마는 공식적으로 공인된 도박으로 용인되고 있다. 영국에서 시작된 근대 경마는 많은 나라에서 개최되고 있으며, 기본적으로 마권의 판매와 흥행으로 이루어지고 있다.

경마 경기 모습

일본 최초의 서양식 경마 개최는 에도 막부 개항 이듬해인 1862년 요코하마橫浜에서 열린 것으로 알려졌다. 이후 일본 정부가 일본산 말의 개량, 미권 판매, 경마장 증대를 통하여 본격적인 경마 붐을 조성하였고, 태평양 전쟁 이후 1954년에 일본 중앙경마회 JRA가 설립됨을 기점으로 일본인들의 국민적 오락으로 자리 잡게 되었다.

일본 경마는 일본 중앙경마회가 주관하는 삿포로, 하코다테 등 경마장 9곳과 지방경마 전국협회가 주관하는 15곳으로 나눌 수 있다. 마권은 20세 이상 성인이면 누구나 구입할 수 있다. 경주 레이스는 말의 연령과 상금액에 의하여 나누어지게 되고 최고 레벨인 G1 레이스를 으뜸으로 인정한다. 도박성이 강하여 때로는 사회적 문제를 야기하기도 하지만 경마 자체의 스포츠성에 매료되어 취미로서 즐기는 형태로 자리매김하고 있다.

1940년대 우라와浦和 경마장

### ❖ 파친코パチンコ

파친코パチンコ는 구슬을 튕기며 즐기는 일종의 게임이자 도박이다. 일본의 중심 거리나 역 주변에서 가장 화려하게 빛나며 소란스러운 소리를 내는 점포를 찾아보면 거의 대부분 파친코 가게일 확률이 높을 정도로 점포 수가 상당히 많다. 2020년 기준으로 연간 20조 엔에 달하는 엄청난 비즈니스 산업으로 성장하였다.

파친코パチンコ

일본에서 파친코를 즐기는 인구는 전체 인구의 4분의 1이 될 정도로 많고, 파친코 매거진, 파친코 필승 가이드 등 파친코를 다루고 있는 전문 서적, 각종 동호회와 연구회가 넘쳐나고, 파친코를 다루는 TV 프로그램도 또한 인기가 있다. 도박성이 강하여 수많은 사회문제를 일으키고 있지만 여전히 국민 오락과 도박 게임으로서 인기가 상당하다.

파친코 게임 방식은 유리 판으로 덮은 다수의 못이 박힌 판면 위에 작은 구슬을 튕겨낸 뒤 못을 따라 떨어지는 구슬이 특정 입상구에 들어가면 득점 혹은 상구를 받는 방식이다. 가장 일반적인 영업형태는 손님이 게임 결과 얻은 구슬을 파친코 가게가 지정하는 특수 경품과 교환하고, 경품 교환소가 그것을 매입하는 형태로 현금과 교환하는 시스템이다. 파친코는 일본에서는 풍속영업으로 분류되어, 규제가 해마다 강화되어가는 것이 현재의 파친코 산업의 현황이다.

일본에서 파친코 가게를 운영하는 경영자 중에서 재일한국인이 많은데 약 60%를 차지하고 있는 것으로 알려져 있다. 파친코 업계에 재일한국인의 비중이 많은 이유는 1954년 파친코 기계에 대한 규제와 관련이 있다고 한다. 이 시기 일본 정부의 파친코 규제로 파친코 업계가 급격하게 축소되었지만, 재일한국인들은 각종 차별로 인해 제대로 된 직업을 가지기 어려워 계속 파친코 업계 자리를 유지했고, 결국 1970년대 급속한 경제성장과 함께 파친코가 다시 인기를 얻자 막대한 이익을 얻어 점유율을 크게 확대할 수 있었다고 한다. 그중 대표적 회사가 재일한국인 한창우가 운영하는 마루한이라는 파친코 회사로 알려져 있다.

| 칼 럼 | 일본인의 노렌문화 |

　　노렌暖簾은 커튼이나 가림막의 역할을 할 뿐만 아니라 상점의 상호와 문양이 새겨진 브랜드 마케팅 도구, 즉 천으로 된 간판이라 할 수 있다. 차양遮陽 등의 실용적인 면 외에 상점을 알리기 위한 선전·광고로 사용되고 있다. 또한 빛바랜 노렌은 노포의 길고 긴 세월 동안 이어진 풍기는 역할도 한다. 이처럼 노렌은 일본 문화로 알려져 있지만, 그 시작은 여러 설이 있다.

　　먼저 노렌은 가마쿠라鎌倉 시대 말기 선종과 함께 중국에서 들여왔다는 설이다. 중국어로 따뜻한 발暖かい簾이라는 뜻을 의미한다. 원래는 겨울철 추위를 막기 위해 법당 입구에 걸어둔 발에 무명천을 덧댄 것이었지만, 이후 발 가운데를 잘라 사람이 지나가기 쉽도록 하였다.

　　다음으로 일본 헤이안平安 시대 민가의 출입구에 쪽빛으로 염색한 천을 문에 걸어둔 그림이 남아 있는데 이는 고정적이지 않고 가변적인 칸막이를 위해 이미 일본에 노렌이 존재했다는 것이다. 15세기 전기까지 일본의 경제적인 상황은 좋지 않아 서민들의 주거공간을 창호지로 구분을 할 수 없을 정도였으니 공간 구분을 위해 멍석 등을 이용했을 가능성을 생각하면 이도 완전히 무시할 수는 없을 것이다.

　　이후 일본은 사농공상의 신분제가 확립되고 사회가 안정화되면서 외관이 상징화되는 것은 일반적 경향이다. 예를 들어, 무사는 큰 칼을 차고 비단 옷을 입을 수 있지만, 농민은 특별한 허가를 받지 않은 이상 큰 칼을 찰 수 없었으며, 의복도 명주, 무명, 삼베로 한정되었다. 그러한 가운데 상인을 상징하는 것은 노렌으로, 자신의 직업을 노렌에 표현하였다. 이런 표시는 상점의 상호와 문양이 새겨진 브랜드 마케팅의 도구로 활용되는 등 일본만의 '노렌문화'로 소개되고 있다.

## 칼럼  쿨재팬Cool-Japan 전략

쿨 재팬은 '미국의 저널리스트 더글러스·맥그레이 Douglas McGray가 외교 전문지 Foreign Policy에 발표한 'Japan's Gross National Cool'이라는 제목에 등장하는 용어이다. 이 글은 2003년에 중앙공론中央公論에 내셔널·쿨이라는 새로운 국력 세계를 활보하는 일본의 멋스러움이라는 번역으로 소개되면서 가속적으로 일본 국내에 영향력을 미쳤다. 멋진 일본 혹은 근사한 일본이라고 번역할 수 있는 쿨재팬이라는 개념은 일본의 팝·컬처를 매우 높이 평가하며 세계인은 이에 대하여 호감을 지닐 수 있으니 이에 대하여 자신감을 가지고 임해야 한다는 내용'이다. 논문 'Japan's Gross National Cool'에서 Japan Cool이라는 표현은 이미 영국의 토니 블레어 Tony Blair가 제창한 정치 캐치프레이즈 '쿨·브리태니어 Cool Britannia'를 모방한 것으로 깊은 연관을 가지고 있다.

쿨재팬은 문화적 측면에서 일본의 소프트파워가 대외적으로 인식되는 현상이자, 외국인들이 'Cool'하다고 생각하고 있는 일본 고유의 콘텐츠 애니메이션, 만화, 게임, 패션 등를 지칭하며, 일본의 대외 문화 홍보, 수출 정책에서 주로 사용되는 용어이다. 또한 21세기에 들어서 새롭게 주창하는 일본의 '문화입국 정책'으로서 그 위상도 가지고 있다. 다시 말하자면 쿨재팬은 첫째 정보의 발신, 둘째 해외에 상품·서비스의 전개, 인바운드로 인한 국내 소비라는 단계를 좀 더 효과적으로 전개하고 경제적으로 성장하는 것을 목표로 하는 일본의 브랜드 전략이라 할 수 있다.

쿨재팬의 전략은 여러 가지를 들 수가 있는데 한국콘텐츠진흥원에 따르면 다음과 같다. 먼저 쿨재팬에 포함되는 각 분야에 있어 상품, 서비스 등의 기능적 가치 품질, 성능 등에 디자인으로 감성적 가치를 부여하여 설계, 편집함으로써 상품의 매력을 높이는 것이다. 둘째로 정부 각 부서간의 협력은 물론, 정부와 민간의 소통과 협력으로 다면적으로 전개하는 것이다. 셋째로 세계 각지에서 인재를 고용함으로써 창조성을 높이고, 정보 발신지를 구축할 수 있는 기반을 마련하는 것이다. 그리고 쿨재팬 콘텐츠를 외국으로 발신, 전개함에 있어 일본 문화에 관심이 있거나 영향력 있는 외국인과 협동해, 외국인의 시점으로 재편함으로써 외국인이 일본 문화를 받아들이기 쉬운 환경을 구축하는 것에 있다. 또한 지방의 쿨재팬 콘텐츠 자원을 발굴하고 상품으로서 외국에 알릴 수 있도록 프로듀스도 하는 것이다. 이처럼 쿨재팬은 다양한 목표와 전략 속에서 전개되어 온 일본의 문화산업정책을 포괄적으로 담아내고 있다.

최근의 쿨재팬의 전개 양상과 동향을 살펴보면 다음과 같다. 경제산업성에서 영상작품 등 콘텐츠의 현지화나 해외 프로모션의 비용 일부를 부담하는 J-LOP재팬 콘텐츠 현지화 & 프로모션 지원 조성금 사업을 추진하여 콘텐츠의 해외 전개를 직접 지원하고 있다. 약 15억 엔 예산으로 2015년 3월부터 시작한 J-LOP는 '해외에서 일본 붐 창출'을 목적으로 영화, 텔레비전 방송, 발신 방송, 애니메이션, 전자 만화, 게임 등 일본 콘텐츠의 해외 발신을 위한 현지화, 해외에서 소개하는 이벤트 개최, 해외에서 하는 이벤트 참가 또는 콘텐츠를 사용하여 해외에서 상품 홍보 전개 등 다양한 프로모션을 위해 자금을 지원하였다고 한다. 그리고 2013년도 설립된 쿨재팬 기구해외 수요 개척 지원 기구는 민간 투자의 계기로서 리스크 머니를 제공하여 해외 수요 획득의 기반이 되는 플랫폼거점이나 서플라이 체인유통망의 정비 등을 솔선하여 전개하고 플랫폼이나 서플라이 체인을 활용하여 지역 상품이나 서비스를 세계적으로 전개할 수 있도록 지원하는 것을 기본 방침으로 하고 있다. 이 기구는 장기적인 지원을 목적으로 쿨재팬을 사업화하여 해외 수요 획득으로 연결하기 위해 미디어, 콘텐츠, 음식, 서비스, 패션, 라이프 스타일을 비롯한 다양한 분야에 리스크 머니 공급을 하고 있다. 이외에도 'CoFesta'와 경제산업성, 일반재단법인 음악산업·문화진흥재단, 공익재단법인 유니재팬, 일반사단법인 일본동영상협회가 주최하는 콘텐츠의 종합 국제 전시회인 '재팬 콘텐츠 쇼케이스JCS'가 있다. 그리고 쿨재팬 공공기관 민간연계 플랫폼이 주최한 '쿨재팬·매칭 포럼'은 2017년 2월에 제1회, 같은 해 12월에 제2회가 개최되었는데, 일본의 매력을 해외에 전개하는 상품이나 서비스를 만드는 타업종 간 연계와 그 효과를 폭넓게 사회에 공유하여 이러한 활동을 장려·보급·촉진하는 것이 주된 목적으로 타업종 간 연계에 적극적인 비즈니스 프로젝트 표창쿨재팬·매칭 어워드, 타업종과의 연계를 통한 비즈니스 조성을 위한 상담회쿨재팬·매칭 멧세를 개최하였다.

　이와 같이 쿨재팬은 상당한 지원금을 통하여 다양한 자국 콘텐츠의 현지화와 홍보, 이벤트 등을 지속적으로 전개하고 있다. 하지만 수많은 지원금이 효과적으로 사용되고 그만큼의 가시적인 성과를 얻고 있는지에 대한 의문과 함께 문제 제기가 끊이지 않고 있다. 아직 과도기에 있는 문화정책이므로 좀 더 거시적인 측면에서 바라봐야 한다는 장기적인 안목도 존재하지만 결국 향후의 유의미한 성과를 확실하게 제시해 줄 수 있는가 없는가에 달려 있다고 할 수 있을 것이다.

## 워크북 / 연습문제

### ❄ 내용 체크

1. 노能와 교겐狂言의 특징에 대해 설명해 보시오.

2. 가부키의 배우에 대해서 설명해 보시오.

3. 분라쿠의 인형 조정에 대해 설명하시오.

4. 라쿠고의 연기에 대해 설명하시오.

5. 일본의 대표적인 전통 마쓰리와 시민 마쓰리를 열거해 보시오.

6. 일본의 세계문화유산을 열거해 보시오.

### ❄ 실습 문제

1. 일본의 전통공연 중 하나를 선택하여 직접 일본에 가서 공연 관람을 하는 여행 계획서를 작성해 보시오.

2. 일본의 세계문화유산 중에서 하나를 선택하여 '역사 문화 관광투어'를 만들어 보시오.

# Ⅳ.
# 일본의 사회와 제도

# 1. 가족

## 1) 가족제도의 변천

### ❖ 근대 일본의 가족 제도

일본의 전쟁 전 가족은 '이에家 제도' 아래에 있었다. 1871년에 편제된 호적법을 민법상의 제도로 규정한 것이 이에 제도이다. 이를 기반으로 가족은 곧 국가라는 사상이 국민 정서를 지배하게 되었다. 국가의 기초는 이에이며, 이에가 모여 국가를 이룬다는 것으로서 그 중심에는 황실이 있다는 사상이다. 개인은 가족과 국가 안에 종속되어 개인의 존엄과 남녀의 평등은 지켜지지 않았다. 가족은 호주에 의해 통솔되었고, 호주는 가족의 거처를 지정하고 결혼이나 양자결연 등 가족관계의 형성에도 동의권을 가지는 막강한 권력자였다. 이러한 호주는 오로지 장남만이 계승할 수 있었고 재산의 상속도 장남이 우선이었다. 게다가 여성은 혼인에 의해 무능력자로 간주되어 재산관리권을 잃고 전 재산은 남편의 관리하에 놓여졌으며, 신체적으로 구속되었다. 예를 들면 어딘가에 고용이 되거나 공직에 취임하는 경우에는 남편의 허가를 받아야만 했던 것이다. 양육권 또한 남편에게 있으므로 이혼 시 여성은 아이를 키울 수 없었다.

이처럼 철저한 가부장적 제도는 국가가 국민을 제어하기 위한 토대로서, 전후 개혁까지 개인을 가족과 국가에 종속시켜 국가 총동원을 실현하는 데에 큰 역할을 하였다.

### ❖ 전후의 가족 제도 변화

전후 개혁 이후 새롭게 만들어진 현행 민법은 제정 당시의 세계적인 인권의 이상을 반영한 것으로서, 일본의 당시 상황보다 월등히 앞선 민주적인 개인의 존엄과 남녀의 평등을 보장하는 것이었다. 경직되었던 이에家 제도와는 달리, 중요한 사항을 당사자 간의 협의에 맡기는 유연성을 갖게 되었다는 점도 의의가 있다.

현행법에서는 호주의 가독상속이 폐지되고 성별에 관계없는 유산분할이 규정되어 있으며, 부양 의무자의 순위가 없어져 형제자매가 협의하여 부모를 부양하도록 하고 있다. 또한 여성의 무능력 제도도 폐지되어 배우자의 재산권 및 상속권이 보장되고 친권의 행사가 가능하게 되었다. 이처럼 당사자 간의 사정과 협의에 따라 원만하고 유연한 문제 해결을 유도하는 것이 현행법의 특징이다.

## 2) 현대의 가족상

### ❖ 가족규모의 축소

현대의 일본 가족 구성의 특징은 '핵가족화', '저출산', '소수 구성 세대의 증가'라고 할 수 있다.

현행법이 목표로 하는 가족상은 호적법에 의거한 호적 편제 원리에서 들여다볼 수 있다. 호적의 단위는 '부부 및 자녀'로 이루어지며 두 부부와 3세대를 인정하지 않는다. 이는 즉 부부와 미성숙한 자녀로 구성된 핵가족을 의미한다.

일본의 가족규모는 1920년의 국세조사 시기부터 고속성장이 시작되었던 1955년까지 평균 5인 가족이었다. 그러나 그 후 10년 사이에 3인대로 축소되었으며, 1990년에 2.99인으로 3인 이하로, 2020년의 국민 생활 기초 조사에 따르면 세대 평균 인원수는 2.49인으로 나타났다.

이러한 급격한 변화가 일어나게 된 배경에는 고속성장기에 따른 노동력 간 이동이 있다. 즉 1차 산업에서 2차 산업의 공업과 3차 산업의 상업으로 노동력이 이동하게 되었고, 이와 동시에 농어촌에서 도시로 인구이동이 일어났다. 또한 고도성장기에 대량으로 지어진 주택 공단의 2DK 주택은 사실상 핵가족화에 큰 영향을 미쳤다.

이러한 현실을 반영하여 2010년 4월부터 NHK 방송의 「오늘의 요리」프로그램은 소개하는 요리의 재료 분량을 4인분에서 2인분으로 변경하였다. 이는 1965년 4월에 5인분에서 4인분으로 바뀐 이래, 44년 만의 변경이라고 한다. 그 이유로는 일본의 세대 구성 인원수가 감소한 것과 더불어 시청자 앙케이트에서도 4인분보다 2인분의 분량을 원하는 사람이 많았기 때문이라고 한다.

### ❖ 여성의 사회 진출과 현실

고도 경제성장이 이어지는 1975년까지 여성의 노동 비율은 꾸준히 떨어지는 하강세였다. 여성의 전업주부화가 그 이유이다. 그 배경에는 고도 경제성장에 따른 조직체, 기업체의 증가, 1차 산업의 축소에 따른 자영업의 감소, 산업 및 지역 간의 노동력 이동이 있다. 노동자 남편과 전업주부로서의 아내 그리고 그 사이의 미성숙한 자녀로 구성되는 핵가족은 기업체에게 있어 아주 좋은 가족관계였다. 가사와 육아에 전념하는 아내의 내조에 힘입어 남편은 일에 몰두할 수 있게 된다. 남편이 '다녀왔어, 목욕, 밥'이라 말하면 그 뒷바라지를 아내가 전부 해주는 것이다. 이러한 '내조가 딸린 노동자'는 아주 효율적인 노동력이었다. 이러한 상황에서 여성이 직장을 갖더라도 결혼하여 출산을 하게 되면 그만두는 보조 노동력으로 간주되었다. 이에 따라 이전의 가부장적 제도의 영향과 더불어 남자는 일, 여자는 가사와 육아라고 하는 성별 역할분담은 사회 내에 깊게 자리하게 되었다.

1973년의 오일쇼크 이후, 여성의 사회 진출이 점차 늘어나게 되었다. 경제와 사회의 변화에 따라 여성도 가계를 위해 일을 해야만 했던 것이다. 그러나 그럼에도 불구하고 이전과 같은 남녀 성별 역할분담의 인식이 계속해서 유지되어 현재까지도 뿌리 깊게 남아있으며, 여성의 부담이 늘어나게 되었다.

2010년에는 '이쿠멘イクメン'이라는 신조어가 생겨 사회적으로 큰 화제를 불러 모았다. 일본어로 육아를 뜻하는 '이쿠지育児'와 'Men's'를 합친 것으로, 육아를 즐기는 남성, 육아에 적극적으로 참여하는 남성

을 가리키는 말이다. 젊은 세대일수록 이쿠멘 남성들이 늘어나는 추세에 있다고 한다. 그러나 속을 들여다보면 육아를 도와주는 것 같이 보이지만 결국은 아이나 가정이 아닌 남성 자신의 사정을 우선하는 태도, 즉 육아의 주 담당은 아내이고 자신은 '보조 담당'이라는 감각인 경우가 많다는 점이 지적되고 있다.

실제로 남성의 육아휴직 비율은 꾸준히 늘어나고는 있으나 여성에 비해 턱없이 낮은 수준에 그치고 있다. 이러한 모순적 상황과 맞물려 이혼율의 상승, 만혼화, 비혼화에 따른 결혼율의 저하, 출산율 저하, 고령화 등과 같이 현대의 가족관계에는 여러 변화가 나타나게 되었다.

|    | 2010년 | 2011년 | 2012년 | 2013년 | 2014년 | 2015년 | 2016년 | 2017년 | 2018년 |
|----|--------|--------|--------|--------|--------|--------|--------|--------|--------|
| 여성 | 83.7 | 83.7 | 83.7 | 83.7 | 83.7 | 83.7 | 83.7 | 83.7 | 83.7 |
| 남성 | 1.38 | 2.63 | 1.89 | 2.03 | 2.30 | 2.65 | 3.16 | 5.14 | 6.16 |

성별에 따른 육아휴직비율 (후생노동성 「고용평등기본조사」 2018년도 기준) (단위:%)
주 : 2011년도는 이와테현, 미야기현, 후쿠시마현을 제외한 전국의 결과

### ❖ 일본 젊은이들의 초식화

일본에 '초식계 남자草食系男子'라는 말이 2006년 즈음부터 등장하기 시작했다. 사람의 성향을 나타내는 신조어로서 일반적으로 초식동물과 비슷한 이미지를 가졌거나 성격, 행동양식이 닮은 남성을 가리킨다. 이들은 기존의 가부장적이거나 강한 남성적 카리스마 이미지를 지닌 '육식계 남자肉食系男子'와는 상반된 이미지를 지녔고, 이성에 대한 관심보다는 자신의 일이나 관심분야, 취미활동 등에 몰두한다. 또한, 구직활동이나 성공을 위해 매진하기보다 현실에 만족하는 경향이 있으며, 연애나 성性, 결혼에 무관심한 특징을 보인다. 이러한 일본 젊은이들의 '초식화'는 점점 늘어나는 추세에 있고 또 다른 사회적 문제를 야기하고 있다.

다음의 표에 따르면 일본에서는 10대의 90%, 20대의 약 56%가 미혼이며 연인도 없다. 이러한 비율은 다른 나라와 비교하여 상당히 높은 수치이다. 독일이나 프랑스에서는 10대에서도 절반이 기혼 상태 혹은 교제 중인 연인이 있다. 주요국 중에 하나인 일본의 특이성은 눈에 띄는 것이라 할 수 있다.

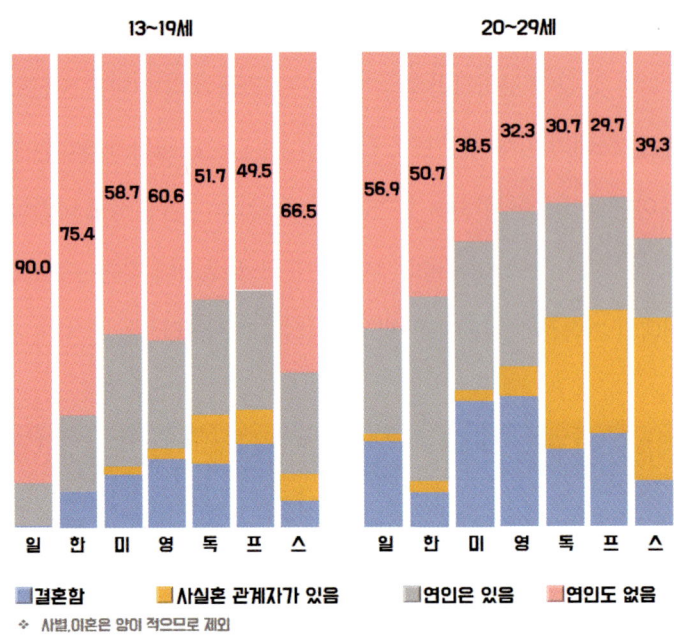

청년층 결혼정황·연인 유무 국제비교(단위:%)
내각부 「자국 및 여러 외국 청년들의 의식에 관한 조사」 2013년

연애에 소극적인 젊은이들이 증가하고 있는 원인에 대해서는 여러 주장이 있다. 그중 자주 일컬어지는 것은 SNS에서 교제 중의 행동이 주위의 사람에게 고스란히 새어 나가기 때문에 여러 가지로 신경 쓰지 않으면 안 된다는 점이다. '연애 따윈 귀찮아'라는 심리의 바탕에는 이러한 속박에 대한 저항이 있는 것이다.

또한 과도한 부모와 밀착관계 형성에 따라 성적 자립이 더뎌지게 된 것은 아닌가 하는 주장도 있다. 저출산의 진행과 더불어 이러한 경향이 강해진 것으로 보이며, 서구에서는 볼 수 없는 일본 특유의 현상이다.

이뿐만이 아니라 최근 젊은이들의 경제 상황의 변화와도 관련이 있는 것으로 보인다. 현재 고용의 비정규화가 진행되고 있는데, 혼인 정황이나 연인의 유무는 정규직과 비정규직 사이에서 큰 격차가 나타나고 있다. 조사에 따르면 남성의 경우, 연수입이 높을수록 기혼율이 높으며 여성은 그 반대의 양상을 띤다. 이는 즉 가정 내 주요 벌이를 하는 것은 남성이라는 전통적 의식이 현재까지도 압도적으로 남녀의 사고 속에 존재한다는 것을 의미한다. 많은 조사에서 명확하게 드러나듯이, '남녀평등'의 가치관은 널리 퍼

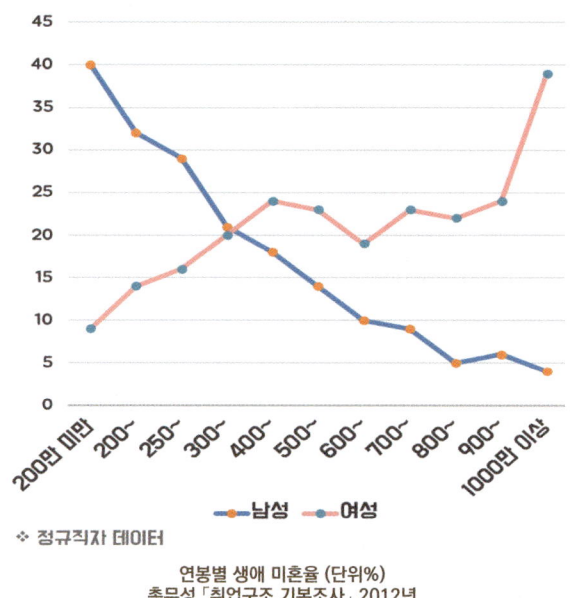

연봉별 생애 미혼율 (단위%)
총무성 「취업구조 기본조사」 2012년

져 있으며 근대 가족의 성별 역할분담 규범의 시대는 끝난 것처럼 보인다. 그러나 이러한 표면과 실제의 분업 의식의 사정은 여전히 차이가 크다는 것이다.

실제로 미혼 여성의 '상대의 요구 조건'에 대해 2002년부터 2010년에 걸쳐 '경제력'을 중시하는 사람이 33.9%에서 42.0%, '직업'을 중시하는 사람이 22.6%에서 31.9%로 의식조사에서는 크게 증가한 것으로 나타났으며 '고려한다'를 포함하면 경제력은 약 94%, 직업은 85.8%의 수준에 달한다.

그러나 남성 측의 현상을 살펴보면 젊은 층의 비정규직 종사자율은 현재 과거 최대를 기록하고 있으며, 특히 미혼자의 30% 가까이가 무직 혹은 비정규직 종사자인 것을 고려하면 이러한 경제적인 가족 규범에 응할 수 있는 남성은 상당히 줄어든 것을 알 수 있다.

연애와 결혼의 가치관에서 '수입이 적은 남성'과 '그러한 남성을 매력적으로 느끼지 않는 여성'의 미스매치가 일어나고 있는 것이다. 이로 미루어 보면 연애를 하지 않는 젊은이들의 증가는 사고방식이나 가치관의 변화와 같이 정신적인 원인으로 설명되는 경우가 많지만 그들의 경제사정과도 관련이 있다는 것을 알 수 있다.

15세 이상 남성 취업자의 정규·비정규직 구성비율
후생노동성 「국민생활기초조사」 2015년

*) 국립 사회보장·인구문제 연구소 「제14회 출생 동향 기본 조사」 2010년 기준

이와 같이 젊은이들의 초식화 현상은 필수와도 같았던 결혼에 대한 가치관이 개인 의지에 따른 것으로 변화했다는 의미도 있으며, 증가하는 미혼화未婚化, 만혼화晩婚化와 더불어 더 나아가 인구감소의 원인인 소자화少子化와도 연결된다.

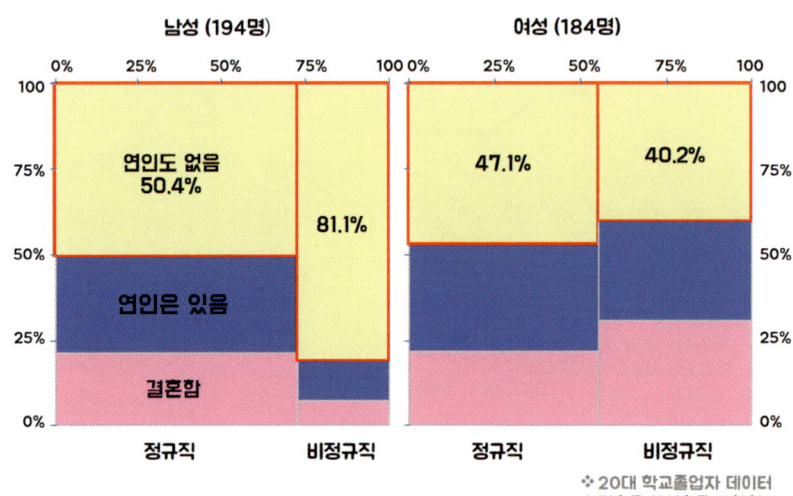

정규·비정규직별 혼인 정황 및 연인의 유무
(내각부 「자국 및 여러 외국 청년들의 의식에 관한 조사」 2013년)

# 2. 종교

## 1) 무종교의 나라 일본

일본에는 신도神道, 불교, 크리스트교, 신흥종교 등 다양한 종교문화가 혼재하고 있다. 일본 문화청의 종교 조사에 따르면 신도계 신자는 2019년 기준 약 8,800만 명을 넘고 있으며, 총인구의 70% 정도에 해당하는 수치이다. 그런데 신도 이외의 종교까지 합하면 일본의 종교 신자의 수는 2억 5천만을 넘어 일본의 총인구수를 훨씬 웃돌게 된다.

한편 5년마다 실시되는 일본인 국민성 조사에서 '종교를 믿고 있는가'에 대한 질문에 대해 '믿고 있다'라고 응답한 사람은 평균 약 30%에 해당하는 것으로 나타났다. 옆의 도표들을 종합해 보면 종교별 총 신자 수는 인구의 150%를 초과하고 있는 것에 비해 특별히 자신의 종교를 자각하고 있는 사람은 30%에 불과하다는 상당히 재미있는 양상이 드러난다. 이는 복수의 종교단체에 중복으로 소속된 것이 일반적인 요인으로서, 종교단체의 귀속의식이 약한 사람들도 신자로서 집계되었기 때문이다.

그런데 흥미로운 사실은 일본 국민들의 약 70%가 특정 종교에 대한 소속감이나 신앙심은 갖고 있지 않지만 그럼에도 종교를 생활 속의 일부로 여기고 있다는 점이다.

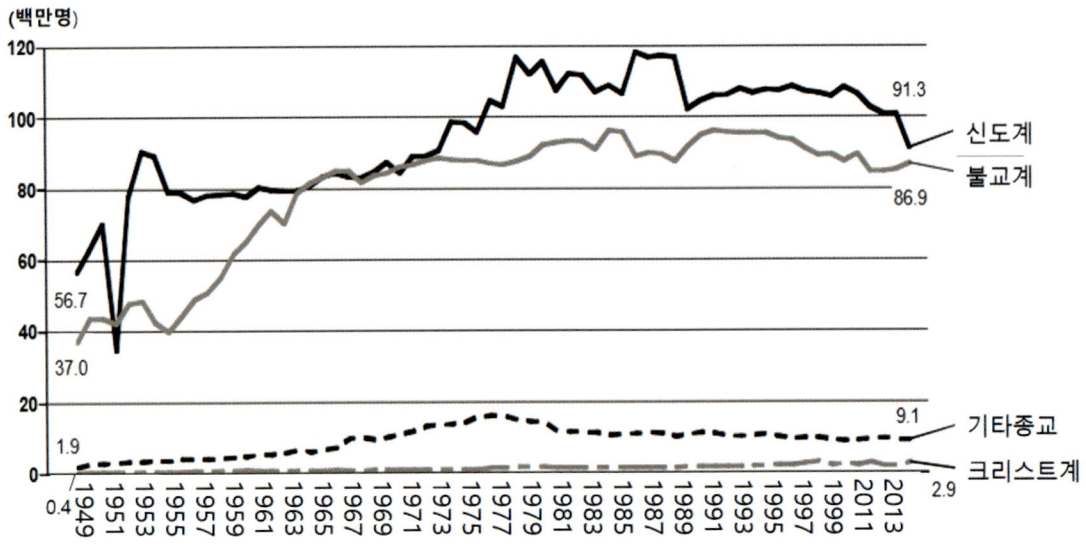

종교계통별 신자 수 추이
문화청문화부종무과 「종교연감」 2014년

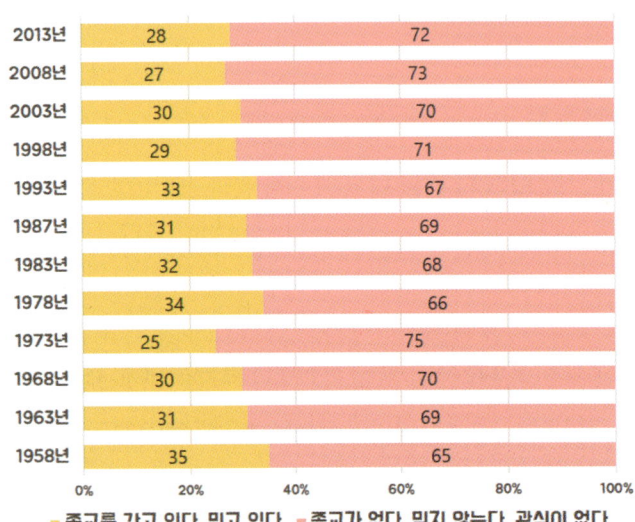

종교의 믿음에 관한 의식의 추이
통계수리연구소 「일본인의 국민성 조사」

일본의 많은 사람들은 하쓰모데나 마쓰리에 참가하기 위해 신사를 방문하면서도 자신을 신도 신자라고 생각하지 않는다. 또한 조상에게 불경 기도를 올리거나 자신이 사망할 경우, 아마 불교식으로 장례가 치러질 것이라고 예상하는 사람들조차도 불교에 대한 신앙심까지는 갖고 있지 않다고 여기는 경우가 많다. 이는 일본인들이 생각하는 신자란 종교의 교단에 소속되어 의식이나 제례 등에 적극적으로 참여하는 사람이라는 인상에서 비롯된 것으로 대부분의 일본인들은 단지 확실하게 어느 한 종교에 몸 담기를 부정하는 것일 뿐, 신의 존재를 믿지 않는 무신론자를 의미하는 것이 아니다. 일본인은 종교의 종파와 교리에는 크게 구애되지 않는다. 이는 불교나 크리스트교와 같은 다른 종교들이 전파되기 전에 존재했던 토속종교와의 융합 과정을 거쳐 형성된 독특한 종교 의식이라 할 수 있다.

| 년도 | 응답자수 | 중요하다 | 중요하지 않다 | 기타 | 모른다 |
|---|---|---|---|---|---|
| 1984년 | 2,256 | 80 | 11 | 5 | 4 |
| 1989년 | 1,858 | 72 | 15 | 8 | 5 |
| 1993년 | 1,833 | 72 | 14 | 3 | 11 |
| 1998년 | 1,339 | 68 | 20 | 2 | 10 |
| 2003년 | 1,192 | 70 | 15 | 3 | 12 |
| 2008년 | 1,729 | 69 | 19 | 2 | 11 |
| 2013년 | 1,591 | 66 | 21 | 3 | 10 |

'종교심'은 중요한가에 관한 의식 추이
통계수리연구소 「일본인의 국민성 조사」

◆ 응답자 수에 대한 구성비, 단위 %

## 2) 일본 종교의 흐름

고대의 일본인은 농경민족으로서 자연숭배사상, 즉 자연 그 자체를 신으로서 받들며 삼라만상은 신이 낳고 주관하는 것이라고 생각하였다. 따라서 자연의 여러 신들에게 풍작을 기원하거나 수확에 감사하고, 재액을 막기 위한 기도와 같은 제례를 중심으로 한 생활습관을 형성하고 있었다. 이것이 나아가 사회 습관으로 발전되어 이후 '신도'라는 종교의 개념으로 의식화되었다.

신도神道의 신단

한편 불교는 6세기 중엽 중국과 백제를 통해 일본에 전래되기 시작하였다. 처음에는 나라의 남도육종 南都六宗파가 문화를 대표하여 불교가 신도를 지배하는 형태가 되었다. 덴노天皇와 귀족조차도 능가하는 세력을 떨쳤고 이에 덴노는 교토로 도읍을 옮기는 처지에 이르렀다. 나라에 대항하기 위해 '사이초最澄의 천태종天台宗', '구카이空海의 진언종真言宗'의 세력을 키워나갔다. 이후 일본의 불교문화는 이 두 종파를 원류로 하여 서민계급으로까지 퍼지게 된다.

그런데 불교가 거대한 세력으로 자리 잡기 시작하면서 종래의 '신도'와의 관계가 문제가 되었다. 신도는 일본인의 생활습관 그 자체였기 때문에, 이를 폐지하는 것은 불가능했다. 따라서 불교와 신도를 접목하여 일본의 신이라고 하는 존재의 본체는 '부처'라고 하는 형태로 융합시켜 나갔다. 이것을 '신불습합神仏習合 사상'이라고 부르며, 일본의 신은 부처가 일본의 땅에 중생을 구하기 위해 신의 모습으로 환생하여 나타난 것이라는 개념이다. 이처럼 일본의 종교는 민간신앙과 불교의 조화를 통해 신불의 가호와 이익을 기원하고, 조상의 영혼을 기리는 조상숭배에 중점을 두고 발전해 갔다.

**이와토신화의 아마테라스 그림**春斎年昌画, 1887년

그 후 1868년 메이지유신明治維新을 계기로 덴노를 주권자로 하는 정권이 탄생하여 다시 신도가 국가종교로 자리매김하게 된다. 덴노는 여신 아마테라스天照大神의 자손이라고 칭하며 신성불가침한 존재로

신격화되었다. 아마테라스는 자손에게 세 가지의 신기神器를 내려주었으며 그것이 대대로 텐노에게 계승되었다는 식으로 고대 신화와 전통적인 신도를 융합하여 국가신도를 만들며 신격화를 구체화하였다. 이러한 황손 사상이 일본 민족은 우월하다는 감정을 양성하는 것에 큰 역할을 하였고, 이를 이용하여 일본 제국의 이름하에 국민 통합과 군비의 확장을 꾀하였다.

패전 이후, 일본국헌법에 의해 신도는 국가와 명확한 분리가 이루어지게 된다. 또한 텐노는 '인간선언'을 통해 스스로 신격을 부정하는 발표를 하였고, 국가주의적인 목적을 위해 신사를 이용하는 것은 금지되었다.

오늘날의 일본은 종교의 자유가 보장되며 다신교에 관대한 성향을 보인다. 이는 셀 수 없이 많은 신들을 존중하는 토착종교를 바탕으로 외래 종교를 수용하고, 자국화 과정을 거치면서 생활 속의 의식이나 관례로서 받아들여졌기 때문이다. 따라서 일본인들은 신앙과는 관계없이 정월에는 신사에서 새해맞이를 하고, 오본에는 불교식 공양과 참배를, 크리스마스에는 캐럴송과 함께 하는 등 일상생활 속에서 다양하게 종교를 이용하며 살아가고 있다.

## 3) 신도神道

신도는 일본인의 생활 속에서 생겨난 민간신앙이라고 할 수 있다. 먼 옛날 농경과 어업에 종사하며 살았던 일본인들에게 자연의 힘이란 인간에게 은총과 재난을 안겨주는 신과 같았다. 신은 생명력과 생산력의 상징으로서 모든 삼라만상을 신의 움직임으로서 받아들였으며, 청정한 산이나 바위, 나무나 폭포 등의 자연물에도 신이 깃들어 있다고 여기며 신성시하였다. 그리하여 제사를 올리는 장소에는 건물이 지어지고 신사가 만들어지게 되었다. 이처럼 일본의 각지에서 발생한 여러 신들에 대한 신앙은 야마토 조정에 의한 국토통일과 더불어 형태를 갖추어 갔다. 이후 6세기에 불교가 전래되었을 때, 불교와 구분하기 위해 일본 고유의 신앙을 신도라는 말로 표현하게 되었다.

신도의 신들은 바다의 신, 산의 신, 바람의 신과 같은 자연물이나 자연현상을 관장하는 신과 의식주나 생업을 관장하는 신, 국토 개척의 신 등 그 수를 셀 수 없어 팔백만 신八百万の神이라고 불린다. 또한 국가나

향토를 위해 종사하는 위인이나 자손의 앞날을 돌보는 선조의 혼령도 신으로 모셨다. 나라 시대에 쓰인 『고지키古事記』와 『니혼쇼키日本書紀』에는 이러한 많은 신들의 계보와 이야기가 수록되어 있다.

제사 춤을 추는 무녀巫女

수확을 감사하는 니나메사이新嘗祭 의식

# 4) 신도의 성격

### ❖ 우지가미氏神와 우지코氏子

일본에는 각 지역마다 신이 있고, 자기 결계 영역 내에서만 신력을 미칠 수 있다고 한다. 신이 영역을 점령하는 것을 '시루シル'라고 하는데, 즉 금줄을 쳐서 경계를 구분하는 것으로 그 공간을 자신의 영역으로 삼고 타인의 침입을 허락하지 않는 의미가 있다. 소위 나와바리縄張り라고 하는 말은 여기에서 비롯된 것이다.

지역의 수호신을 우지가미라고 하며 지역 주민들은 우지가미의 자손인 우지코로 받아들여진다. 주민들은 혈연적 일족으로 한정되는 것이 아닌 신의 자손으로 유대감을 형성하며, 집단을 이루고 우지가미를 받든다. 그리고 우지가미는 이러한 집단을 보살펴 유지, 번영시키는 구조를 이루고 있다. 신의 가호 아래에서 끈끈하게 맺어진 구성원들은 집단과의 일체감과 안정감을 느끼며 외부인을 배제하는 성향을 가진다. 일본인들의 개인의 소리를 높이기보다는 집단의 의견에 따르는 성향이나 단체 생활에 적응을 잘하는 것도 이러한 우지가미와 우지코에 의한 집단 귀속성, 집단과 사회 우선의 논리에서 비롯한 것이라 할 수 있다. 흔히 '일본은 단일민족'이라고 설명되는데, 이는 인종의 단일을 뜻하는 것이 아닌 '일본의 신 아래에서 일본인으로 인정받은 자들은 모두 같다'는 의미가 강하다.

### ❖ 신사와 절의 구별법

두 개의 기둥과 기둥꼭대기를 연결하는 가로대로 이루어진 건축물인 도리이鳥居가 있다면 신사에 해당한다. 신성한 장소의 입구를 나타내는 것으로서 도리이의 앞에는 보통 한 쌍의 수호견 석상이 있다. 반면, 5층탑과 같은 탑이 있는 곳은 절에 해당한다. 본래 탑은 부처의 유골을 수납하기 위해 세워진 것이었기 때문이다.

시나가와신사品川神社의 도리이鳥居

나라 루리코지瑠璃光寺 오층탑

## 5) 일본의 불교

역사적인 관점에서 일본의 불교는 나라불교奈良仏教와 헤이안불교平安仏教, 가마쿠라불교鎌倉仏教로 나뉘게 된다.

불교는 6세기에 중국과 한반도를 통해 일본에 처음으로 전파된다. 이후 정치권력의 다툼 속에서 불교 옹호파가 승리를 하게 되며 공식적인 종교로서 자리하게 된다. 나라불교는 학문 중심으로 교법으로 나라를 지키는 진호鎮護 성격이 강했다. 그러나 불교는 지배계급의 소유였고 승려가 정치에 개입하여 부패를 초래하였기 때문에 헤이안 시대까지 이어지지 않았다.

헤이안 시대에는 새로운 시대의 개막에 어울리는 새로운 형태의 불교가 도입되었다. 사이초最澄가 전한 천태종과 구카이空海가 전한 진언종으로 현실 부정을 바탕으로 현세에서도 성불할 수 있다는 중국의 밀교密教 사상을 받아 성립한 것이다. 밀교는 퇴마와 같은 신기한 주술적 요소가 있어서 귀족들에게 큰 인기를 얻었으며, 그들의 권세를 자랑하기 위해 불교가 이용되어 많은 폐단을 낳았다. 이처럼 헤이안불교는 현세 이익을 중시한 귀족적 성격을 지녔다.

가마쿠라시대는 귀족 중심의 사회에서 무가 중심 사회로 넘어가는 전란의 시대였다. 불안이 계속되는 세상에서 무사와 농민들은 그들을 구원으로 인도해 줄 종교를 필요로 했다. 따라서 이 시대에는 교리를 간략화하여 누구나 알기 쉽고 실천적인 성격인 새로운 종파가 인기를 얻게 되었다. 염불 이외에 어떠한 권위도 인정하지 않는 정토종淨土宗의 창시자 호넨法然의 가르침은 엄격한 계율과 학문을 중요시했던 이전의 불교와는 달랐다. 이 정신을 이어받은 신란新鸞은 아미타불의 염불을 진실히 외우기만 한다면 신분에 관계없이 누구나 구원받을 수 있다는 정토진종淨土眞宗을 완성하게 되었고, 이후 일본의 불교문화에 지대한 영향을 미친다. 이 밖에 무사들 사이에서는 좌선을 통해 정신을 수양하는

정토종淨土宗의 창시자 호넨法然

임제종臨濟宗과 조동종曹洞宗이, 교토의 상공업자와 예술가들 사이에서는 법화경의 가르침을 따르는 일련종日蓮宗이 인기를 얻었다. 이처럼 사회 최상급 계층의 소유였던 불교가 일반 대중에 전파된 것은 가마쿠라 시대부터였다. 현재 일본인이 믿고 있는 불교의 대부분은 가마쿠라시대에 생겨난 불교라 할 수 있다.

❖ **육식을 즐기며 결혼도 하는 일본의 승려**

일본 불교의 가장 큰 특징으로는 승려가 머리를 기르고, 아내와 자식을 둘 수 있다는 것이다. 또한 육식뿐만 아니라 술과 담배도 즐긴다. 이처럼 독특한 일본 승려의 형태는 국가의 정책과 더불어 변화를 겪으며 현재에 이르게 되었다.

고대에는 불교의 계율을 어기는 파계승이 적었으나 중세가 되자 아내를 두는 대처승이 만연해지기 시작했다. 귀족들과의 세속적 권위와 결탁하여 승려들은 부를 쌓을 수 있었고, 승려의 유산을 둘러싸고 처자식과 제자가 싸움을 하는 일은 흔한 일이었다. 또한 승려의 자식이 사원을 계승하는 형태가 많았다. 이윽고 덴노天皇를 대신하여 상황이나 법황에 의해 정치가 행해지던 원정 시대院政時代에 들어서자, 상황들은 출가하여 법황이 된 후에도 당연하게 자식을 두게 되었으며, 이는 사회에 큰 영향을 미쳤다.

한편 에도시대에 이르러 불교계의 육식대처肉食帶妻는 엄격하게 규제되었다. 그러나 예외로 정토진종 종파는 육식대처를 인정하였고 포교활동에 적극적이었다. 육식대처론의 기반이 되는 주장은 다음과 같다. 불교의 금욕계율과 승려의 본래 인간성과의 모순을 놓고, 중생을 평등하게 왕생시키기 위해 어려운 수행을 버리고 쉬운 수행을 취해야 하며 그 귀결로서 인간의 악을 긍정적으로 보았다. 식욕과 색욕은 인간의 본능이며 억지로 금하게 되면 오히려 화를 부른다는 것이다.

근대 메이지 시대에 들어서자 육식대처의 필요악론이 정토진종 이외의 종파에서도 전면적으로 전개되어 국가의 공식 인정이 이루어졌다. 신도를 내세워 국민사상을 일체화하기 위하여 승려를 세속화시켜 불교의 힘을 약화시키려는 의도와 얽힌 것이기도 하다. 이러한 배경을 거쳐 현재 일본의 불교는 다른 나라와 달리 독자적인 형태를 띠게 되었다.

### ❖ 단가 제도檀家制度

단가 제도는 일가가 선조 대대로 한 절에 등록되어 장례나 제사 등을 절에 맡기는 것으로서 에도시대에 막부와 다이묘에 의해 제정된 제도이다. 이전에 귀족이나 유력한 무가 등에서 개인 씨족 사찰을 만드는 경우는 있었지만, 서민의 단가 등록은 17세기 이전까지는 일반적인 것이 아니었다. 단가 제도가 생겨난 배경은 크리스트교를 탄압하기 위해서였다. 모든 주민은 절에 소속되어 생과 사에 관한 모든 것을 절에 의탁하고 때마다 봉납을 했다. 그 대신 절에서는 그 인물이 크리스천이 아니라는 것을 증명해 주는 시스템이었다. 그 정도로 막부는 크리스트교의 확산을 철저히 막으려 했다.

또한 절은 제사나 장례뿐만 아니라 호적의 역할까지 맡으며 결혼이나 이사의 수속도 관리했다. 한마디로 에도시대 이후의 일본의 절은 대부분이 관공서와 같은 것이었다. 이러한 풍습은 오늘날에도 계속되어 대부분의 일본인들은 어느 절의 단가로 되어있고, 사망 시 불교식으로 장례를 치른다. 이 때문에 일본의 불교는 '장례불교'라고도 비유된다.

### ❖ 마을이나 시골의 변두리나 갈림길에 있는 스님 모양 석상의 정체

일본의 마을 길에서 때때로 보이는 조그마한 석상의 정체는 바로 지장보살이다. 아이나 임산부, 여행자의 수호신으로서 친절하고 정직한 사람에게 행운을 가져다준다 하여 민화에도 자주 등장한다. 또한 빨간 턱받이나 모자를 쓰고 있는 석상도 있는데, 이는 아이를 잃은 부모가 아이의 영혼을 달래기 위해 지장보살에게 바친 공물이다.

지장보살

## 6) 크리스트교

일본의 크리스트교는 1549년 포르투갈의 선교사에 의해 처음으로 전해졌다. 초기에는 남만南蛮 무역과 더불어 서양문물에 관심을 가진 지배계층의 호의 속에서 포교활동이 진행되었다. 도요토미 히데요시 대에 들어서 크리스트교의 종교 사상이 봉건체제 유지에 방해가 된다는 이유로 선교사를 추방하고 금교령을 내렸지만, 이미 신자 수는 3, 40만 명에 달하는 수준이었다.

에도시대에 이르러 쇄국정책과 함께 크리스트교의 탄압은 한층 더 강화되었다. 막부는 단가 제도와 더불어 크리스트교 신자를 색출하기 위해 예수, 성모마리아를 그린 판화를 밟게 하는 등의 후미에踏み絵 제도를 도입했다. 이러한 박해를 통해 20만 명에 달하는 크리스트교 신자들이 목숨을 잃었고 17세기 말에는 일본 전역에서 크리스트교 신자의 모습이 사라지게 되었다. 그러나 이것은 표면적인 것으로 살아남

후미애 踏絵

은 신자들은 잠복 크리스천 潜伏キリシタン으로서 조용히 신앙을 이어갔다. 이들 중에는 금교령이 해제된 이후에도 로마 가톨릭 교회에 돌아가지 않고 본래의 의미에서 크게 변질된 형태의 신앙을 형성한 부류가 있었는데, 가쿠레 크리스천 カクレキリシタン이라고 불리며 현재에도 나가사키 등에서 활동 중에 있다.

근대에 들어서는 덴노 天皇를 현신으로 하는 국가신도가 일본제국의 중심적 종교로 자리하게 되었고, 태평양전쟁 때 크리스트교는 교전 관계상 가해행위의 대상이 되어 다시 박해되었다. 제2차 세계대전 후에는 많은 선교사들이 일본에 들어와 개신교 붐이 일었으나, 사회의 변화가 일단락되며 그 기세 또한 오래가지 못했다. 교육을 통한 진화론과 유물론의 세계관이 일본인들에게 퍼졌기 때문이다.

1622년 겐나 元和 순교도

2. 종교　243

이처럼 오랜 기간에 걸친 크리스트교 박해에 의해 스며든 크리스트교의 부정적 인식과 고도 경제성장에 따라 팽배해진 실용주의와 돈과 쾌락을 중시하는 현세주의적 가치관에 따라 크리스트교는 일본에 깊게 뿌리내리지 못하였다. 또한 근본적으로 많은 신을 존중하는 일본인들에게 있어, 만물의 창조자인 유일신의 존재와 우상숭배 금지조항의 괴리는 좁혀지기 힘들었던 것이다.

현재 일본의 크리스트교 신자는 일본의 종교 신자 총 수의 1%대를 넘지 못하는 수준에 그치고 있다. 그러나 신앙을 떠나 교회에서의 결혼식이나 크리스마스와 관련한 풍경 등 일본인들의 생활 속에 많은 영향을 미치며 존재하고 있다.

# 3. 교육

## 1) 일본의 의무교육

　일본의 의무교육은 소학교<sup>초등학교</sup> 6년과 중학교 3년의 총 9년에 해당하며 남녀공학제를 취하고 있다. 교육법에 의해 만 6세부터 만 15세에 해당하는 아동의 보호자는 자녀를 교육받게 할 의무가 부여된다. 일본의 의무교육은 각 개인에게 있는 능력을 성장시키며 사회에 자립적으로 살아갈 수 있는 기초를 쌓고, 국가 및 사회의 구성원으로서 필요한 기본적인 자질을 기르는 것을 목적으로 하고 있다. 그러나 연령주의를 채용하고 있기 때문에 실제로 기본적인 토대가 길러졌는가에 대한 여부와 상관없이 중학교를 졸업하는 동시에 의무교육이 자동적으로 종료된다. 예를 들어 건강의 문제로 장기간 입원을 하여 학교를 제대로 다닐 수 없는 학생일지라도 나이에 따라 의무교육이 끝나게 되는 것이다. 최근에는 이지메<sup>イジメ</sup>나 경제적 이유 등에 의한 등교거부도 늘고 있어, 의무교육을 충분히 이수하지 못하고 기반이 부족한 상태로 사회로 나가게 되는 문제가 증가하고 있다. 일본에서는 홈스쿨링을 의무교육의 범위에 포함하고 있지 않기 때문에 이와 같은 경우에는 인정해야 한다는 목소리도 나오고 있다.

## 2) 고등학교

2020년 문부과학성 조사 기준에 따르면 중학교 졸업 후 고등학교의 진학률은 98.8%에 달하며, 학습자의 수요에 맞는 교육을 제공하기 위해 일반 교육과정의 일반계보통과와 더불어 농업, 공업, 상업, 수산, 가정, 간호 등의 각종 전문교육을 하는 전문학과가 마련되어 있다.

주 5일제로 대부분 학교의 등교 시간은 아침 8시 45분까지이며 8시 50분에 수업이 시작된다. 그리고 소학교와 중학교는 급식 체제이지만 고등학교의 경우에는 여전히 도시락을 싸오는 것이 대부분이며, 편의점이나 학교 매점에서 구매하는 일도 많다. 종례는 오후 4시 안에 이루어지고 한국과 같은 야간자율학습은 없다. 방과 후에는 부 활동이나 귀가를 하고, 대학 입시를 준비하는 수험생들은 학원을 다니는 경우가 많다.

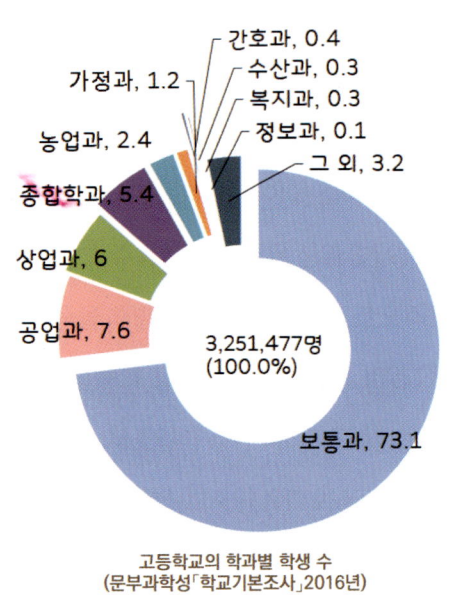

고등학교의 학과별 학생 수
(문부과학성 「학교기본조사」, 2016년)

## 3) 소·중·고등학교의 현행 지도요령

문부과학성은 1998년 여유를 강조하는 '유토리 교육ゆとり教育'을 학습지도 요령으로 제시하였다. 교육 내용과 시간을 감축시키고 완전 주 5일제의 실시가 가장 큰 특징이었다. 여유 속에서 스스로 학습하고 생각하는 힘을 육성하는 것이 목표였으나, 점차 고교생의 국제 학력 테스트 수준이 하락하는

소·중·고등학교의 현행 지도요령 이념

결과를 낳았다. 이에 충격받은 문부과학성은 도입 시기를 앞당겨 2008년부터 새로운 교육방침을 내세웠다.

현재의 학습지도요령은 이전과 같이 주입식이나, 여유를 강조하는 것에서 벗어나 변화무쌍한 미래 사회를 살아가기 위하여 명확한 사고력, 관대한 인성, 건강한 몸을 균형 있게 키우는 것을 목표로 하고 있다. 따라서 보다 심도 있는 교육을 받을 수 있도록 이수 단위와 시간을 늘리고, 직업과 관련하여 인재를 양성할 수 있도록 지식과 기능, 정보 활용능력을 키우는 것에 중점을 두고 개선하였다. 또한 보건 체육과 도덕교육도 충실히 하여 전체적으로 건강한 사회 구성원으로서 살아가는 힘을 기르는 과정을 체계화했다.

## 4) 대학

일본의 고등교육기관은 크게 고등전문학교, 전수학교<sup>전문학교</sup>, 단기대학, 대학, 대학원 등이 있고 국립·공립·사립으로 나누어져 있다.

4월부터 다음해 3월까지를 1학년으로 하며, 전기<sup>4월~9월</sup>, 후기<sup>10월~3월</sup>의 2학기제를 도입하고 있는 곳이 많으나, 9월 혹은 10월에 입학하는 가을 입학제도를 취하고 있는 학교도 있다. 방학기간은 보통 여름<sup>7월 하순~9월 상순</sup>, 겨울<sup>12월 하순~1월 상순</sup>, 봄<sup>2월~3월</sup>의 연 3회이다.

일반대학의 정규과정은 4년제이고 의학, 치의학, 일부의 약학 및 수의학의 경우는 6년제이다. 대학에 따라서는 비정규생인 청강생<sup>학점인정 불가</sup>, 과목이수생 제도<sup>학점인정 가능</sup>가 마련되어 있다. 학위 취득이나 장기 연구를 목적으로 한 유학 이외에 학위 취득을 목적으로 하지 않는 단기유학 제도도 있다.

단기대학은 보통 2년제이지만 의료기술, 간호와 같이 3년제인 경우도 있다. 대학이 학술적인 원리나 이론의 연구, 교육을 중심으로 하고 있는 것에 비해 단기대학은 사회에 나가 실제 현장에서 도움 되는 기술을 익히는 교육에 중점을 두고 있다. 단기대학 중 약 3분의 1이 여자단기대학이며, 또한 인문계, 가정계, 교육계 및 사회계의 학과가 절반 이상을 차지하고 있다.

## ❖ 일본의 수학능력시험 - 대학입학 공통시험 大学入試共通テスト

　대학입학 공통시험 The Common Test for University Admissions는 대학입시 센터시험 センター試験 대신 2021년도 대학 입학자 선발 2021년 1월 16일, 17일 실시부터 도입된 일본 대학의 공통입학시험으로 2020년도까지 실시된 대학 입시 센터 시험을 대신해 도입되었다.

　국·공립대학에 지원하기 위해서는 대학입학 공통시험 점수와 지원 대학의 개별 시험에 응시해야 한다. 사립대학 지원자는 대학입학공동테스트가 필수가 아니지만, 대학입학공동테스트에 응시하여 그 점수로 복수의 사립대학을 지원할 수 있다. 또한 한 과목만 대학입학 공통시험의 점수를 이용하고 나머지 두 과목은 지원 대학에서 수험하는 방법도 있다.

센터시험 センター試験 모습

　국·공립대학은 대학입학공동테스트 점수와 지원 대학의 개별 시험 점수 수학, 논술, 면접 등의 합계로 합격이 판정된다. 각 대학마다 점수 환산 비율과 수험 과목이 다르므로 수험자의 주의가 필요하다. 또한 수험 난이도가 높은 대학의 경우에는 대학입학공동테스트 점수가 일정 수준에 미치지 못하는 수험생을 탈락시키는 일이 많다. 즉 대학 개별 시험의 응시 능력과 관계없이 대학입학공동테스트만으로 1차 합격 커트라인을 결정짓는 것으로 이는 아시키리 足切り라는 속어로 표현된다.

　이처럼 열심히 수험 준비를 하여도 1차로 대학입학공동테스트을 망치게 되면 수포로 돌아가는 일이 많기 때문에, 국·공립대학 지원자들에게는 아주 중요한 시험이 아닐 수 없다.

❖ **대학 진학률**

일본의 대학 진학률은 1970년대 후반부터 1980년대에 걸쳐 감소세가 보이나 그 이외에는 대체적으로 꾸준한 상승세에 있다. 그리고 근소하지만 일시적으로 수치가 저하된 시기가 있는데 이는 금융위기, 리먼 쇼크, 전무후무한 엔고 불황 등의 영향과 함께 기업에서 즉시 일을 할 수 있는 노동력을 필요로 했던 상황과 맞물려 고등전문학교의 수요가 증가했던 것이 한 요인이었다.

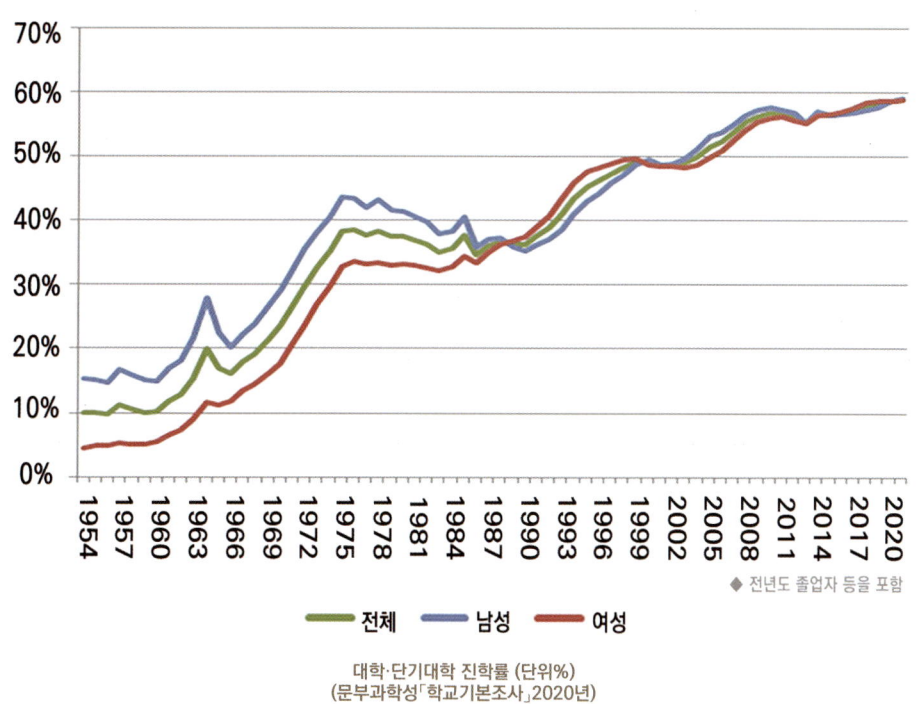

대학·단기대학 진학률 (단위%)
(문부과학성「학교기본조사」2020년)

현시점에서 대학 진학률은 단기대학도 포함하면 60%에 가깝다. 여전히 취직에서 유리한 현황을 고려하면 대학 진학률이 크게 감소할 전망은 없을 것으로 보인다. 그러나 소위 대학 졸업장이 취업보장권과 같았던 이전과는 달리, 최근에는 그 영향력이 저하되고 있다. 극히 일부의 대학을 제외하면 대학에 진학했다하여 기업의 여기저기에서 러브콜이 오는 시대가 지난 것이다. 오히려 본인의 기술과 능력이 중요시되는 케이스가 많다. 또한 가령 학벌로 취직에 성공했다고 하더라도 자신의 실력이 기대치에 못 미쳐 조기 이직을 하는 일도 드물지 않다. 따라서 최근의 대학 진학률은 정체기에 들어서 있다.

하지만 아직까지는 대학의 졸업 증명서가 자신이 갈고닦아온 기술이나 경험을 드러내는 좋은 수단인 것은 틀림없다. 향후 대학에 대한 사회 전체의 시각이 어떻게 변해갈 것인지가 관건이다.

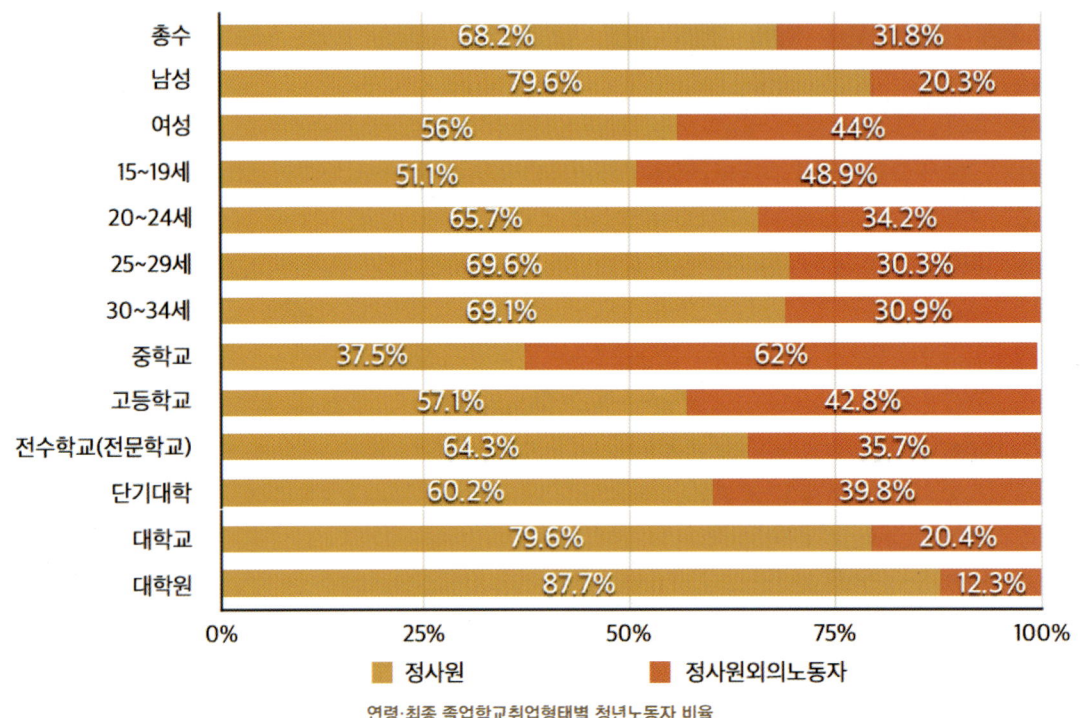

연령·최종 졸업학교취업형태별 청년노동자 비율
(후생노동성 「2013년 청년고용실태조사 개요」)

# 4. 일본의 정치·경제

## 1) 일본의 정치

일본 정치의 기본 구조는 다음과 같다.
- 입법 – 국회에서 국민들의 투표로 선출된 대표자들이 법률을 제정
- 사법 – 최고 재판소를 중심으로 국민의 권리 의무에서 발생한 분쟁을 해결
- 행정 – 국회에서 제정된 입법을 구체적으로 집행하여 국민의 이익을 실현

전전의 대일본제국헌법에서는 권력의 분립 구조를 취했지만 어디까지나 덴노天皇를 보좌하는 기관이었다. 현 일본은 국민의 자유와 권리를 보장하기 위해 일본국헌법에 따라 국가권력을 국회, 내

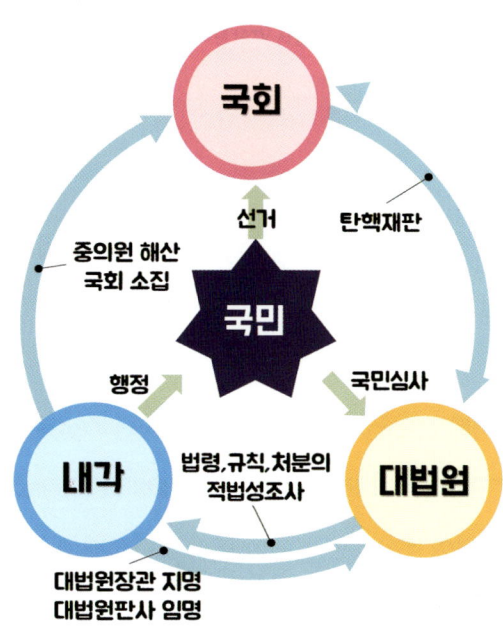

각, 재판소로 분산시켜 권력의 집중을 억제하는 삼권분립의 제도를 기본으로 하고 있다.

행정부의 우두머리인 수상<sup>내각총리대신</sup>은 국회의 결의에 따라 지명된다. 일본은 의원내각제로 수상은 내각 구성원의 과반수를 국회의원 가운데에서 선출한다. 또한 내각은 국회와 협력하여 국정의 책임을 진다. 이처럼 국회와 내각은 억제와 균형의 형태이기는 하지만 매우 가까운 관계이기도 하다. 따라서 삼권분립의 형태는 정삼각형이 아닌 국회와 내각은 가깝고 사법이 양 권력과 떨어진 이등변삼각형과 같은 형태라고 볼 수 있다. 이러한 점에서 일본의 제도는 영국의 제도와 닮아있으며, 삼권이 이론적으로 완전히 대등한 미국의 제도와는 차이가 있다.

국회는 하원인 중의원과 상원인 참의원으로 구성되어 있다. 중의원은 내각에 대해 신용할 수 없다는 판단하에 불신임 결의안을 제출할 수 있다. 결의안이 가결될 경우 내각의 총사퇴가 이루어진다. 한편 내각은 중의원의 해산권을 갖고 있다. 국회와 내각은 유착관계로 각료들을 파면시키거나 중의원의 의원직을 퇴임시키는 권한을 서로 쥐고 있는 것이다. 이처럼 서로 견제하며 권력의 독주를 막는 구조를 취하고 있다.

또한 내각은 대법원 장관에 대한 지명권과 재판관 임명권을 갖고 있다. 대법원은 모든 법령의 입헌성을 판단한다. 국회는 헌법의 규정에 따라 파면 기소를 받은 재판관을 재판하기 위해서 양 의원의 의원으로 조직된 탄핵 재판소를 설치할 수 있다.

### ❖ 덴노<sup>天皇</sup>

전전에는 헌법상 대권을 가지고 있었으나, 전후에는 주권을 갖고 있는 일본 국민의 의사에 따라 국가와 국민 통합의 상징적 지위로 자리하고 있다. 또한 황실의 관한 규정은 법률에 의거한 '황실 전범<sup>皇室典範</sup>'에 정해져 있다.

덴노는 국정에는 관여할 수 없으나 수상과 대법원 장관을 국회의 지명에 근거하여 임명하며, '국사에 관한 행위' 만을 행사한다. 국사 행위란 이른바 형식적인 행위로서 헌법개정, 법률, 정령 및 조약의 공포, 국회의 소집, 중의원 해산 등이 해당된다. 이는 내각의 조언과 승인하에 이루어지며, 어떠한 문제가 발생했을 경우에는 내각이 책임을 지게 된다.

## ❖ 국회

일본 국회는 중의원과 참의원의 양원 제도로 이루어져 있다. 국회는 국권의 최고기관이며 국가 유일의 입법기관으로 타 정부 기관보다 우월한 지위에 있다. 따라서 일정의 범위 내에서 행정부나 사법부 등에도 입법권을 행사할 수 있는 권한을 가진다. 또한 모든 입법은 최종적으로 국회의 승인을 얻어야 한다. 국회의 다른 중요한 기능으로는 예산의 승인, 조약의 추진, 헌법 개정의 발의発議가 있다.

|  | 중의원 | 참의원 |
| --- | --- | --- |
| 임기 | 4년 (해산 있음) | 6년 (해산 없음) |
| 선거권 | 만 20세 이상의 일본 국민 | 만 20세 이상의 일본국민 |
| 입후보권 | 만 25세 이상의 일본 국민 | 만 30세 이상의 일본국민 |
| 선거방법 및 정원 | 총 480명<br>소선거小選挙 300명<br>비례대표比例代表 180명 | 총 242명 (3년마다 절반씩 교체)<br>대선거大選挙 146명(73명)<br>비례대표比例代表 96명(48명) |
| 우월권 | 수상 지명, 국가예산 의결, 국제조약 의결에 있어 중의원 의결 내용이 참의원의 의결보다 우선시 됨 | 없음<br>그러나 중요 안건이나 예산의 심의 중에 중의원이 해산될 경우, 참의원의 긴급회의에서 성립 가능<br>(차후 중의원의 찬성이 필요함) |

일본의 양원 제도

중의원에서 통과된 법안에 대해 참의원에서 거부권을 행사할 경우, 다시 중의원에서 투표가 진행되며, 출석인원 3분의 2 이상의 찬성에 따라 재가결이 가능하다. 그러나 중의원 과반수 의석 확보도 어려우므로 거의 불가능한 일에 가깝다. 따라서 여당이 참의원의 과반을 확보하지 못할 경우 정책결정과 추진 등에 있어 지장이 초래되는데, 이러한 경우를 '뒤틀린 국회ねじれ国会'라고 한다.

헌법 개정은 각 의원의 총 의원 3분의 2 이상이 찬성으로 국회가 이를 발의하고, 국민투표로 과반수의 찬성을 얻은 경우 개정할 수 있다.

## ❖ 내각 內閣

내각은 행정부의 최고 의사 결정기관으로 결의는 만장일치를 원칙으로 하는 합의제의 원리에 기반하고 있다. 수장은 내각총리대신이며 내각 구성원인 국무대신 国務大臣을 임명하고 파면할 수 있는 권한을 가진다. 국무대신은 16명까지이고 경우에 따라 3명까지 추가되어 총 19명 이내로 제한된다. 내각의 구성원은 문민 文民이어야 한다. 문민이란 군인이 아닌 자, 혹은 직업군인으로 활동한 이력이 없는 자를 말한다. 또한 구성원의 과반수가 국회의원에 해당한다.

내각 밑에는 다수의 대신과 중앙 관청이 있고 이들이 내각의 위탁을 받아 중앙 정부의 일반 사무를 담당하고 있다.

## ❖ 대법원 최고재판소, 最高裁判所

일본의 사법부는 국민의 권리와 자유를 보호하기 위하여 헌법에 의해 그 독립성이 보장되어 있다. 민사, 행정 혹은 형사상의 모든 법적인 충돌은 법원의 결정에 따른다. 최고 재판소는 일본의 최고 사법기관으로 법원의 권한과 하위 법원의 판사 지명을 포함한 그 외 특별사법처리권, 소송절차에 대한 규칙을 정하는 권한을 가진다. 하위 법원으로는 고등법원, 지방법원, 가정법원, 즉결재판소가 있다.

일본의 법원제도는 기본적으로 공개재판의 원칙에 따르며 같은 사건에 대하여 3회의 재판을 인정하고 그 결과에 따라 재판 확정이 이루어지는 3심제를 취하고 있다.

최고재판소 最高裁判所

## 2) 일본 경제

전후 일본 경제의 흐름을 간략히 정리하면 다음 표와 같다.

제2차 세계대전 직후의 일본은 전쟁에 의해 많은 공장을 잃고 수입도 줄어 생산량이 저하되어 갔다. 또한 농산의 생산량도 줄어들어 국민의 식생활이 악화되어 갔다. 물자가 부족한 가운데 전쟁 중 군사적 용도로 지폐의 발행을 늘린 영향으로 급격한 물가 상승이 진행되었다.

| 1945년 ~ 1955년 | 부흥기 |
| --- | --- |
| 1955년 ~ 1964년 | 고속경제성장 전반기 |
| 1965년 ~ 1973년 | 고속경제성장 후반기 |
| 1974년 ~ 1985년 | 안정성장기 |
| 1985년 ~ 1990년 | 버블경제기 |

패전 후의 일본은 미군을 중심으로 하는 연합군에 의해 관리되었으며 농지개혁, 재벌해체, 노동자 보호와 같은 '민주화 정책'이 이루어졌다. 그리고 1946년 이후부터 '경사생산방식'이라 불리는 석탄, 철강, 전력의 기간산업에 생산을 집중시켰다. 그 후 물자 부족과 통화량의 증가로 인한 극심한 인플레이션을 안정시키기 위해 1949년 미국의 디트로이트은행 대표 조셉 닷지 Joseph Dodge가 일본에 파견되었다. 닷지의 주도하에 재정 수입과 지출의 균형을 맞추고 과세의 강화, 대출의 축소, 그리고 1달러=360엔의 고정환율을 설정하는 등 강력한 금융긴축정책 '닷지라인 Dodge Line'이 실시되었다. 그 결과 인플레이션은 수습되었지만 일본 내 수요와 수출이 정체되어 디플레이션이 발생하게 된다. 자금 압박으로 기업들의 도산 위기에 내몰리고 실업이 잇따르는 이른바 닷지 불황에 빠지게 된 것이다. 당시 엔화 평균 주가는 사상 최저인 1달러=85.25엔을 기록했다.

조셉 닷지 Joseph Dodge

이러한 위기 상황은 1950년 이후의 한국전쟁에 따른 전쟁 특수에 의해 급속히 회복되기 시작하였고, 1955년경에는 생산력이 전전의 수준을 넘었다. 중화학공업화와 기술혁신은 경제성장의 크나큰 발판이 되었다.

1956년 이후 일본은 진무경기 神武景気, 이와토경기 岩戸景気, 이자나기경기 いざなぎ景気라 불리는 실질 경제성장률이 연평균 10%를 넘는 고도 경제성장기에 들어섰으며, 1960년에 정부가 제시한 소득배증계획은 절반 기간 만에 목표를 달성한다.

그러나 1973년과 1979년의 석유위기에 의한 원유 가격 상승에 따라 일본 경제는 수출입에 큰 타격을 받았다. 따라서 대량생산과 대량소비의 경제체제에서 에너지 절약, 합리화, 첨단산업 체제로의 시급한 전환기를 맞이하였으며 저성장·안정성장의 시대로 변화해 갔다.

1980년대에는 대미 수출이 대폭 상승한 미일 무역마찰이 일어나고, 달러 강세 현상으로 인한 재정적자 및 무역적자의 확대를 더 이상 견딜 수 없게 된 미국은 1985년 9월 22일 뉴욕 플라자호텔에서 열린 미국·영국·프랑스·독일·일본의 이른바 선진 5개국 재무 장관회의에서 일본 엔화와 독일 마르크화의 평가 절상을 유도하였다. 이러한 '플라자합의 Plaza Accord'에 의해 수출을 억제하는 엔고 円高가 급속히 진행되었다. 이 때문에 일본의 기업은 해외에 진출하여 생산을 하게 되었으며 제조업의 국내 비중이 저하되는 산업의 공동화현상이 발생했다.

1980년대 후반에는 금융완화정책으로 통화 공급량이 증가하였고, 지가와 물가의 폭등에 따라 '버블경제 현상'이 일었으나 1989년 이후의 금융긴축으로 경기는 붕괴된다.

### ❖ 잃어버린 10년

버블 붕괴 후의 1993년~2002년까지의 불황을 '잃어버린 10년'이라 부른다. 경제의 거품이 꺼지고, 금융기관이 버블 시기에 실시했던 과잉 융자에 따라 주식과 토지를 마구 사들였던 부동산 회사와 건설회사가 도산하거나 부채를 변제하지 못하는 상황이 이어졌다. 그 결과 회수가 어려운 불량채권이 다수 발생하여 많은 금융기관이 줄지어 파탄에 이르게 된다.

이후 금융기관은 대출자금을 줄였고 이는 주가의 하락으로 이어졌다. 그 대책으로 기업들은 코스트 삭감을 실시하며 많은 노동자들의 해고가 일어나 실업률이 대폭 상승하게 된다. 이전의 정년퇴직까지 장기 고용을 보장했던 종신고용제와 연공서열제는 붕괴되기 시작하며 계약 사원, 파견사원 등의 비정규직 고용으로의 전환이 급속하게 확산되었다. 1997년에 실시된 소비세 증세도 경기 악화에 박차를 가했다. 이에 따라 수요가 동결되고 엔고에 의한 저가 제품 수입 등의 영향으로 물가 하락, 기업 수익 악화, 소득의 감소가 일어났으며, 다시 수요의 동결로 이어지는 디플레이션의 악순환에 빠지게 되었다. 1993년의 실질 성장률은 -0.5%로 1974년 이래 첫 마이너스 성장을 기록했다.

1990년대 후반에는 경기대책으로 공공사업이 대규모로 전개되지만 대량의 적자국채가 발행되는 결과를 맞이했다. 은행에서는 다른 은행과 통합하는 금융기관 재편성이 진행되었다.

2002년 2월 이후 경기의 확대가 이루어졌으나 실질 성장률은 저조하여 실감 없는 경기회복에 불과했다.

### ❖ 세계 금융위기 가운데의 일본 경제

2007년 미국에서 '서브프라임 모기지론 subprime mortgage loan' 문제가 발생했다. 이는 신용등급이 낮은 저소득층에게 주택 자금을 빌려주는 미국의 주택 담보대출 상품으로서 2000년대 초반의 미국은 낮은 금리와 약한 대출 규제 정책을 펼치고 있었다. 이에 많은 사람들이 쉽게 대출을 받아 부동산 시장에 투기하기 시작하였고 집중된 수요로 인해 부동산 버블이 일어나게 된다. 이 버블을 걷어내기 위해 금리 인상 정책이 시행되었고 부동산 가치가 전반적으로 급락하며 이자 부담이 커진 저소득층은 원리금을 감당할 수 없게 되었고 파산하기 시작했다. 많은 사람들이 부동산을 판매하며 일부 도시는 유령 도시로까지 변하게 되었으며, 서브프라임 연체율이 급상승하여 대출금 회수 불능 사태에 빠진 많은 기업들이 부실화되며 미국의 대형 금융사, 증권회사의 파산이 이어졌다. 이 영향으로 2008년에는 미국의 대형 증권회사 '리먼 브라더스'가 파산에 이르렀고 일명 '리먼쇼크' 사태로 불리는 세계 동시 불황 사태가 발생하게 된다.

일본은 서브프라임 모기지론 문제의 영향이 비교적 적었기 때문에 당초에는 큰 타격이 없었다. 그러나 안전자산으로서의 엔화에 세계의 자금 투기가 집중되자 엔고가 진행되었고, 세계적인 소비 감퇴와 맞물려 자동차를 비롯한 수출산업이 곤경에 처하게 된다.

이러한 가운데 2009년 말 '그리스 재정위기'가 발생했다. 유럽연합국가 내의 은행 파산을 거쳐 스페인과 이탈리아까지 불씨가 번졌고 정권교체마저 일어났다. 이 유럽 경제 위기에 따라 세계 불황은 더욱 심각화되었으며, 세계적인 금융위기로 발전할 가능성이 우려되었다. 일본의 엔화는 약달러·약유로의 가운데 계속해서 팔려나가 1달러=70엔대에 가깝게 엔고가 진행되었다.

풀리지 않는 일본 경제의 악순환 속에서 엎친 데 덮친 격으로 2011년 동일본 대지진과 후쿠시마 제1원전 사고가 발생한다. 2011년도의 일본 무역수지는 제2차 석유위기 후의 유가상승의 영향으로 적자가 되었던 1980년 이후로 31년 만의 적자를 기록했다.

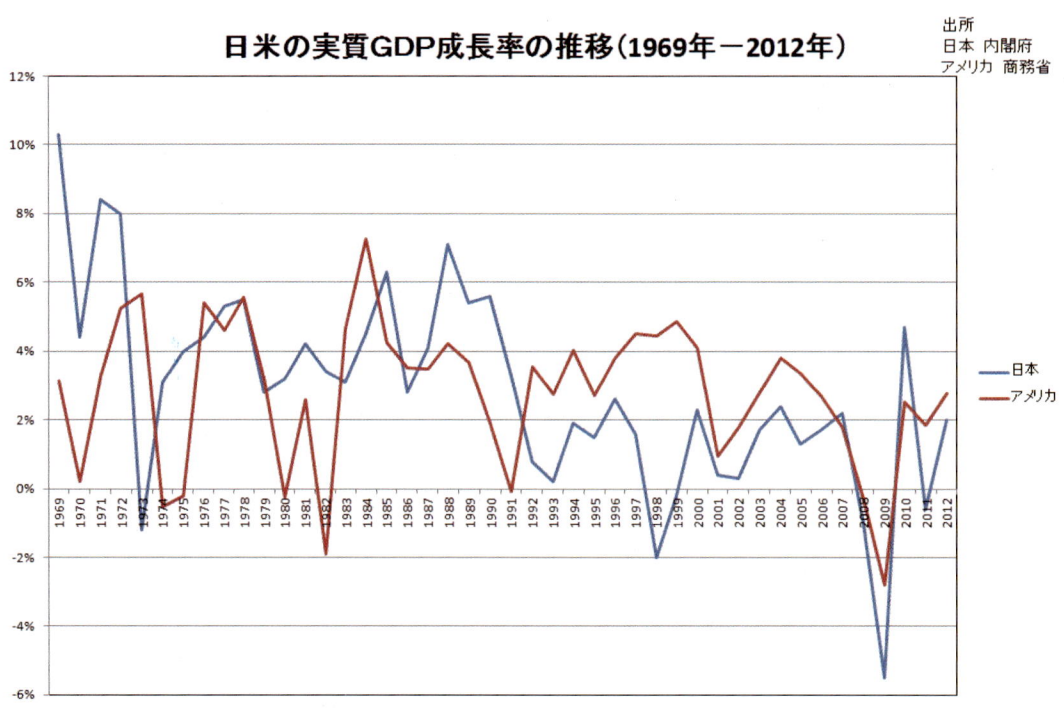

미국과 일본의 경제성장률 (단위:%)

### ❖ 디플레이션 탈피를 위한 아베노믹스 アベノミクス

아베노믹스란 아베 신조安倍晋三 총리가 내세우는 경제정책의 총칭이다. 디플레이션에서 탈피하고 부를 확대하기 위한 경제정책으로 금융·재정·성장의 '3개의 화살3本の矢'로 구성된 점이 큰 특징이다.

아베정부는 정책에 따라 기업의 실적 개선을 도모하여 노동자의 급여 상승과 더불어 소비를 확대시킨다는 선순환을 기대하고 있다.

2012년 말의 정권교체를 기점으로 주가 상승과 엔저円安, 기업의 실적 상승은 아베노믹스에 따른 성과로 평가되고 있다. 한편 2013년 4월 이후 실질 부채는 하락하여 2015년 7월까지 27개월 연속으로 마이너스를 기록했다. 소비지출도 소비세 증대를 계기로 감소했다. 기업의 성장이 개인에게 환원되지 못했다는 평가도 있다.

2015년 9월 자민당自民党 총재로 재선된 아베 총리는 '제2탄 아베노믹스'를 선언하며 새로운 3개의 화살을 공표하였다.

첫 번째 화살은 '희망을 낳는 강한 경제'이다. 전후 최대의 윤택한 국민 생활을 실현하기 위하여 2014년도에 490.8조 엔이었던 명목 GDP를 2020년도까지 600조 엔으로 끌어올리는 목표다.

두 번째 화살은 '꿈을 엮어내는 육아지원'이다. 현재 1.4정도인 출산율을 1.8까지 올리기 위해 육아 지원과 교육제도의 정비를 실시한다.

그리고 세 번째 화살은 '안심할 수 있는 사회보장'이다. 간병을 위해 이직이나 사직을 하는 사람이 없도록 구조개혁을 통해 일본 국민 모두가 가정이나 직장 등에서 활약할 수 있는 '1억 총활약 사회'를 실현하려 하고 있다.

### ❖ 아베노믹스アベノミクス 이후

아베노믹스는 당초 다른 차원의 금융완화 정책이 금융시장에 영향을 주면서 엔화 약세 및 주가 상승을 연출했다. 이로 인해 고액품을 중심으로 한 개인소비가 확대해, 2013년도의 실질 GDP 국내 총생산 성장률은 전기 대비 2.8% 증가했다. 하지만, 2014년도에는 소비 증세에 의한 성장률의 침체가 커지고 이후에도 이런 경향은 이어져 특히 2018년도부터는 연율 2%의 목표와는 크게 괴리되어 있다.

다만 아베 정권 하에서는 성장률이 목표에 미달했다는 것일 뿐 실제 경기는 결코 나빴던 것이 아니었다. 청년 인구의 감소를 배경으로 한 일손 부족이 키워드가 되어, 기업이 비정규직에서 정규 고용으로의 전환을 포함해 채용 활동을 적극화하여, 경기는 그런대로 괜찮았고 거의 완전고용 상태가 이어졌다.

하지만 일부의 비정규 고용을 제외하고 임금의 성장은 한정적이고, 물가 상승률도 그다지 높지 않았다. 이는 아베노믹스의 전략으로는 실패로 풀이된다. 왜냐하면 아베노믹스는 대담한 금융완화 정책으로 디플레이션은 불식할 수 있다고 여겨졌으며 이에 따라 실질금리 명목 장기금리 물가 상승률가 낮아지고 기업 설비 투자가 확대돼 경제가 더 성장한다는 게 아베노믹스의 논리였다.

아베노믹스의 당초 가정에서는 물가 상승률이 2%를 넘는 수준까지 오르고 이에 대응해 일본은행이 금융완화를 정상화<sub>긴축</sub>해 나감에 따라 명목 장기금리도 상승할 것으로 본 것이다. 그러나 실제로는 물가 상승률이 충분히 높아지지 않았고 그 결과 명목 장기금리도 2%의 물가 상승률 목표를 달성하기 위해 일본은행이 금융완화를 더욱 강화함에 따라 0% 안팎으로 묶이게 됐다.

포스트 아베 정권에 있어서는 양면에서 예측 이상으로 수급이 긴축된 고용구조를 어떻게 일본의 성장력 강화로 이어갈지, 금리 상승이 억제되고 있는 동안 어떻게 재정 건전화의 길을 만들어 갈지가 중요하다.

# 5. 일본의 기업

## 1) 일본의 재벌과 계승

일본에는 전통적으로 메이지 시대明治時代에 형성된 구 재벌인 미쓰이三井, 미쓰비시三菱, 스미토모住友, 야스다安田와 같은 재벌 가문이 있었다.

재벌이라는 것은 원래 에도시대江戸時代, 1603~1868부터 부호 상가商家에서 자손들에게 가업을 계승하면서 축소되고 분열되는 자본을 최소화하고 가업을 안정적으로 운영하기 위해 고안되는 형태가 그 모체라고 할 수 있다. 즉 재벌의 가업 운영 양식은 가족이나 동족에 의해 자본이 출자된 모회사를 중심으로, 모회사가 다양한 업종의 자회사를 지배하는 구조이다. 이러한 방식은 가업을 대대손손 번창시키기 위한 하나의 방법이었다.

가업을 운영하던 가문들은 주로 제조, 유통을 중심으로 하였는데, 이윽고 메이지 정부와 결탁하며 지속적인 가업 확장이 가능했던 가문이 재벌로서 성장하게 된다. 나아가 만주사변을 전후해서는 중화학공업의 수요가 급증하게 되는데, 이를 사업 분야로 삼은 기술자들이 일으킨 닛치쓰 콘체른日窒コンツェルン, 닛산 콘체른日産コンツェルン, 리켄 콘체른理研コンツェルン 등이 신흥 재벌로서 성장한다. 이들 중화학공업 기

업은 기업 간에 강한 결속력을 갖고 해외시장을 노렸으며, 특별히 닛산 콘체른은 만주, 닛치쓰 콘체른은 조선에서 광산업을 전개하고 현지 기업에도 강한 영향력을 끼쳤다.

## 2) 일본의 대표기업

2021년 11월 현재, 일본 주식 시가 총액 단연 1위로서 가장 큰 기업으로 평가받고 있는 것은 글로벌 회사 도요타 자동차다. 뒤이어 소니 그룹, 키엔스, 일본전신전화NTT, 리크루트 홀딩스, 소프트 뱅크 그룹의 순인데, 주목할 만한 것은 상위 3개의 기업은 제조업 기업인 도요타 자동차, 소니 그룹, 키엔스이고, 반도체 등을 개발, 제조, 판매하는 도쿄 일렉트론7위, 화학제품 및 반도체 등을 개발, 제조, 판매하는 신에쓰 화학공업9위과 같은 제조업이 상위 10위 기업 중 반을 차지한다는 사실이다. 이로부터 2021년 현재 여전히 일본은 제조업이 강한 나라라고 할 수 있다.

한편 일본 통신회사인 NTT와 KDDI, 인재파견 회사 리쿠르트 홀딩스, 은행인 미쓰비시 UFJ 파이낸셜 그룹 등 서비스업도 상위 10위 안에 고루 분포되어 있고, 시가 총액 6위인 소프트뱅크 그룹은 창립자이자 최대 주주인 손 마사요시가 한국계인 것으로도 유명하다. 소프트뱅크는 IT기업이자 투자회사이고, 통신회사 소프트뱅크사의 모기업이기도 하다.

다음은 시가 총액 순위로 본 일본 대기업 20위를 나타낸 표이다.

| 순위 | 회사명 | 거래 가치 | 발행주식수 | 시가총액(백만엔) | 단위당 주식 수 |
|---|---|---|---|---|---|
| 1 | 도요타 자동차 공사<br>トヨタ自動車(株) | 2,1840 | 16,314,987,460주 | 35,631,933 | 100 |
| 2 | 소니 그룹<br>ソニーグループ(株) | 12,075 | 1,261,081,781주 | 15,227,563 | 100 |
| 3 | 키엔스 주식회사<br>(株)キーエンス | 53,970 | 243,207,684주 | 13,125,919 | 100 |
| 4 | 닛폰 전신 및 전화 공사<br>日本電信電話(株) | 3,296 | 3,622,012,656주 | 11,938,154 | 100 |

\*) 시가총액은 주가와 발행 주식수를 곱한 것으로 상장회사 혹은 기업 가치를 평가하는 지표이다. 시가총액이 크다는 것은 실적뿐 아니라 미래의 성장에 대한 기대도 크다는 것을 의미한다.

| | | | | | |
|---|---|---|---|---|---|
| 5 | 미쓰비시 UFJ 금융 그룹, INC.<br>(株)三菱ＵＦＪ<br>フィナンシャル・グループ | 726.3 | 13,281,995,120주 | 9,646,713 | 100 |
| 6 | 소프트뱅크 그룹<br>ソフトバンクグループ(株) | 5,184 | 1,722,953,730주 | 8,931,792 | 100 |
| 7 | 도쿄 일렉트로닉 주식회사<br>東京エレクトロン(株) | 56,810 | 157,210,911주 | 8,931,152 | 100 |
| 8 | KDDI 주식회사<br>ＫＤＤＩ(株) | 3,779 | 2,304,179,550주 | 8,707,495 | 100 |
| 9 | 주식회사 리크루트 홀딩스<br>(株)リクルートホールディングス | 4,722 | 1,695,960,030주 | 8,008,323 | 100 |
| 10 | 오리엔탈랜드<br>(株)オリエンタルランド | 21,380 | 363,690,160주 | 7,775,696 | 100 |
| 11 | 닌텐도 (주)<br>任天堂(株) | 59,480 | 129,869,000주 | 7,724,608 | 100 |
| 12 | 신에쓰 화학 유한 공사<br>信越化学工業(株) | 18,025 | 416,662,793주 | 7,510,347 | 100 |
| 13 | 소프트뱅크<br>ソフトバンク(株) | 1,444.5 | 4,787,145,170주 | 6,915,031 | 100 |
| 14 | (주)패스트 리테일링<br>(株)ファーストリテイリング | 64,340 | 106,073,656주 | 6,824,779 | 100 |
| 15 | 덴소 주식회사<br>(株)デンソー | 8,516 | 787,944,951주 | 6,710,139 | 100 |
| 16 | 혼다<br>ホンダ | 3,687 | 1,811,428,430주 | 6,678,737 | 100 |
| 17 | (주)주가이 제약<br>中外製薬(株) | 3,908 | 1,679,057,667주 | 6,561,757 | 100 |
| 18 | 다이킨 인더스트리<br>ダイキン工業(株) | 21,745 | 293,113,973주 | 6,373,763 | 100 |
| 19 | 이토츄 주식회사<br>伊藤忠商事(株) | 3,844 | 1,584,889,504주 | 6,092,315 | 100 |
| 20 | 미쓰비시 주식회사<br>三菱商事(株) | 4,090 | 1,485,723,351주 | 6,076,609 | 100 |

2020년 2월 18일 기준 (일본 야후)

이처럼 시가총액 순위로 본 일본의 대기업은 주로 자동차, 정보, 통신, 전자 기기 등의 제조업과 통신, 인재, 은행 등의 서비스업이 주를 이루고 있고, 이 외에도 제약, 화학 등 소위 신흥 재벌들이 다루던 분야를 확장, 특수화하여 성장해 온 기업들도 많다.

### ❖ 도요타 トヨタ

도요타 자동차 주식회사는 일본 아이치현愛知県 도요타시豊田市에 본사를 둔 일본 굴지의 자동차 제조 회사이다. 이익 순위로는 세계 제8위의 기업으로서 그 규모는 대한민국의 현대자동차그룹과 사업이 비슷하다.

### ❖ 소프트뱅크

소프트뱅크 그룹은 일본 최대 IT기업이자 세계적인 투자회사이며, 일본 3대 이동통신사 중 하나인 소프트뱅크 주식회사의 모기업이다. 도쿄증권거래소 시가총액 3위 안에 들며, 창립자이자 대표이사회장, CEO, 최대 주주는 한국계 일본인 손 마사요시孫正義이다.

### ❖ NTT

일본전신전화주식회사Nippon Telegraph and Telephone Corporation 줄여서 NTT는 일본의 통신 산업을 주관하는 기업이다. NTT는 일본 최대의 기업체인 것과 동시에 세계 최대의 정보통신 기업이기도 하다. 그룹 내부에서 사업 내용이 중복되는 분야가 있어, 전 그룹 규모로 사업·서비스의 정리·통합을 진행시키고 있다.

### ❖ 키엔스

주식회사 키엔스株式会社キーエンス는 오사카부 오사카시大阪府大阪市에 본사를 두고 있는 일본의 전기 기기 회사다. 자동제어 기기, 계측기기, 정보기기, 광학현미경·전자현미경 등의 개발 및 제조 판매를 하고 있다. 직원 평균연령 36세, 평균연봉 1.8억으로 젊은 인재를 등용하는 것으로 알려져 있다.

### ❖ 미쓰비시 UFJ 파이낸셜 그룹

비쓰비시UFJ은행三菱UFJ銀行, MUFG Bank, Ltd., 약칭: MUFG은 2006년 1월 1일 도쿄 미쓰비시 은행BTM과 UFJ은행UFJBK이 합병하여 탄생한 일본의 대재벌 미쓰비시UFJ파이낸셜 그룹 산하의 은행이다. 이외에 일본 대도시에서는 주로 미즈호, 리소나, 미쓰이 스미토모 은행을 사용한다.

## 3) 일본의 미디어

### ❖ 신문

일본의 신문은 크게 전국에서 읽히는 전국지, 지방에서 읽히는 지방신문, 스포츠 신문으로 나눌 수 있다. 전국 단위의 신문으로는 1874년 창간한 요미우리 신문読売新聞, 1897년에 창간한 아사히 신문朝日新聞, 1872년에 그 전신이 창간된 마이니치 신문毎日新聞, 1933년 창간한 산케이 신문産経新聞이 대표적이다.

또한 경제, 시사 문제에 초점을 맞추어 1876년에 창간된 니혼 케이자이 신문日本経済新聞, 그 외에도 1945년에 창간되어 방송국, 신문사 등에 정보를 제공하는 비영리 통신사인 교도 통신사共同通信社, 1945년 창간된 일본 민간 통신사인 지지 통신사時事通信社 등이 있다.

요미우리 신문은 발행 부수가 일본 내에서 1위임과 동시에 한때는 전 세계 1위를 달성하는 등 압도적으로 많이 읽히는 신문 중에 하나다. 아사히신문은 창간 당시부터 보도 중심의 공정하고 사적이지 않은 편집방침을 중시하는 신문사로서, 「덴세이진고天声人語」가 명물 칼럼으로서 여전히 이름을 떨치고 있다.

한국에서는 우익 신문으로서 알려진 산케이 신문은 1967년에 후지 텔레비전フジテレビジョン과 닛폰 방송ニッポン放送, 문화 방송文化放送과 함께 후지 산케이 그룹을 결성하기도 했다.

### ❖ TV 및 라디오 방송국

일본의 TV 방송국은 공영으로 1953년에 설립된 일본 방송 협회Nippon Hōsō Kyōkai, 즉 NHK를 중심으로 민영인 후지 TV, 닛폰 TV닛테레, TV 아사히테레 아사, TBS 텔레비전도쿄 방송, TV 도쿄 등이 있다. TV 방송국이 라디오 방송국을 겸하는 우리나라의 환경과 달리, 일본 민영 방송사들은 뉴스 네트워크, 방송 네트워크, 라디오 네트워크 등을 별개로 구축하고, 이들 네트워크가 반드시 전국을 망라하지도 않는다.

그럼에도 불구하고, 일본의 주요 TV 방송국이 창출해 내는 수익은 대단하다. 일본 총무성에 의하면 2018년 현재, 수신료 수입은 NHK와 광고 등 방송 외 사업 등 전체 매출이 3조 9418엔, 한화로 약 30조 원에 이른다.

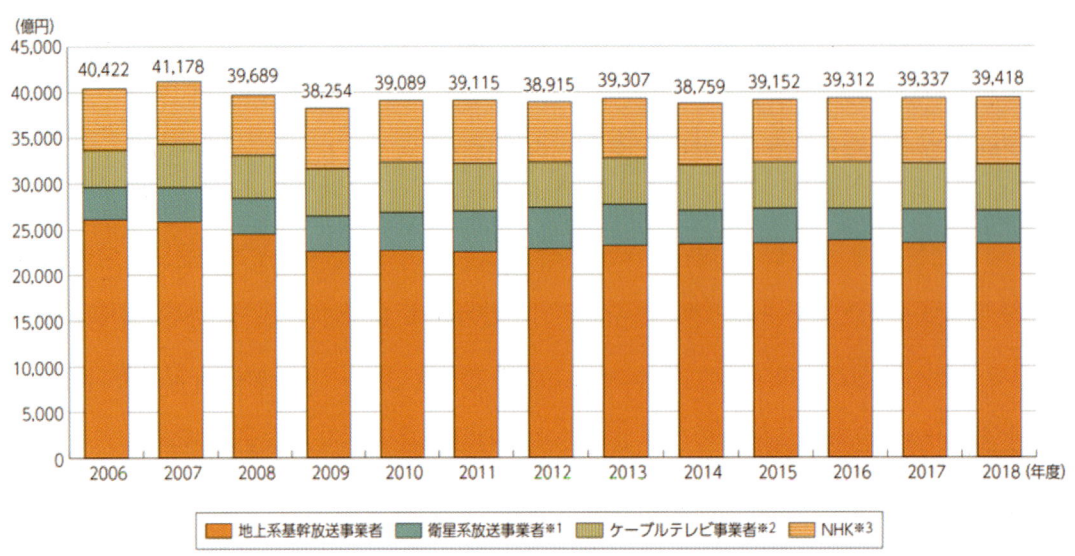

(억엔 億円)

| 년도 | | 2006 | 2007 | 2008 | 2009 | 2010 | 2011 | 2012 | 2013 | 2014 | 2015 | 2016 | 2017 | 2018 |
|---|---|---|---|---|---|---|---|---|---|---|---|---|---|---|
| 민간방송사업자 民間放送事業者 | 공중파 기간 방송 사업자 地上系基幹放送事業者 | 26,091 | 25,847 | 24,493 | 22,574 | 22,655 | 22,502 | 22,870 | 23,216 | 23,375 | 23,461 | 23,773 | 23,471 | 23,396 |
| | (うちコミュニティ放送) | 144 | 148 | 150 | 123 | 116 | 120 | 115 | 124 | 127 | 126 | 136 | 136 | 143 |
| | 위성 방송 사업자 衛星系放送事業者 | 3,525 | 3,737 | 3,905 | 3,887 | 4,185 | 4,490 | 4,510 | 4,491 | 3,661 | 3,809 | 3,463 | 3,697 | 3,619 |
| | 케이블 TV 사업자 ケーブルテレビ事業者 | 4,050 | 4,746 | 4,667 | 5,134 | 5,437 | 5,177 | 4,931 | 5,030 | 4,975 | 5,003 | 5,031 | 4,992 | 5,030 |
| NHK | | 6,756 | 6,848 | 6,624 | 6,659 | 6,812 | 6,946 | 6,604 | 6,570 | 6,748 | 6,879 | 7,045 | 7,177 | 7,373 |
| 합계 合計 | | 40,422 | 41,178 | 39,689 | 38,254 | 39,089 | 39,115 | 38,915 | 39,307 | 38,759 | 39,152 | 39,312 | 39,337 | 39,418 |

방송산업의 시장규모 (매출액 집계)의 추이와 내역 - 2021년 11월30일 (일본 총무성)

이에 비해 한국 방송국이 창출해 내는 수익은 2019년 현재 약 17조 원에 이르는 것으로 집계되었다.

일본의 주요 TV 방송국이 창출해 내는 콘텐츠는 주로 일본 드라마, 애니메이션, 아이돌 시장 등이라고 할 수 있는데, 일본 외의 국가에서 케이블 TV, 위성방송, 인터넷으로 방송을 서비스하는 OTT 등 방송 환경이 크게 변화되고 있는 상황을 좇아가고 있다고 보기는 어렵다.

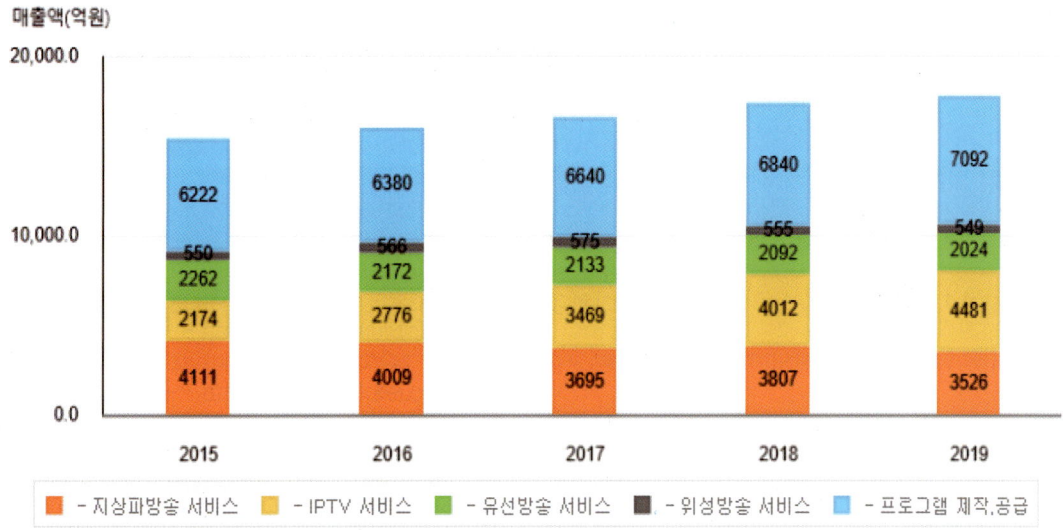

방송서비스 시장 매출액

출처 : 방송산업실태조사(과학기술정보통신부·방송통신위원회)

1. 위성방송 서비스는 2002년부터 시작됨
2. '06, '07년은 방송통신위원회가 직접 집계한 방송산업 실태조사 보고서를 근거로 작성(전체 매출 중 기타 사업 매출은 제외)하였으며 이전 연도 자료는 한국 정보통신산업 협회 자료 인용
3. '10년, '11년 자료는 방송통신위원회에서 발행한 방송사업자 재산상황 공표집을 근거로 작성
4. 2001년~2002년 방송채널사용사업 중 홈쇼핑 방송매출액은 홈쇼핑 상품 판매 수익 기준이며, 2003년 이후에는 기업회계기준의 변경으로 상품 판매 매출 기준 수수료로 바뀜에 따라 매출액이 급감한 것으로 나타남
5. 2015년 방송산업 실태조사 보고서의 2014년 매출은 IPTV 사업자 매출액이 수정되고 IPTV 콘텐츠제공 사업자(CP)의 매출액이 포함되면서 「2015년도 방송산업 실태조사 보고서」에서 공표된 2014년도 매출 합계와 차이가 있음
6. 방송법 개정(2015.12.22)으로 인터넷 멀티미디어 방송 사업자는 재산상황을 방송통신위원회에 제출. 2014년 IPTV 사업자의 매출은 방송통신위원회의 「2015년도 방송사업자 재산상황 공표집」의 수치와 동일하게 수정

2021년 11월30일 (e-나라지표)

## 4)일본의 화폐

일본의 공식 화폐 단위는 엔円으로서 외환 시장에서 달러, 유로에 이어 세 번째로 많이 유통되는 통화이기도 하다. 지폐로는 1000엔, 2000엔, 5000엔, 10000엔 권이 있다. 1000엔 지폐에는 세계적인 세균학자인 노구치 히데요野口英世:1876~1928와 후지산 및 벚꽃, 2000엔 지폐에는 일본 최남단의 오키나와沖縄의 슈리성首里城과 일본 최고의 장편소설『겐지모노가타리源氏物語』와 그 여류 작가인 무라사키 시키부紫式部:10세기, 5000엔 지폐에는 근대 여류작가 히구치 이치요樋口一葉:1872-1896와 에도시대江戸時代 화가 오가타 코린尾形光琳:1658~ 1716의 그림 〈제비붓꽃〉이, 10000엔 지폐에는 근대 교육자이자 사상가인 후쿠자와 유키치福澤諭吉:1835~1901와 교토 우지시京都宇治市에 있는 뵤도인平等院 소재 봉황상이 묘사되어 있다.

동전은 1엔, 5엔, 10엔, 50엔, 100엔, 500엔이 있는데, 일본은 상품 가격에 2019년 이후 10%의 소비세가 붙어, 물건을 사고팔 때 잔돈을 자주 사용하는 경향이 있다. 또한 일본 엔화 위조 방지 등을 이유로 2024년 경 신 화폐가 발권될 예정이다.

| | | | | |
|---|---|---|---|---|
| 百円白銅貨幣 | 昭和42年〜 | | <表>桜花<br><裏>100 | 22.6mm<br>4.80g |
| 五十円白銅貨幣 | 昭和42年〜 | | <表>菊花<br><裏>50 | 21.0mm<br>4.00g |
| 十円青銅貨幣 | 昭和34年〜 | | <表>平等院鳳凰堂、唐草<br><裏>常盤木、10 | 23.5mm<br>4.50g |
| 五円黄銅貨幣 | 昭和34年〜 | | <表>稲穂、歯車、水<br><裏>双葉 | 22.0mm<br>3.75g |
| 一円アルミニウム貨幣 | 昭和30年〜 | | <表>若木<br><裏>1 | 20.0mm<br>1.00g |

2021년 11월 30일 (일본 재무성)

| 칼 럼 | 재일한국인 문제 |

일본에 거주하는 한국인을 재일한국인 혹은 재일코리안이라고 한다. 재일한국인은 한일 국교정상화 시점인 1965년을 기준으로 뉴커머new comer와 올드커머old comer로 나뉘는데 일본 법상 올드커머는 특별영주자로, 뉴커머는 일반영주자 신분으로 거주하고 있다. 주로 한국 남부 출신자가 많고, 크게 대한민국 국적과 조선민주주의인민공화국 국적으로 나뉘어 있다. 일본 법무성 산하의 일본 입국관리국의 2020년 기준의 통계에 따르면, 외국인 등록을 한 재일한국인의 수는 435,459명으로 전체 재일외국인 가운데 재일 중국인재일 대만인 포함에 이어서 2번째인 15.1%를 차지하고 있다.

전쟁이 끝난 당시 200만 명의 한국인이 일본에 있었다. GHQ 방침과 대한민국 정부 수립과 조선민주주의인민공화국 정부 수립 등으로 말미암아 모든 한국인이 일본 국적을 잃게 되었고, 대한민국 국적이나 조선민주주의인민공화국 국적 중 하나를 선택해야 했다. 이때 비용을 일본 정부가 부담하고, 140만 명이 한국으로 귀국하게 된다. 그러나 생계나 정치적인 문제, 불안한 한반도의 정치 상황 때문에 잔류한 숫자도 많았고, 이들이 사실상 재일한국인 1세대를 형성하기 시작한다. 또한 1948년에 제주 4·3 항쟁과 여순사건, 1950년 한국전쟁이 발발했을 때 많은 한국인이 일본으로 밀입국하게 되고, 남북 분단과 한국전쟁의 혼란이 고착하면서 재일교포 양대 단체인 재일본 대한민국 거류민단이하 민단과 재일본조선인총연합회이하 조총련가 발족되기 시작한다.

하지만 재일 한국인들은 일본 사회에서 각종 사회적 차별에 시달리게 되고, 일본 정부측에서는 '자기 나라로 귀국하지 않고, 더군다나 일본으로 귀화할 생각도 없는 이들을 보호할 이유가 없다.'라고 판단하여 1945년 '개정 중의원 의원 선거법'을 공포하여 종래에 일본 거주 조선인이 가지고 있던 중의원 의원의 선거권 및 피선거권을 박탈한다. 또한 1947년 5월 칙령으로 '외국인 등록령'을 공포하여 연합국과의 강화조약이 체결되기 전의 구식민지 출신자들은 일제히 외국인으로 취급한다며 외국인 등록과 등록증의 소지를 의무화시키고, 재일조선인을 일본 국민이라고 간주해 그들의 자녀들에게 일본 학교에 취학할 것을 강요한다.

한편 1952년 4월 샌프란시스코 강화 조약에 의해 일본이 독립국의 지위를 회복하자, 일본 정부는 재일조선인의 일본 국적을 박탈한다고 발표하고, 외국인이 된 재일조선인은 군인은급 등 전후보상법에서 배제되었고, 각종 사회보장제도의 혜택도 받지 못하게 된다.

1965년, 한일 국교정상화 이후 일본에 건너가 정착한 한국 주민등록 소지자들은 보통 뉴커머ニューカマー로 불린다.

하지만 재일 한국인들에 대한 4대 악 제도라 불리는 차별이 존재하였는데, 이는 ① 지문날인 제도, ② 외국인 등록증 상시 휴대, ③ 재입국 허가 제도, ④ 강제 퇴거 제도 등이었다. 이에 대해 재일 한국인들에 대한 차별제도 폐지 운동을 전개하여, 지방자치단체 공무원 채용 및 국·공립학교 교원 채용시 국적 조항 철폐, 지방자치단체 참정권 보장, 민족교육 육성 등을 주장하였다.

1991년 1월 10일에 한국 정부와 일본 정부는 〈재일한국인 법적 지위 향상 및 처우개선에 대한 합의사항〉을 합의하여, ① 재일 한국인 3세의 영주권 허가, ② 지문날인 제도 철폐, ③ 국·공립학교 교원 임용 기회 획득, ④ 지방 자치단체 공무원 임용 기회 확대 등을 이루어낸다. 하지만 현재에도 재일 한국인들을 외국인 취급하는 일본 사회의 노골적 차별과 민단과 조총련으로 갈라진 재일 한국인 사회 내 분열, 일본 정부의 노골적인 냉대 등 문제점이 존재한다.

재일한국인은 현재 재일 1세와 재일 2세, 재일 3, 4세가 주축을 이루고 있는데, 재일 1세는 조선에 대한 강렬한 민족감을 가지고 생활하였으나, 사회보장제도의 혜택도 받지 못하는 등 각종 차별 속에서 하루하루 사활이 걸린 생존을 이어가게 되지만, 그 와중에 민족단체를 조직하고 민족학교를 건설하였으며, 일본 속의 조선이었고, 서로 의지하고 부딪치면서 체험과 처지를 공유하는 동포 중심의 생활의 장인 조선인 마을을 중심으로 생활하였다. 이에 대해 재일 2세들은 집과 아버지를 대변하는 조선을 거부하는 반응을 보인다. 이들은 민주주의적인 일본 사회 속에서 살기를 바라고, 이념과 현실 사이의 큰 괴리에 부딪치게 된다. 이들은 취직 거부와 같은 차별을 겪게 되면서 일본 사회라는 현실의 벽 앞에서 집, 민족으로 다시 복귀하게 된다.

한편 재일 3, 4세들은 한국인으로서 민족적 정체성이 희박해지고 생활과 직업의 기반인 일본 사회에 밀접하게 동화하게 된다. 이들은 대부분 조국에 대한 기억과 소속감이 없고, 일본인과 다름없이 성장하여, 취직과 결혼에 즈음하여 일본 국적으로 바꾸는 등 생활의 편리함을 최우선 하여 국적을 선택하게 된다. 귀화한 자도 많으니, 국적도 고향도 언어에 대한 감각도 다르다.

## 워크북 　 연습문제

### ❋ 내용 체크

1. 일본의 근대 가족제도의 특징을 설명해 보시오.

2. 일본 종교의 특징을 신도, 불교, 크리스트교로 나누어 간략히 설명해 보시오.

3. '유토리 교육ゆとり教育'의 특징을 기술하시오.

4. 일본의 국회 제도의 특징을 설명해 보시오.

5. 일본 경제의 '잃어버린 10년'에 대해 설명해 보시오.

6. '아베노믹스アベノミクス'의 내용에 대해 설명해 보시오.

### ❋ 실습 문제

1. 일본과 한국의 정치체제의 차이점을 설명해 보시오.

2. 일본의 종교를 테마로 한 '문화체험 관광투어'를 만들어 보시오.

# 참고문헌 및 사이트

일본의 사회와 문화, 제이앤씨

わからないをわかるにかえる 3 中学地理, 文理編集部

사진으로 보고 가장 쉽게 읽는 일본문화, (주)시사일본어사

일본어뱅크 일본 사회와 문화, 동양북스

사진과 함께 보는 일본 사정 입문, 다락원

現代家族と家族法 家族政策に関連して, 利谷信義

宗教年鑑, 文化庁編

청소년을 위한 동양철학사, 두리미디어

일본사 다이제스트 100, 가람기획

사진 통계와 함께 읽는 일본, 일본인, 일본문화, 다락원

현대 일본의 이해, 영남대학교출판부

일본의 사회와 문화, 제이앤씨

사진과 함께 보는 일본 사정 입문, 다락원

兵庫教育大学の關浩和研究室のサイト

教育出版ホームページサイト

http://www.kyoiku-shuppan.co.jp (日本の諸地域学習ワークシート)

http://www.jishin.go.jp/main/index.html (地震調査研究推進本部)

http://www.unesco-school.jp/ (ユネスコスクール公式ウェブサイト)

http://culturalenvoy.jp/ (文化庁文化交流使公式サイト)

http://www.japanese-cinema-db.jp/ (日本映画情報システム)

http://bgfsc.jp/ (文化芸術による復興推進コンソーシアム)

http://chiikiglocal.com （文化芸術による地域活性化·国際発信推進事業）

http://bunka.nii.ac.jp/ （文化遺産オンライン）

http://www.geijutuin.go.jp/ （日本芸術院）

http://web-japan.org/

http://www.stat.go.jp/

http://www.cao.go.jp/

http://find-travel.jp/

http://www.iju-join.jp

http://www5d.biglobe.ne.jp/

http://kenpou-jp.norio-de.com/

http://www.ozawa-katsuhiko.com/

http://www.jinjahoncho.or.jp/

http://www.shinto.org/wordjp/

http://surala.jp/

http://www.mext.go.jp/

http://www.ikstudie.com/

http://www.tastytables.net/

http://allabout.co.jp/gm/gc/67655/

http://shutou.jp/

http://www.garbagenews.net/

# 편리한 일본 관련 홈페이지

**주요 일본신문사**

마이니찌신문 - http://www.mainichi.co.jp

아사히신문 - http://www.asahi.com

요미우리신문 - http://www.yomiuri.co.jp

일본경제신문 - http://www.nikkei.co.jp

주니치신문 - http://www.chunichi.co.jp

재팬조선일보 - http://japanese.chosun.com

재팬중앙일보 - http://japanese.joins.com

**주요 방송사**

テレビ朝日 - http://www.tv-asahi.co.jp

テレビ東京 - http://www.tv-tokyo.co.jp

ＴＢＳ - http://www.tbs.co.jp/index-j.html

日本テレビ(NTV) - http://www.ntv.co.jp

NHK - http://www.nhk.or.jp

フジテレビ - http://www.fujitv.co.jp

외국인 유학생을 위한 취업 준비 안내 2023 한국어판
日本学生支援機構 제공

https://www.jasso.go.jp/ryugaku/after_study_j/job/__icsFiles/afieldfile/2022/02/21/guide_2023_all_h.pdf